品味巴蜀

主　编／傅　丽　李玉华

副主编／黎　玲　游功惠

主　审／罗晓东　冯　梅

参　编／何雯娟　张　腾　余　倩　童晓琴　邵阳阳

　　　　豆雪蕊　李　真　汪泽仁　唐胜蓝

重庆大学出版社

图书在版编目（CIP）数据

品味巴蜀 / 傅丽，李玉华主编. —— 重庆 ： 重
庆大学出版社，2023.7（2024.9重印）
ISBN 978-7-5689-3975-1

I. ①品... Ⅱ.①傅... ②李... Ⅲ.①巴蜀文化
Ⅳ.①K871.3

中国国家版本馆CIP数据核字（2023）第104682号

品味巴蜀

傅　丽　李玉华 主编

责任编辑：王　波　　版式设计：张春花
责任校对：关德强　　责任印制：赵　晟

*

重庆大学出版社出版发行
出版人：陈晓阳
社址:重庆市沙坪坝区大学城西路21号
邮编:401331
电话：（023）88617190　88617185（中小学）
传真：（023）88617186　88617166
网址：http://www.cqup.com.cn
邮箱：fxk@cqup.com.cn（营销中心）
全国新华书店经销
重庆正文印务有限公司印刷

*

开本：889mm×1194mm　1/16　印张：14.5　字数：315千
2023年8月第1版　　2024年9月第2次印刷
ISBN 978-7-5689-3975-1　定价：52.00元

前 言

　　中华文明绵延五千年，孕育了丰富多彩、博大精深的传统文化。中华民族在历史发展进程中，由于自然环境和地理条件的不同，各区域形成了风格各异、特色鲜明的地域文化。巴蜀文化包含优秀的传统文化资源和传统文化精神，是巴蜀先民在长期历史发展中形成的物质财富和精神财富的总和。

　　教育部在2014年3月26日印发的《完善中华优秀传统文化教育指导纲要》中强调，"鼓励各地各学校充分挖掘和利用本地中华优秀传统文化教育资源，开设专题的地方课程和校本课程"。

　　"品味巴蜀"课程创新优秀传统文化育人模式，将巴蜀文化的思想精髓贯穿教学全过程，培养学生对巴蜀文化的自觉传承意识，提升综合人文素养，补齐文史基础知识短板，体现通识教育与本土文化融合的理念。

　　教材编写和使用遵循以下原则：

　　（一）**设计理念**

　　以普及和传播巴蜀文化丰富的内涵、探究巴蜀文明的渊源与发展、讲述有典型意义的历史人物故事、体验有代表性的民间传统手工为编写原则。内容方面以点带线、以线带面，全方位、多角度探秘巴蜀文化，以纲要的形式展示巴蜀文化的内涵，树立学生对中华文化的自信。

　　（二）**设计思路**

　　文化讲授部分：采用模块化教学，从"寻根巴蜀文化、古蜀文明与巴人遗风、巴山蜀水、漫话三国、巴蜀文学、蜀地非遗、巴地非遗、巴蜀豪杰、蜀韵川腔、曲苑芬芳、巴蜀人文精神"11个方面向学生普及巴蜀文化知识。通过任务驱动、课堂讨论、问题探究等方法，加深学生对巴蜀文化的理解。

　　体验与传创部分：采用项目式教学，通过说文化、诵经典、文旅导游、设计人物画像、制作巴蜀美食等9个具体项目任务，体现"教学做"一体化，增强学生的文化体验和美感，激发学生的学习兴趣。

　　（三）**核心素养**

　　培养学生准确理解巴蜀文化内涵、树立较高文化审美意识、建立完整的文化思想体系和自觉传承优秀文化传统的四大核心素养。

　　（四）**使用建议**

　　教材使用过程中，建议教师根据校情和学情选取相应的内容和方法开展理论和实践教学。教师可针对不同基础、不同层次和不同专业进行学时、模块和课后活动的调整，以满足学生不同的学习需求。

　　本教材适合作为成渝地区高校人文通识课程教材，也适合热爱巴蜀文化的各类学习者进行系统化学习。教材由四川文化产业职业学院和四川艺术职业学院共同组建编写团队完成。在编写过程中编者查阅、参考和引用了大量已经出版的书籍和论文中的观点和材料，为行文方便未一一标注，在此向相关作者表示衷心感谢。因编者水平有限，本教材难免有疏漏之处，敬请业内专家和使用者不吝指正。

编者

2023年6月

目 录

导读——寻根巴蜀文化

学习目标：

知识目标——学习掌握巴蜀地理区域范围、巴人和蜀人的最初来源，了解在巴蜀地区流传的各类远古神话传说。

能力目标——知道巴蜀文明发生、发展的大致脉络；了解巴蜀神话传说背后蕴含的社会文化密码。

素质目标——领会古巴蜀文化对中华文化乃至世界文化的重要意义。

文化聚焦： 巴蜀文化根脉 巴蜀文明脉络 巴蜀神话传说

建议学时： 4

巴蜀讲堂 ■

巴风蜀韵

巴蜀在何处？我国第一篇区域地理志《尚书·禹贡》中记载"华阳黑水惟梁州"，华即华山，阳即山南，黑水有多种说法，应指澜沧江、怒江、金沙江等，梁州，就是远古时期的巴蜀地区。《华阳国志》称蜀地"其地东接于巴，南接于越，北与秦分，西奄峨嶓。地称天府，原曰华阳"。称巴地"其地东至鱼复，西至僰道，北接汉中，南极黔涪"。可见巴蜀地域广阔，涵盖现四川、重庆全境，陕西南部，甘肃东南部，广西西部，云南、贵州大部分地区，大致以四川盆地东部为巴国，西部为蜀国。先秦时期，巴蜀代表地区，也代表地方政权。

文化为何物？"观乎人文，以化成天下"——"文化"一词，由来已久，对其具体含义却众说纷纭。《说文解字》解释"文，错画也，象交文"。"文"是交错的纹理，引申为包括语言文字在内的各种象征符号，有文饰、文章之义。"化"本义为变易、生成、造化，所谓"万物化生"，引申为改造、教化、培育等。简单地讲，文化就是可以包容人类有史以来所创造的全部文明成果，是人类在社会实践中创造的一切物质、精神财富。

巴蜀文化，即指四川盆地的地域文化，其不仅是中华文明史上的一颗璀璨明珠，也是东亚大陆文明发生、发展最早的文化之一。寻根巴蜀文化，也是寻根浓墨重彩的华夏文化、人类文化。

第一节 文脉斑斓

俗话说，"一方水土养一方人。"早在远古时期，巴蜀先民就将山水环抱的四川盆地作为自己生活的乐土，在这里创造了高度发达的文明和五彩斑斓的巴蜀文化。

一、远古时代

重庆市巫山县庙宇镇龙坪村中一直有个神秘的传言——当地的龙骨坡上有个"龙洞"，里面埋有"龙骨"。为一探究竟，中国科学院考古队在1985年来到龙骨坡，发现了这个举世震惊的"巫山人遗址"。考古人员在遗址中发掘出一段带有2颗臼齿的残破能人左侧下颌骨化石（图0-1）、一些有人工加工痕迹的骨片，以及很多动物化石（图0-2）和石制品。经多年研究证实，这些化石代表了一种直立人的新亚种——距今约200万年的"巫山人"。"巫山人"不仅是目前追溯巴蜀远古人类起源的起点，也是我国发现的最早的古人类化石和文化遗物，对研究人类的起源和三峡河谷的发育史具有重大意义。

图 0-1 "直立人巫山亚种"　　　图 0-2 龙骨坡遗址出土的剑齿象、
左侧下颌骨牙齿化石　　　　　　　　剑齿虎化石

二、旧石器时代

1951年，新中国成立后第一条铁路——成渝铁路的修建正如火如荼地展开。一天，资阳路段因为一条消息沸腾了。原来，施工中发现了一位50岁左右的老年女性头骨化石，这就是"资阳人"头盖骨化石。据研究，这是距今3.5万年左右的晚期智人化石。20世纪80年代，当地村民在"资阳人"化石发现地附近再度发现了一批旧石器时代的石制品和动物化石，有力地佐证了"资阳人"的存在。从发掘出的骨针、穿孔石珠可知，当时蜀人使用的工具已经达到了相当的水准，文明发展到了一定的高度。

三、新石器时代

古气象学研究表明，全球在5 000多年前有一次灾难性的气候变化，可能造成了史前大洪水。受气候变化或者其他因素影响，部分马家窑文化的人群南下来到四川盆地周边，从事以农业为主，兼及渔猎、采集、畜牧的经济活动，形成了茂县营盘山、茂县波西、茂县沙乌都、绵阳边堆山、巫山大溪、宣汉罗家坝、西昌礼州、大渡河青衣江、岷江上游等200多处文化聚落遗址，此起彼伏的文化之火描绘了上古巴蜀文明的轮廓，这些都是解开巴蜀上古文化之谜的"金钥匙"。而遗址中出土的器物多是独一无二的稀世珍品（图0-3—图0-5），展示了巴蜀深厚的文化堆积、灿烂的文化成果，立体呈现了新石器时代巴蜀先民的生产方式和生活习俗，反映了远古巴蜀人自我意识的觉醒和文化的发达。

图0-3 罗家坝遗址出土的铜印章，上刻巴国古文字

图0-4 营盘山遗址出土的彩陶器，有典型的马家窑文化风格

图0-5 大溪遗址出土的骨匕

四、青铜时代

课堂讨论

图0-6 动画片《哪吒之魔童降世》剧照

猜猜我是谁？

动画《哪吒之魔童降世》中有两个憨态可掬的青铜守卫形象（图0-6）受到了不少观影者的青睐，你知道他们的原型灵感来源吗？

4 000年前，受到干冷气候影响，山区生态环境急剧恶化，成都平原从沼泽变为平地。最初因水患在成都平原周边的山地建立聚落的古蜀先民便由高山地带迁移到平原腹心，创造出了灿烂的三星堆文明、金沙文明。广汉三星堆遗址内分布着密集的生活区、宫殿区和手工作坊，1986年出土了青铜人像、青铜神树、金面具、金杖、大玉璋、象牙等举世罕见的青铜器、黄金制品，三星堆开始走到世人面前。这些器具描绘了一个高度发达的青铜文明，证明了中原地区的青铜礼器制度对古蜀地区的影响。同时，三星堆还有与欧亚大陆青铜时代相类似的表达社会权力和等级、表达人神之间沟通、表达人们对宇宙世界崇拜信仰的黄金"权杖"、青铜人像和神像、黄金面具等遗物，这也证明古蜀文明与中原文明、西亚文明之间存在着一定的联系。位于成都市西郊的金沙遗址具有许多与三星堆文明相同的文化因素，包括黄金面具、玉器、象牙、青铜人像、陶器等。从遗址的规模和遗物分析，金沙遗址极可能是三星堆文明衰落后在成都平原兴起的又一个政治、经济、文化中心，是古蜀国在距今3 000年左右商代晚期至西周时期的都邑所在（图0-7）。

图 0-7 成都金沙遗址博物馆中远古巴蜀人生活图景

五、铁器时代及之后

重庆市九龙坡区铜罐驿镇冬笋坝遗址是我国最早确认的巴文化遗址（图0-8）。该遗址出土了涵盖战国晚期、秦、西汉早期、新莽时期等几个阶段的墓葬80多座，有铜剑、铜矛、铜钺、铜鍪、铜釜、铜甑、铜削、钱币等铜器，陶罐、陶釜、陶豆、陶甑、陶钵等陶器，铁锸、铁剑等铁器以及琉璃器等各类文物。2020年又出土了一批战国至西汉时期的墓葬——船棺葬，这与成都商业街古蜀船棺葬遗址一同证明了古巴国与古蜀国境内的船棺葬习俗，对探索川渝地区巴蜀文化的特征与演变具有重要价值。

图 0-8 重庆九龙坡巴人博物馆

第二节 神话风采

一、人皇入蜀到五丁开山

《华阳国志》载"蜀之为国，肇于人皇，与巴同囿"。传说三皇时期的人皇，从广元以北进入蜀地，这与由川北延伸到成都平原的考古发现相吻合，说明蜀地文化是从四川北面开始慢慢发展到成都平原的。

（一）上古文明

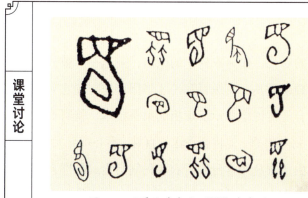

课堂讨论

甲骨文中的"蜀"字有20多种形态（图0-9），但无论哪种写法，其基本特征都极为明显。从象形的角度看，你认为"蜀"字像什么呢？请在组内各抒己见、展开讨论。

图0-9 甲骨文中部分"蜀"字字形

如果在传说中去追寻古蜀文化的源头，"蜀"字的字源可以告诉我们很多信息。《说文》中有"蜀，葵中蚕也"。又有"蜎蜎者蠋"的诗文，可见，"蜀"与蚕虫有不解之缘。这"缘分"又与来自四川绵阳的一位"先蚕娘娘"——嫘祖有关。

四川盐亭曾发现一块唐四方碑，碑上刻有嫘祖故里丝绸之源的故事，还有李白的老师赵蕤为碑所作的序文，证实此碑文的可信度很高。根据碑文记载，传说嫘祖一日在树下熬茶汤，忽然从树上掉下一只虫落入水中，虫被捞起时拉出了长而韧的丝线，聪慧的嫘祖便利用这些丝线发明创造了养蚕缫丝技术，这后来便成就了蜀地人民送给世界的最好礼物——丝绸。据《史记·五帝本纪》载："黄帝居轩辕之丘，而娶于西陵之女，是为嫘祖。"嫘祖将蚕丝技术带入了中原，辅佐黄帝指导农桑，从此养蚕成了农业社会的经济基础，制服穿衣成了文明的标志。可以说，"华夏"这一称呼的由来——"中国有礼仪之大，故称夏；有服章之美，谓之华"（孔颖达《春秋左传正义》），有嫘祖的一半功劳。

黄帝与嫘祖结为夫妻后，育有两子，一为昌意，一为玄嚣。"为其子昌意娶蜀山氏之女，生子高阳，是为帝颛顼。封其支庶于蜀，世为侯伯。"（《华阳国志》）通过政治联姻、血脉交融，古蜀文化成为中华文明创始的重要组成部分，也让农耕文明扩展成了农桑文明，而桑作为一种经济产品，又为中华文化早期与异域文化交流搭建了物质桥梁。所以，蜀文化的特异之处在于它不仅是中原文化、中华文化的一个基础，还在于它成了中西文化交流最早的桥头堡，从而为中华文化注入了更多的新鲜血液。

（二）古蜀文明

目前一般公认中国上古有三大文明——华夏文明、古蜀文明、良渚文明。古蜀文明鲜有记录，正如李白言"蚕丛及鱼凫，开国何茫然。尔来四万八千岁，不与秦塞通人烟"。后人只能通过传说与考古大致勾勒出古蜀国的历史轮廓。传说古蜀有五祖，分别为古蜀开国之君蚕丛，第二代蜀王柏灌，新纪元的蜀王鱼凫，"望帝"杜宇，丛帝鳖灵，他们先后创造了宝墩文化、三星堆文化、金沙·十二桥文化、晚期蜀文化。他们的传说为古蜀历史蒙上了一层神秘的色彩。

1. 蚕丛纵目

传说蚕丛是黄帝的儿子昌意与蜀山氏的后代，作为家族中的庶出，蚕丛一脉被分配到了蜀地，世代作侯伯。他的长相奇特，"有蜀侯蚕丛，其纵目"（《华阳国志·蜀志》），纵目方脸，与三星堆出土的纵目面具不谋而合。传说他继承了嫘祖的桑蚕技术，将野蚕培育驯服成了家蚕，还培育了几千只神奇的金蚕。每年春季，他将金蚕送给百姓，悉心指导大家养蚕、缫丝，蜀国在他的带领下变得强大富饶。由于蚕丛经常身着青衣在民间行走，蜀国人民都尊称他为"青衣神"。三星堆遗址出土的青铜大立人，其服饰有繁复的花纹，不知是否与蚕丛有关。

2. 柏灌从道

"有鸟焉，名曰灌灌。"（《山海经》），由此可知"灌"是一种鸟类，柏灌也就是大型鸟类的意思。传说蚕丛多次反抗商王，被商王廪辛复仇讨伐，一位青年带领族人翻山越岭、蹚河过川，在一处物产丰富、水源充足的山林间安营扎寨。青年发现林间有白鹤栖息，希望能像白鹤那样远离世间战乱纷争，于是将部族名称改为"柏灌氏"。青年因带领大家安居而被推举为新的部落首领——柏灌王。在经年累月的复国对抗中，柏灌王带领其中一支队伍转入了青城山道教的行列，另一支队伍跟随大禹治水迁徙去了中原。从柏灌开始，产生了一种新的信仰——鸟崇拜，这也与三星堆遗址第二期文化中的鸟器物相吻合。相传有柏灌王墓位于成都近郊温江寿安乡长春村，附近有座山叫八卦山，据说"八卦"二字就是"柏灌"的讹音。

3. 鱼凫仙化

古史传说中的第三代蜀王名叫鱼凫。鱼凫也就是鱼鹰，四川民间俗称"鱼老鸹"，以善捕鱼而闻名。东汉许慎在《说文解字》中将"鹭"也释为"凫"。"鹭"是凤凰的别名，《楚辞·离骚》中有"驷玉虬以乘鹭兮"，即说驾驭虬龙而乘凤车，可见，"凫"在古人眼中也是神鸟。另外，经西部高原进入平原河谷地带的氐人最初立国时是在成都平原以西，古籍上记载他们是"人面鱼身"，鱼凫族也可能是由以鱼为祖神崇拜的民族和以凫为祖神崇拜的民族的结盟，其头领被称为"鱼凫"。据"武王伐纣，实得巴蜀之师"（《尚书》），商朝末年，鱼凫王参加了武王伐纣的战争，号称蜀，成为推翻殷纣王的重要武装力量。战后"鱼凫"被封为古蜀国的王，古蜀社会也由原始氏族公社制转变为奴隶制。后来鱼凫王的突然羽化登仙——"鱼凫田于湔山，得仙，今庙祀之于湔"（《蜀王本纪》），导致了鱼凫王朝的终结。有学者推测三星堆遗址出土的黄金手杖上所绘三组图案——鱼、鸟和头戴五齿高冠的人头，便为鱼凫王的政权象征。

4. 杜宇化鹃

传说杜宇是天降神人，《蜀王本纪》载"后有一男子，名曰杜宇，从天堕。"杜宇成为新的蜀王之后励精图治，大力拓展蜀国的疆域，"教民务农"（《华阳国志·蜀志》），在成都平原的腹心地带建立了都邑，后来称帝，号曰望帝。后蜀地遭遇洪水，杜宇在多番治水不成的情况下，将治水重任交给了开明氏（又名鳖灵，即后来的丛帝）。开明氏打通玉垒山，疏通水道，以除水害；凿开宝瓶口，分岷江为沱水。经过多年努力，开明氏终于治理了水患，也争取到了民心，后来便取代了杜宇。杜宇失国后被迫归隐西山，抑郁沮闷，不久便抱恨逝去。因为怀念故国和人民，他死后便化为杜鹃鸟，每当春夏之际，便不停地悲切呼唤，"布谷、布谷"叫个不停，听到这悲唤声的人都为之凄恻。后人感于杜宇的失国之痛，多以诗记之，如杜甫的《杜鹃行》："君不见昔日蜀天子，化作杜鹃似老乌。"李商隐的《锦瑟》中也有描述这个故事的著名诗句："庄生晓梦迷蝴蝶，望帝春心托杜鹃。"

5. 开明复活

杜宇化鹃后，"鳖灵即位，号曰开明帝"。鳖灵原是楚国人，不小心失足落水溺亡后，尸首从长江逆流而上到了四川成都郫县，复活后被望帝任命为蜀国丞相。"有一死者名鳖令，其尸亡至汶山却是更生，见望帝，帝以为蜀相"（晋·阚骃《十三州志》）。"荆人鳖灵死，尸化西上，后为蜀帝"（《华阳国志·序志》）。开明王朝建立于公元前7世纪，公元前316年为秦所灭，历时300多年，是古蜀国最后一个王朝，也是蜀国势力最强盛的一个王朝。开明王朝先后以今天的乐山、郫县、双流中兴镇等地为都城，最后把都城迁到成都，此后，成都便一直是巴蜀地区的首府。开明王朝不断扩张，到战国时期，已成为一个幅员辽阔的国家。"北与秦分"，北境曾至秦都雍(今陕西省宝鸡市凤翔区)，陕南汉中盆地一带也在蜀的版图内；"东接于巴"东界已越过嘉陵江，势力远达湖北西部的清江流域；"西征青衣羌地"，今雅安芦

【拓展阅读】

望丛祠，位于四川省成都市郫都区，是为纪念望帝和丛帝而修建的祀祠，也是我国西南地区唯一的一祠祭二主、凭吊蜀人先贤的最大帝王陵冢。

望帝杜宇教民务农，被后代奉为农神。丛帝开明凿玉垒山、开宝瓶口，治理水患，是李冰之前岷江流域的最初治理者。二帝遗爱在民，为历代后人尊祀。"端午祭屈原，岷阳朝杜主"，蜀人闻杜鹃而思望帝。每年阴历五月十五（大端阳）举行的纪念望丛二帝的望丛赛歌会，现为省级非物质文化遗产。

山一带为其所有；"南接于越"，今以宜宾为中心的川南地区及至云南、贵州北部也尽入其版图。

6.五丁开山

图0-10 剑门古蜀道（即金牛道）五丁坪上
的"五丁开山"像

战国中后期，秦惠王趁古蜀第十二世开明王朝国力衰退，意图吞灭蜀国。但蜀国地势险要，硬攻不得路而行。于是秦惠王心生一计，请匠人凿刻了五个巨大的石牛，在牛屁股后放置黄金，宣称牛能拉出黄金，应承送给贪心的蜀王。蜀王大喜，便派五个有移山倒海之力的大力士开山辟路，一直将石牛拖回成都。虽然蜀道已通，但秦惠王仍害怕这天生神力的五个勇士，得知蜀王好色后，便"以胭粉惑之：'牛，虽吾过；今有女，数五，绝色国香，愿许之，以谢罪。'蜀王忘旧，闻之，重遣五丁，还到梓潼。有穴见大蛇，为患。五人欲诛之，遂竭五人之力，以手揽之，拽蛇出洞。霎，山崩，即压杀五人及秦女，而山分为五岭。闻五丁亡，蜀道通，秦无惮，军至，蜀王卒。"（《华阳国志·蜀志》）这就是"五丁开山"的传说（图0-10），而这条拖送石牛的道路，就是古金牛道。

二、从巴蛇吞象到白虎廪君

记录巴人发展历史的资料极少。《山海经》对巴人的始祖有只言片语的记载："西南有巴国，太昊生咸鸟，咸鸟生乘厘，乘厘生后照，后照是始为巴人。"即巴人为太昊伏羲氏的后裔。

传说在原始社会末期，鄂西的清江流域有一群从洞庭湖迁徙而来的巴人。他们居住在清江岩壁的赤黑两个洞穴里，后又沿着长江向上游发展，到达嘉陵江流域和汉中等地，分成了南北两支：一支是以白虎为图腾的巴、樊、晖、相、郑五氏之巴，主要在长江沿岸地区活动；另一支是以嘉陵江流域为中心的板楯七姓之巴，以射虎为业。

课堂讨论

图0-11 甲骨文中部分"巴"字字形

从象形的角度看，你认为"巴"字（图0-11）像什么呢？请在组内各抒己见、展开讨论。

品味巴蜀

（一）巴蛇吞象

从字源学角度看，"巴"在《说文·巴部》中解释为"巴，虫也，或曰食象蛇，象形"，巴的本义为虫，或指的是吃象的蛇，是象形字。蛇吞象是一个神话故事，来源于《山海经·海内南经》的"巴蛇食象，三岁而出其骨，君子服之，无心腹之疾。其为蛇青赤黑。一曰黑蛇青首，在犀牛西"。有学者结合巴族后裔土家族的传说以及相关文献，推测这则神话反映了古巴国的建国史——长江沿岸一支巴人领袖带领部族吞并了其他氏族的势力，统一了巴族，古巴国走上了稳定发展的道路。也有人认为，"巴"字的字形像一个人长着夸张的长臂，"巴人"即专指远古时代生活在西南高山丛林、崖壁间手大臂长、善于攀爬的长臂人。

（二）巴人先君

巴人是古老的部族，巴国的创立在先秦典籍《世本》中有记录："廪君之先，故出巫诞。巴郡南郡蛮，本有五姓：巴氏、樊氏、晖（覃）氏、相氏、郑氏皆出于武落钟离山。其山有赤黑二穴。巴氏之子生于赤穴，四姓之子生于黑穴。未有君长，俱事鬼神。廪君名曰务相，姓巴氏，与樊氏、晖（覃、暉）氏、相（向）氏、郑氏凡五姓，俱出皆争神。乃共掷剑于石，约能中者，奉以为君……因共立之，是为廪君。"这里所提到廪君，也就是第一个统一巴人的领袖，在他之前，巴地各氏族互相攻伐，争当盟主。

廪君当上巴国君王的时间应略晚于古蜀国蚕丛，与鱼凫王朝可能属于同一时代。关于廪君统一部落、酋邦，为建立巴王国奠定雄厚基础的事迹，在《世本》《后汉书·南蛮西南夷列传》《水经注》《太平寰宇记》等古籍都有记载。廪君原名务相，因属巴氏族，便称巴务相，关于他的身世没有确切记载，根据《世本》中的"巫诞"推测，他应是由《山海经》中的巫咸——也就是女娲的后人女巫所生。

五姓争神——在武落钟离山有红黑两个洞穴，巴务相生于赤穴，樊氏、晖氏、相氏、郑氏四族之子则生于黑穴。这五个氏族刚开始各自为政，为争夺地盘互不相让，没有能做统一决断的领袖，大事小事都靠寻鬼问神解决。后来族中商议了一个解决纷争的办法：每个氏族选出最有神通本领的代表，谁能将剑掷于半山的石洞中，就奉他为五族人的君长。巴氏族推选务相上场。比赛当天，各族代表把短剑用力掷向对岸山崖的洞穴，可只有务相的剑掷中了洞穴。

共奉君长——其他氏族虽在第一轮比试中败下阵来，却万般抵赖。族人便又约定各造一艘土船，谁的船在河道中驾驶的时间最长，就拥立谁为君长。五艘土船启航后，其中四艘刚驶出没多远便先后断裂，沉没了。唯独务相驾驶的土船，顺着河流漂流而下，闯过无数险滩仍然完好无损。务相赢得了两项比赛，五族人民心服口服，一致拥戴他为王，称其为"廪君"。

君乎夷城——廪君统一五族后，宽厚爱民，建立了一个以父系血统为中心的氏族部落联盟。随着部族繁衍壮大，廪君决定率族西迁，走出峡谷，寻找新的家园。他们溯江而上，历尽艰险，来到盐阳。盐阳的首领是盐水女神，她不仅热情款待了廪君，还对其表达了爱慕之情。盐阳虽然水草丰茂，盛产鱼盐，却是一个崇信巫术的母系氏族社会。廪君不愿寄人篱下，盐水女神为留住廪君，白天便化为飞虫，招来山中虫群遮天蔽日地飞舞，使廪君一行迷失方向，无法继续西进。如此十余日，廪君心中十分焦急。一日，廪君计上心来，割下颈上青丝赠给盐水女神，并嘱咐她务必戴好定情信物，不得离身半步。盐神欣然答应，将青丝仔细系在自己头上。等到白天漫天飞虫再次起舞时，廪君看准系着青丝的飞虫，一箭将其击毙。盐神一死，飞虫尽散，天地重获光明，廪君部族迅速占领盐阳，在此建立了巴王国，取名夷城，廪君则被推举为君主。在廪君的带领下，巴国日益壮大，成为一个奴隶制国家。传说廪君死后，他的魂魄化为白虎守护巴族人，所以族中以虎为图腾（图0-12）。

图0-12 重庆巴人博物馆内
白虎廪君塑像

廪君的事迹虽是传说，但他建立了一支勇锐的巴师，后来这支队伍跟随武王伐纣，成为前锋部队，戴着百兽面具，冲锋陷阵，功不可没。战后，巴国受封子国。但战国中期，巴国在楚国、秦国和蜀国列强环伺的环境中艰难生存，虽顽强抗争仍不免节节败退，都城多次迁徙，一直在大巴山、大巫山、武陵山、汉江、清江、嘉陵江等大山大水边辗转，终被秦国所灭。

学以致用（课后作业）

1. 巴蜀之地哪些古文明现象说明了其与中原文化、西亚文化的渊源？请展开讨论。
2. 你还知道哪些与巴蜀大地相关的远古神话传说？请通过调查或检索文献作补充，并与同学们分享。

模块一　古蜀文明与巴人遗风

学习目标：

　　知识目标——掌握古蜀国和古巴国的历史脉络及其与中原历史的对应性；熟悉三星堆文明和金沙文明在长江文明史、中国文明史和世界文明史中的地位；了解三星堆遗址、金沙遗址、船棺葬遗址和罗家坝遗址的代表性文物的文化内涵和美学特征。

　　能力目标——能将古巴蜀文化运用到文化产业各专业领域，使以三星堆遗址、金沙遗址、罗家坝遗址为代表的古巴蜀文化元素成为产品设计、视频制作、旅游文化传播的重要题材。

　　素质目标——通过古巴蜀文明的学习，树立高度的文化自信。

文化聚焦： 古蜀文明——青铜的对话　陶器的低语　金器的言说　玉石的私语　象牙的诉说
　　　　　　巴人遗风——沧桑迁徙　虎的图腾　巴人乐舞　巴蜀符号

建议学时： 4

巴蜀讲堂 ■

任务一　探秘古蜀文明

　　位于四川盆地西部的成都平原，气候宜人，物产丰富，素有"天府之国"的美称。优越的自然条件和相对封闭的地理环境，为四川地区古代文化的创造与传承提供了有利条件。在今四川及其相邻地区的广袤区域内，分布着许多古代遗址和遗迹，出土了众多文化面貌基本相同、独具特色且自成体系的文化遗物，构成了"蜀文化"这一区域性文化共同体。三星堆文化便是古蜀文化的典型代表。

一、三星堆文化分期

　　考古意义上的"三星堆文化"是对三星堆遗址及其他具有相同文化面貌、文化遗存的遗址统称。根据放射性元素碳十四测定，三星堆文化距今 4 800 年到 2 600 年，相当于中原地区的新石器时代晚期到春秋时期早中期，前后延续了2 000多年。

（一）三星堆一期文化

三星堆一期文化距今约4 800年到4 000年，属于新石器时代晚期，相当于古蜀史传说中的蚕丛、柏灌时期，与中原龙山文化时期大致对应，其文化遗存分布面积约5平方千米，是新石器时代晚期成都平原乃至长江上游最大的一处中心遗址。在此期间文化因素以本地特色为主体，遗存中含有具备石家河文化与良渚文化风格的玉器和陶器，说明当时成都平原已与长江中下游地区有了文化交流。

以三星堆遗址为代表的早期遗存，在四川盆地内有广泛的分布。据不完全统计，已发现的新石器文化遗址在200处以上，如绵阳边堆山、巴中月亮岩、通江擂鼓寨、汉源狮子山、新津龙马乡宝墩古城遗址、都江堰蟒城遗址、温江鱼凫城遗址、崇州双河古城遗址、郫县古城遗址等，都属于这一时期的遗存。在这些遗址内都发现了夯土城墙，城址规模较大。这些古城的发现，说明当时的成都平原已经有了大小城邦组织。在这些城邑中，唯有三星堆早期遗存脱颖而出，最终成为古蜀国的中心都邑。

在三星堆一期，蜀人正由原始公社向文明社会过渡，为后来出现高度发达的夏商时期三星堆古蜀文明奠定了基础。

（二）三星堆二期至三期文化

三星堆二期至三期文化距今约4 000年至3 200年，相当于古蜀史传说中的鱼凫王朝时期，与中原地区的夏商时期相对应，是典型的早期蜀文化的形成和繁荣期。

这一时期，三星堆先民开始修筑城墙。东、西、南三面城墙均采用人工斜坡夯筑的方式，以增加其牢固性。特别值得一提的是，在东城墙南段的上部和顶部还发现了成片、成形、成层集中分布、加工规整的土坯砖。在城墙建筑使用土坯砖，在中国先秦城墙建筑中尚属首次发现。

在这几面城墙的外侧，还有壕沟北接雁江，南通马牧河。城墙与壕沟的结合，既具有防御功能，又能防洪排涝和交通运输，它们是三星堆古城综合性水系工程的一部分。历千载沧桑，古城雄姿依然，足以令人感受到古蜀王都的宏伟气象。

（三）三星堆四期文化

三星堆四期文化距今约3 200年至2 600年，相当于古蜀史传说中的杜宇时期，对应商代晚期至春秋时期。三星堆遗址四期文化时期是古蜀文化由盛转衰的时期，在经历了长期繁荣之后，因某种自然或人为的原因，三星堆古城最终被废弃，导致古蜀国政治中心的南迁。关于古蜀国南迁的原因，学术界看法并不一致，有学者认为是改朝换代或亡国导致三星堆遗址被废弃；有学者根据三星堆遗址底层的淤泥推测，是一场突如其来的洪水导致古蜀先民被迫离开家园。

二、三星堆遗址

"三星堆"原指三星堆古城内位于南城墙以北的三个起伏相连的"黄土堆"，其排列宛若三星当空，与北面如新月的月亮湾隔马牧河相望，故而得名"三星伴月"。《汉州志》对此有明确记载："治（今广汉）西十五里，三星伴月堆。"

（一）陶器的低语——三星堆陶器

三星堆遗址出土的陶器数量巨大，品种繁多，主要包括盛储器、食器、酒器、炊器、陶塑的艺术品以及少量的礼器和生产工具，展示了古蜀先民日常生活的生动画卷。

蜀地陶器与中原陶器相比，具有鲜明的地域特色。中原陶器的基本组合是鼎、鬲、甗，而蜀地陶器的基本组合是小平底罐、高柄豆、鸟头形勺把等，这些器型在其他地方极为罕见，但在三星堆文化各遗址中大量存在，是三星堆文化的典型器物。遗址中具有中原文化特色的陶盉、铜尊等器物的出土，又反映了蜀地与其他区域文化之间相互联系、相互影响的关系。

古蜀先民在制作这些祭祀与生活用品时，不仅注重其实用功能，同时把自己的审美追求融入其中，从而使三星堆陶器在总体风貌上具有构思巧妙、造型优美的特点，成为实用性与艺术性兼具的陶艺佳品。

（二）玉石的私语——三星堆玉石器

玉石器多是古人用来交感神灵、沟通天地的礼器及祭品，是所谓"以玉通神"的精神产物。古人以玉作"六器"，玉之用，天地四方，无所不包。玉器作为通天、通神的礼器，在古人心目中具有崇高的地位。自上古时代，先民们即开创了崇玉、尚玉这一源远流长、蔚为大观的"中国玉文化"的先河。

三星堆出土的众多玉石器足以证明，至迟在商代，蜀人已有了较为完备的宗教礼仪制度，反映出古蜀国已具有相当强盛的综合国力，而与之相适应的宗教礼仪制度已臻于完善。遗址出土的玉石器中礼器的数量最多，从一个侧面反映了当时蜀国的政治宗教文化。

三星堆遗址玉器的基本器形和组合关系，与同时期中原和长江中下游出土玉器有很多相似之处，证明三星堆文化的玉器是在中原和长江中下游文化影响下形成和发展起来的，是中华玉文化大家族的一个有机组成部分。同时，三星堆玉器又有许多自身的特色，如璋的数量众多，体量硕大，形式复杂，而且有鱼形璋、镂空璋、刻画图像的边璋等独有品种；又如工具类玉器数量品类丰富，列璧被大量使用，说明三星堆文化已经形成了自身的玉器风格和体系，代表了玉文化的又一个地区类型。

1.石器

三星堆文化时期的石器加工技术在接续早期技术文脉的同时，又在钻孔工艺等方面臻于更趋精到的境地，并发展出石雕技术，反映出石器制作社会功能的进一步拓展。

三星堆遗址所出石璧数量多、体量大，还有许多石璧出土时是按从大到小的序列依次垒叠的。其石器制作技术新成就也主要体现在对石璧施用的钻孔工艺上。如1987年真武仓包包出土的两组石璧，其中一组有11件，直径从20.3到7.1厘米不等，从大到小，呈依次递减变化，各件间相差1厘米左右，发掘者称之为"列璧"。这组石璧孔径较大，孔宽超过环面宽，且器中部较厚，周缘较薄，周边不甚规整。孔多由单面管钻完成。石璧芯的再次加工，说明三星堆时期的工匠们已能高效率、灵活地使用材料，另一方面也表明当时石料的来源仍极其有限，工匠对于手中的材料十分珍惜，在制作中务必充分利用余料进行加工这一事实。

三星堆文化时期石器制作技术领域的另一重要进展，是石雕工艺的出现。出土的圆雕属长江上游成都平原目前最早的石雕作品，具有本地石雕技术与艺术的发轫意义。

图1-1 石蟾蜍

三星堆圆雕含人物与动物两大类，前者为三星堆附近西泉坎发现的两件石像，后者包括遗址中发现的石蛇形器、石蟾蜍（图1-1）及月亮湾遗址出土的石虎等。这些石雕作品出土时均各有不同程度的残损，石质风化严重，雕琢技法稚拙古朴，人物和动物的体态、身躯、肌肉细节、凹凸等都较粗略，身躯也未做打磨抛光的细处理。石雕跪坐人像石质较差，其头部已损坏，躯干、四肢等细节交代模糊，唯据其躯干轮廓尚可窥其造型大意。动物造像如石虎，其头大躯短腿细，全身比例不协调，虎口、虎牙未见打磨与修整痕迹。而石蛇形器选料不仅较粗糙，且蛇头部分仅凿为三角形示意，蛇身椭圆形孔不规整，孔底部边缘也未打磨修整。此期石刻圆雕作品制作手法简单化和雕塑技法的质朴特点于此可见一斑。虽然从技术史角度看，不论是其选材，还是技术施用，都反映出此时期的石雕技术可能尚处于雏形阶段，但从风格上说，其朴拙的造型意趣可从"时代气象"的意义上解释为当时民间审美观的自然流露。

2. 玉饰品

三星堆遗址出土的玉石饰品也是古蜀玉文化中颇具特色的品类。如串珠、玉管、琥珀坠饰等，用料考究，雕琢工细，小巧别致，极富生活气息与艺术趣味。其婉秀朴雅之风，展现出崇神时代古蜀人审美情趣的多样性与佩玉风尚之一斑。

三星堆的玉石饰品主要有玉串珠（图1-2）、玉管、琥珀坠饰等，玉管和玉珠多采用碧玉为原料，温润光洁，晶莹剔透。与粗犷大气的玉石礼器相比，玉石饰品更显玲珑别致、婉秀朴雅。每一件饰品的制作都精雕细琢，采用了雕刻、钻孔、抛光等多种工艺。

古人素有佩玉风尚，玉饰通常是财富、权力和身份地位的象征。三星堆玉石饰品展现了古蜀人的佩玉习俗和审美情趣，富有浓郁的生活气息。作为珍贵的装饰品，在祭祀活动玉饰也通常会被作为祭品奉献给神灵。

图1-2 三星堆二号祭祀坑出土玉串珠

3. 玉戈

三星堆遗址出土的玉石器中，种类和数量最多的是玉戈（图1-3）和玉璋，它们构成了三星堆玉石器的主体，具有极高的文物价值和艺术价值。

戈是三星堆玉石兵器中数量最大的一类器物，两坑共出土玉戈39件、石戈37件。与中原同时期出土的玉戈相比，三星堆玉戈具有独特的风格，如平刃戈、细三角形无脊弧刃戈等，都是三星堆独有的器型。三星堆玉戈做工考究，制作精美，形体宽大，锋刃犀利，援呈三角形，前端及两侧斜收成前锋和边刃，援中部有一中脊直贯前锋，中脊及刃部线条流畅，长方形的柄部中央有一圆穿，可能是用来固定的。玉戈的形制风格与殷墟妇好墓出土的玉戈接近，反映了两地的文化交流。三星堆玉石兵器上均未见有使用过的痕迹，说明并非实战用的武器，而是在宗教仪式表演活动中用以壮其声威的仪仗。

图 1-3 三星堆一号祭祀坑出土的玉戈

三星堆出土的玉戈的长度和形制之大也超出一般。著名的商代安阳殷墟妇好墓中出土的同类型的玉戈，最长者不过40余厘米，而三星堆遗址出土的两件玉戈，最长的则达60多厘米，这从一个侧面反映出其所象征的"高等级"。这种对大体量的祭祀礼仪用器的追求，一方面固然体现了古蜀制玉工艺技术的成熟，更重要的一方面则是反映了古蜀的文化观念。

4. 玉璋

璋是我国古代最为重要的礼器之一，在所谓礼拜天地四方之中，璋被认为是用来"礼南方"的器物，一般认为它最主要的用途是祭山。三星堆遗址出土的玉璋大致分为三类：一类为边璋，斜边平口，略呈平行四边形；一类为牙璋，呈长条状，柄部有锯齿状扉棱，端部分芽开叉，该类器物在陕西神木石峁龙山文化、偃师二里头文化遗址中均有发现，但以三星堆遗址出土的牙璋数量最多，制作最为精美；一类为鱼形璋，璋的射部酷似鱼的身体，射端呈叉口刃状，宛如微张的鱼嘴。鱼形璋是蜀地特有的器型，目前仅见于三星堆遗址和金沙遗址。有学者认为，鱼形璋是牙璋的一种变体，其形状似鱼可能与传说中的古蜀王鱼凫有关。

三星堆二号祭祀坑出土的一件玉边璋上的刻画图案，则更直接地表现了璋用于祭山的祭祀主题（图1-4）。图案分上下两幅，正反相对呈对称布局，每幅图案由五组构成：下方一组有两座山，两山外侧各插有一枚牙璋；第二组是三个跪坐的人像，头戴穹窿形帽，佩双环相套的耳饰，身着无袖短裙，两拳相抱，置于腹前；第三组是几何形图案；第四组又是两座山，

图 1-4 "祭山图"玉边璋

两山中间有一略似船形的符号，两山外侧似有一人手握拳将拇指按捺在山腰；最上面的一组为三个并排站立的人像，人像头戴平顶冠，佩铃形耳饰，

身着无袖短裙，双手作与第二组人像相同的动作。从图中的山、山侧所插的璋以及作拜祭状的人等情况分析，大体上可以推测该图所表现的正是"山陵之祭"的隆重祭祀场面，而以璋祭山的用途，也就彰显无遗了。

课堂讨论 玉边璋所刻的纹饰构图复杂而讲究，风格奇诡精丽，其图案的内涵是公认的又一个"三星堆之谜"。它给人们带来了许多疑问，如下层跪着的人和上层站着的人是什么关系？是否就是表示人间与神界的某种关系？他们是谁？他们在做什么？图像中悬空的不规则几何形又是表现的什么呢？请小组成员各抒己见。

品味巴蜀

玉牙璋是古蜀一种较为重要的礼器，反映了古蜀人独特的文化观念。在夏代或商代早期，中原玉牙璋传播到蜀地，一直流行到商代晚期。在此漫长的历史过程中，蜀国玉工不断地仿造玉牙璋，并加入了本土的文化因子与艺术风格，形成了具有强烈古蜀色彩的蜀式玉牙璋。

图1-5 三星堆出土玉牙璋

在出土的大量造型各异、精美绝伦的玉牙璋中，有一件特别突出，被定为国宝级文物（图1-5）。首先，这件玉牙璋通长90.8厘米，宽7.8厘米，是三星堆遗址出土的玉牙璋中最大的一件。其次，该器物通体漆黑，既长且大，两射尖内收成锋刃状，经打磨抛光、闪闪发亮。再次，器身极薄，厚度仅0.6厘米，堪称三星堆所出土玉器中制作难度最大、最精美的器物。

三星堆一号祭祀坑出土的鱼形璋身呈鱼形，两面各线刻有一牙璋图案，在射端张开的"鱼嘴"中，站着一只镂空的活灵活现的小鸟（图1-6）。鱼鸟合体的主题，寓意深刻。该器制作精美，综合运用了镂刻、线刻、管钻、抛光等多种工艺，还充分利用玉料的颜色渐变，随形就势以

表现鱼的背部与腹部，可谓匠心独具，巧夺天工。一般认为，鱼形玉璋很可能与古史传说中古蜀王鱼凫有关。

兵器和工具的玉制化和礼仪化，是三星堆晚期遗存的重要特点，标志着等级观念和宗教形态已渗入玉器中，使其成为祭祀工具或等级权力的象征物。多种形制、多种用途的玉制兵器和工具的大量出现，反映出三星堆古蜀国已形成了较为完备的宗教礼仪制度。

图1-6 三星堆一号祭祀坑出土鱼形璋

5.玉璧

璧和琮是中国古代最重要的祭祀礼器，是古人宇宙观的实物体现，是沟通天地、连接人神的重要工具。其中，玉璧是"六器"中出现最早、使用时间最长的一种礼玉。在中国古代祭祀仪式中，也是最重要的礼器之一。这种圆形而中央有孔的玉器，在古代人心目中是天盖的象征，璧的造型蕴含了古代"天圆"的宇宙观念，用以象征太阳和天宇，因此《周礼》有"苍璧礼天 黄琮礼地"的记载，古人将其列为"六器"之首，用以祭天。

璧是一种扁平圆形、正中有孔的器物，早在新石器时代已经开始出现并延续不断。三星堆遗址出土的二十来件玉璧形器，不仅选料考究，而且制作工艺精湛，如许多玉璧的玉质呈碧绿色，观之通透莹润，呈现出一种清冷之美，加以器身有因精心旋转制作时留下的同心弦纹，更显出细腻宛秀之风。许多质地明洁的玉环上都特别开有很小的方孔，显得工细雅致，小孔可能用于穿绳系带，在如此薄的玉环器身上切割出极小的方孔，其难度可想而知。

6.玉琮

琮跟璧一样，也是古代祭祀活动中最重要的礼器之一。琮的形状为外方内圆，中央为圆筒状，外周呈正四方或钝角四方形，形似一中空圆筒套在方柱中。按文献记载，琮的方形应是象征大地，黄色像土的颜色，因此琮的最重要文化功能是用于祭地。但也有学者根据琮的形制，并结合古代文献记载，认为琮不仅是用于祭地，而且应该是贯通天地的重要礼器，琮制内圆外方而中间贯通正是寓意天圆地方、天地相通。

三星堆遗址出土的琮并不多，目前可以确定的仅有三件，形体偏小，造型简洁。有学者认为，青铜大立人像的环握中空的手型原应握有沟通天地的法器，据手型的形状，可能是琮。

1951年由燕道诚之子捐赠给当时广汉县人民政府的玉琮高7.25厘米，宽8.4厘米，内径7.05厘米，呈黄绿色、半透明，器身外方内圆，中空呈短筒形，两端凸出的射部较矮呈环状，外边四方转角圆浑，每方外壁阴刻平行竖线2条，转角处上中下阴刻平行横线3组5条，与四方的竖线相交（图1-7）。

图 1-7 三星堆出土的玉琮

（三）金器的言说——三星堆金器

黄金是稀有的贵重金属，以其耀眼夺目的光泽，深受世界各民族的推崇。中国是世界上最早使用黄金的国家之一。中国早期的金器较多地出现于商代，商代的黄金制品以秦岭和淮河为界，分为南、北两大地域系统，体现出不同的价值倾向。北方诸系金器大多为装饰品，数量与种类不多，且形体较小。南方金器则以三星堆金器为突出代表，其器物风格和制金工艺独树一帜，在中国同时期文明中属最为杰出者。

根据地质调查，四川盆地西北部和盆地周缘都有广泛的金矿分布，三星堆金器原料可能来自四川西南部的大渡河、雅砻江流域。三星堆黄金制品种类丰富，量多体大，多数作为权力的象征用于隆仪、祭典的重器，这与北方地区仅以黄金作为装饰品，中原地区以铜为重的价值观念完全不同。如金杖和金面罩，不仅代表了权力和地位，而且具有浓郁的神巫文化色彩。

1. 金杖

在三星堆一号祭祀坑出土的金杖，全长1.42米，净重约500克，系用金条捶打成金皮后，再包卷在木杖上；出土时仍见金皮内残留的炭化木渣。在金杖一端长约46厘米的纹饰图案极为珍贵。图案共有三组：靠近端头的一组，合观为两个前后对称，头戴五齿巫冠、耳饰三角形耳坠的人头像，笑容可掬；另外两组图案相同，其上下方分别皆是两背相对的鸟与鱼，在鸟的颈部和鱼的头部叠压着一支箭状物（图1-8、图1-9）。

图 1-8 三星堆金杖

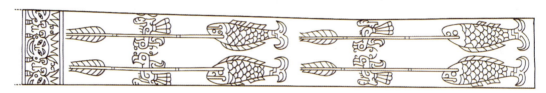

图 1-9 三星堆金杖线描图

课堂讨论

金杖上的图案究竟表现的是何种内容？是古蜀族图腾、族徽的铭记？还是希冀通过巫术作用而捕鱼成功的渔猎祈祷图？还是描绘胜利者的功绩，或记述某件关系国家命运的大事？金杖或是至高无上的权威标志，即皇帝权杖，是王权的象征？或是大巫师手中的魔杖法杖，是神权的象征？或是集神权与王权于一体的政教合一体制下的王者之器？请小组成员各抒己见。

关于这幅鱼鸟图的解释，按照一些学者的理解，金杖上鱼鸟"合一"的图像很可能与鱼凫王朝有关。古史传说记载，第三代蜀王名叫鱼凫，鱼凫是一种善于捕鱼的水鸟，即鱼鹰。鱼凫，实际指以这种水鸟为族名的部族，反映了这是一支以渔猎为最早的主要经济生活手段的部族。据此，则有观点认为，该金杖上的图案表现的是，分别以鱼和鸟为祖神标志的两个部族联盟而形成了鱼凫王朝，图案中的"鱼""鸟"就是鱼凫的图像表征，也就是鱼凫王朝的徽号、标志。另有一种说法认为，鱼能潜渊，鸟能飞天，金杖上的鱼鸟图象征着上天入地的功能，是蜀王借以通神的法器。还有专家认为，金杖杖身上端的三组人、鱼、鸟图案说明，金杖既被赋予着人世间的王权，又被赋予着宗教的神权，它本身既是王权，又是神权，是政教合一的象征和标志。杖用纯金皮包卷，而黄金自古就被视为稀世珍宝，其价值远在青铜和玉石之上，使用黄金制成权杖体现出对社会财富的占有，象征着经济上的垄断权力。所以，三星堆金杖有着多种特权复合性的象征意义，标志着王权（政治权力）、神权（宗教权力）和财富垄断权（经济权力）。这三种特权的同时具备，集中赋予一杖，就象征着蜀王所居的最高统治地位。

关于金杖的性质，则有"王杖说""法杖说""祭杖说"及祈求部族或王国兴盛的"法器"说等。多数学者倾向于认为，金杖是古蜀国政教合一体制下的"王者之器"，象征着王权与神权。据古文献记载，中国夏、商、周三代王朝均以九鼎作为国家权力的最高象征，而古蜀王国正好是用杖不用鼎。在有关古代蜀人史迹的文献材料中，丝毫没有用鼎的片言只字记载。这些现象足以表明，古代蜀人无论在观念还是实际政治生活中，绝未把鼎当作权力与财富的象征，充分反映出古蜀与中原王朝之间文化内涵的差异，显示出古蜀国浓厚的神权色彩和地域特色。

在地中海沿岸的古希腊文明、古埃及文明、古巴比伦文明以及在西亚文明中，均有以杖形物作为神权、王权等最高权力象征的文化现象。如古巴比伦文明的汉谟拉比法典石碑上部浮雕图像，表现的就是太阳神沙玛什正在向汉谟拉比国王授予象征至高无上的神权、王权的"神杖"。三星堆出土的金杖，与西亚、埃及以及较晚时期的权杖相似，属于细长类型。值得注意的是，近东权杖的一个特点是在杖首和杖身头部装饰图案以描绘胜利者的功绩，或记述某件关乎国家命运的大事。无独有偶，三星堆金杖同样在杖身上端刻有平雕图案，内容也同样与国家权力有关。从地理因素上看，悠悠南丝路凿空万里，很难排除古代蜀国与西亚、近东彼此之间的文化交流和文化渗透。从历史上看，在古蜀王国本土和商代中国没有使用权杖的文化传统，那么，三星堆金杖通过某种途径，吸收了近东权杖的文化因素也是有可能的。

2.金面具

三星堆一、二号祭祀坑共出土金面罩8件，除4件单个的金面罩，另有4件戴金面罩的青铜人头像。单个的金面罩出土时皱成一团，有的已经残破断裂，但仍能看出它的形貌是鼻部呈三角形凸起，双眉双眼镂空。面罩周围向内折起，像是有意团过边的。

三星堆青铜人头像上包贴金面罩（图1-10），说明当时的古蜀人已视黄金为尊。但作为常设于宗庙的祭祀神像，在其面部饰以黄金，目的当然并非仅仅为了美观，而是在宗教祭祀活动中具有特定的功用。

图 1-10 戴金面罩青铜人头像

2021年1月，在三星堆遗址五号祭祀坑发现的黄金面具，虽只有半张，但方形面部、镂空大眼、三角鼻梁还有宽大的耳朵，这样的风格与此前三星堆所出土的黄金面罩和金沙大金面具风格十分相似。所发现的半张面具的宽度约23厘米，高度约28厘米，质量大约为286克，预计完整的总质量应该是超过500克，这比目前国内所出土的商代最重的金器——三星堆金杖的质量还大，如果能够完整发现，这副黄金面具将超过金杖成为目前国内所发现的同时期最重的金器。同时，这副黄金面具厚度非常厚，不需要任何支撑，就可以独自立起来。

2021年6月在三星堆三号祭祀坑又出土了一张薄如蝶翼的金面具（图1-11），面具宽37.2厘米、高16.5厘米，重约100克，眉眼镂空，两耳轮廓圆润，鼻梁高挺，嘴形大而微张，造型威严神圣，是目前三星堆考古发掘中出土最完整的一件金面具。这副金面具的面部特征与三星堆此前出土的青铜人头像形象一致，尺寸也接近青铜人头像。据考古专家推测，这件金面具是覆盖在青铜人头像面部的一部分，而不是一件独立使用的器物。

图 1-11 三号祭祀坑出土最完整的金面具

3.金虎形饰

中国古代的民族多有崇虎的习俗，中原出土文物大量以虎为饰，战国时流行于四川的"巴蜀符号"也以虎图纹最为常见。三星堆出土的金虎及青铜虎，造型以简驭繁，气韵生动，说明蜀人对虎的观察相当仔细，而且虎的形象在其心目中有十分重要的地位。只有当人们崇尚某种动物时，才会产生对它的细致观察态度。

三星堆一号坑出土的金虎昂头张口，仿佛正在咆哮山林（图1-12）。它的身体呈半圆形，眼部镂空，前足伸，后足蹲，尾巴上卷，似乎正在奔跑，形象极为生动传神。《山海经·海内经》

说古蜀境内百兽出没。虎为百兽之王，一方面为了生存便"认虎为亲"，以求保护。另一方面，古蜀人又把虎作为山林之王而崇拜。这就是金虎形饰反映的历史语境。

图 1-12 一号祭祀坑出土金虎形饰

品味巴蜀

4.金箔饰件

三星堆金器除了有金杖、金面罩等较大型的器型，也出土了很多小型的金箔饰件。各形各式的金箔饰件均形体细小，可能并非单独使用的饰件。几乎所有的金箔饰件上都留有小穿孔，应是作为系挂之用的。可以推测，这些小型金箔饰件应是附着在其他器物上的饰品。在三星堆二号祭祀坑共出土鱼形饰件19件，分大小两型。大号金箔鱼形饰共有5件，长约20厘米，宽近2厘米，器身细长，既似鱼形又像柳叶，上錾刻有精细的叶脉纹和刺点纹。小型的金箔鱼形饰形制与大号接近，长度从4厘米至7厘米不等，表面无纹饰。鱼形饰件上端均有一圆穿孔，应是悬挂于其他器物上的饰件。

（四）青铜的对话——三星堆青铜器

三星堆伟大的青铜器群，不仅数量巨大，种类丰富，文化面貌复杂、新颖、神秘，而且造型奇特，规格极高，制作精美绝伦，充分反映了其高度发达的青铜铸造技术，以及独特的审美意识和宗教信仰，体现了商代中国科技发展的最高水平。

1.青铜立人像

在三星堆众多的青铜雕像群中，足以领衔群像的最高统治者非大立人像莫属。

人像高180厘米（冠顶至足底），通高260.8厘米，不论是从服饰、形象还是体量等各方面看，这尊大立人像都堪称所有青铜人像的"领袖"人物（图1-13）。以往殷墟出土的玉石铜人像与之相比，真可谓是"小巫"见"大巫"了。就全世界范围来看，三星堆青铜大立人也是同时期体量最大的青铜人物雕像。

雕像是采用分段浇铸法嵌铸而成，身体中空，分人像和底座两部分。人像头戴高冠，身穿窄袖与半臂式共三层衣，其身披法带，穿龙纹左衽"龙袍"，长襟燕尾，可谓极尽华丽高贵之能事。人像双手手型环握中空，两臂略呈环抱状构势于胸前。脚戴足镯，赤足站立于方形怪兽座上。其整体形象典重庄严，似乎表现的是一个具有通天异禀、神威赫赫的大人物正在作法。其所站立的方台，即可理解为其作法的道场——神坛或神山。

人像身佩的方格纹带饰，当具有表征权威的"法带"性质。其衣服上的几组龙纹装饰似有与神灵交感互渗的意义，其所穿之衣很可能是巫师的法衣。他手中是否原本持（抱）有某种法器？有人认为是琮，有人认为是权杖，有人认为是大象牙，还有人认为是类似彝族毕摩（祭司）的神筒或签筒，也有人认为他是在空手挥舞，表现的是祭祀时的一种特定姿态。

这尊"纪念碑"式的大立人雕像究竟象征什么身份呢？目前，学术界有几种不同的意见：一种意见认为，青铜大立人是一代蜀王形象，既是政治君王同时又是群巫之长。另一种意见认为是古蜀神权政治领袖形象。考古研究者们更倾向于认为，他是三星堆古蜀国集神、巫、王三者身份于一体的最具权威性的领袖人物，是神权与王权最高权力的象征。

图1-13 青铜立人像及其线图

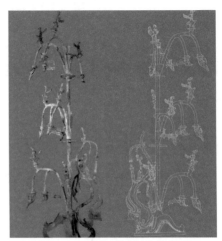
图1-14 青铜神树及其线图

2.青铜神树

Ⅰ号大型铜神树由底座、树和龙三部分组成，采用分段铸造法铸造，使用了套铸、铆铸、嵌铸等工艺，通高3.96米，树干顶部及龙身后段略有残缺。在我国迄今为止所见的全部青铜文物中，这株神树也称得上是形体最大的一件（图1-14）。

铜树底座呈穹窿形，其下为圆形座圈，底座由三面弧边三角状镂空虚块面构成，三面间以三足相连属，构拟出三山相连的"神山"意象，座上铸饰象征太阳的"⊙"纹与云气纹。树铸于"神山之巅"的正中，卓然挺拔，有直接天宇之势。树分三层，每层三枝，共九枝；每枝上有一仰一垂的两果枝，果枝上立神鸟，树侧有一条沿树逶迤而下的身似绳索相辫的铜龙，整条龙造型怪异诡谲，莫可名状。

关于这株铜树的内涵，目前在学术界尚存在不同看法，但将铜树界定为"神树"，则是共识。一种意见认为，这株铜神树的造型与内涵应与《山海经》中记载的"建木"相关，铜树是古蜀人沟通人神、上下天地的天梯，反映了古蜀人交通于天人之际的特殊宗教权力被古蜀国神权政治集团所独占的情况。与此相对的观点则认为青铜神树并非"建木"，从其构型分析，更多地与《山海经》描述的"若木"相似。另一种意见认为，青铜神树具有"社"的功能，与载籍所记"桑林"一致，应为"社树"。一种意见认为，铜神树为古蜀人的宇宙树，反映了蜀人的世界观。还有一种观点认为，青铜神树起源于古人对日晕现象的认识，代表东西两极的"扶桑"与"若木"。

那么，铜树上铸有九只鸟，又有何具体寓意呢？在古代"十日神话"中，太阳的运行是由自在飞翔于天宇的乌鸦即所谓"阳乌"（金乌）背负而行，这是先民对太阳东西移行现象富有想象力的"解释"。金乌作为运载太阳的神鸟，也往往作为太阳的象征，所谓"金乌西坠，玉兔东升"，就是指太阳西下，月亮东升。古代很多民族都将鸟的形象作为太阳的象征。三星堆铜树上所铸的神鸟应为神话中金乌（即太阳）的写照。三星堆神树三层九枝及其枝头分立九鸟的形象，符合"扶桑"和"若木"的"上有十日"这一最为显著的特征。铜神树铸饰九鸟，或原顶部有一只鸟，也可能制作者表达的构型意图是另有一只鸟在天上值日吧。同时铜神树也具有"建木"的特征和功能，载籍描述建木有树叶、花卉、花果与"黄蛇"，铜神树的形式构成中同样有"天花地果"与神龙，而铜神树所在的位置恰好是古代神话传说中所谓"天地之中"的成都平原，"天地之中"意即"世界中心"，象征这是一株挺立于大地中心的神树。

因此，三星堆神树应是古代传说中"扶桑""建木"等神树的一种复合型产物，其主要功能之一即为"通天"。神树连接天地，沟通人神，神灵借此降世，巫师借此登天，树间攀援之龙，或即巫师之驾乘。

三星堆神树是中国宇宙树伟大的实物标本，当可视作上古先民天地不绝、天人感应、人天合一、人神互通之神话意识的形象化写照。三星堆神树反映了古蜀先民对太阳及太阳神的崇拜，它在古蜀人的神话意识中具有通灵、通神、通天的特殊功能，是中国宇宙树最具典型意义和代表性的伟大的实物标本。

3. 青铜纵目面具

在三星堆出土的众多青铜面具中，造型最奇特、最宏伟壮观的要算这件有"千里眼""顺风耳"之誉的青铜纵目面具（图1-15）。

模具高64.5厘米，宽138厘米，眉尖上挑，双眼斜长，眼球呈极度夸张，呈柱状向前纵凸达16厘米；双耳向两侧充分展开；短鼻梁，鼻翼呈牛鼻状向上内卷；口阔而深，口缝深长上扬，似微露舌尖，作神秘微笑状。其额部正中有一方孔，可能原来铸有精美的额饰，可以想象，它原来的整体形象当更为精绝雄奇。

超现实的造型使得这尊造像显得威凌八方，其神秘静穆、威严正大之气给人以强烈威慑感。最令人费解的就是其夸张的双眼与双耳，应是视通万里、耳听四方的神异能力的象征。古文献记载蜀人始祖蚕丛的形象特征即为"其目纵"。在中国上古神话中，还有一个人面蛇身、掌控天地明晦的天神烛龙，其形象特征是"直目正乘"，也就是"直眼球"。纵目面具的造像依据很可能与古史所记述的蚕丛和烛龙的形象都有关。目前，对这尊造像的研究除普遍认为它表现的是蜀族始祖蚕丛外，尚有几种不同意见：或认为它应是兽面具，或认为面具左右伸展的大耳是杜鹃鸟的翅膀，其形象应是古史传说中死后魂化为杜鹃鸟的第四代蜀王杜宇，或认为它是太阳神形象，等等。三星堆考古专家们则倾向于认为这件面具既非单纯的"人面像"，也不是纯粹

图1-15 青铜纵目面具

的"兽面具"，而是一种人神同形、人神合一的意象造型，巨大的体量、极为夸张的眼与耳都是为强化其神性，它应是古蜀人的祖先神造像。

4. 青铜太阳轮

图1-16　青铜太阳轮

三星堆出土的"太阳形器"全部被砸碎并经火焚烧。从残件中能识别出六个个体，经复原的2件太阳形器的直径均在85厘米左右，构型完全一致。

器物构型为圆形，正中阳部凸起，其周围五芒的布列形式呈放射状，芒条与外围晕圈相连接。阳部中心圆孔、晕圈上等距分布的5个圆孔均是作安装固定作用的（图1-16）。

这种形制的器物从未见于以往的出土文物，多数学者认为，这种形制的器物应当是"太阳形器"。它是常设在古蜀国神庙中的神器。又或用于祭祀仪式，钉挂在某种物体之上，作为太阳的象征接受人们的顶礼膜拜。三星堆祭祀坑出土的许多重器如青铜大立人、青铜神树及其他一些青铜重器上的大量的各式太阳纹饰表明，"太阳崇拜"在古蜀国的宗教文化中颇为突出。可以推知，商代的古蜀国已有专门祭日的仪式，并在古蜀国诸多祭仪中具有举足轻重的地位。

作为成都平原古代民族的信奉习俗，"太阳崇拜"一直延及东周。据《华阳国志》记载，末代蜀王族的号为"开明"，一般认为，"开明"词义与"太阳升起"密切相关。而金沙遗址出土的金四鸟绕日饰、铜立人像等，则正是商末至西周早期之间古蜀太阳（太阳神）崇拜的实物例证。作为宗教观念的物化形式，它们与三星堆同类器物前后衔接，为进一步研究古蜀宗教文化提供了重要的依据。

5. 青铜顶尊跪坐人像

青铜顶尊跪坐人像高15.6厘米，底座直径10厘米，此器由山形座和跪坐顶尊人像两部分组成，山形座座腰上铸饰扉棱，座上有婉曲朴雅的镂空花纹（图1-17）。人像上身裸露，乳头突出，下身着裙，腰间系带，带两端结纽于胸前，纽中插物。

图1-17　青铜顶尊跪坐人像

人像头顶一带盖铜尊，双手上举捧护圈足尊的腹部。表现的应是古蜀国巫师在神山顶上跪坐顶尊以献祭神天的情景。因其胸部乳头显露突出，因此有观点认为该人像刻画的是古蜀国的女性巫师或女神。人像虽小，却是极难求的珍品。第一，它是很完整的全身像；第二，尊罍是古代重要的礼器，但人们对于其具体使用方式却有很多不同的看法，青铜顶尊跪坐人像则为我们展示了"尊"这种器物在古代祭祀时的具体使

品味巴蜀

用方式之一。从人像的造型上看，古蜀国工匠具有很高的造型能力，整个人像结构完美、比例匀称、美观耐看，具有很高的观赏性和艺术价值。

青铜跪坐立人高12.4厘米，宽5.8厘米，正跪坐。半圆雕，背后空。头部戴魃形装饰，方颐，长刀眉，大眼，直鼻，大耳，耳垂上有穿孔，阔口，粗颈，身穿对襟长袖衣，腰间系带两周，两手置于腹前。

6. 青铜大鸟头

在三星堆全部鸟类造型文物中，青铜大鸟头是形体最大的一件。大鸟纵径38.3厘米，横径19.6厘米，高40.3厘米，出土时，发现其钩喙口缝及眼珠周围皆涂有朱砂。鸟颈部下端有三个圆孔，当作固定之用（图1-18）。此器可能是神庙建筑上的装饰物，也有可能安装于某种物体之上，作为仪仗用途的象征标志。

图1-18 青铜大鸟头

作为远古时代图腾遗存及自然崇拜、神灵崇拜、祖先崇拜之物，鸟与古蜀族的关系极为密切。几代蜀王直接以鸟为名，足以证明这一点。而三星堆文物中众多的鸟形器物及纹饰图案，更从考古发掘的角度提供了有力的实证。

这件器物的造型与鹰和鱼鹰颇为相似，或为蜀王（鱼凫）的象征，可能还具有蜀族族名、徽号意蕴。多数研究者倾向于认为，这件器物应是古蜀国鱼凫王朝时期的国之重器，具有族群的象征意义。

7. 青铜挂饰

三星堆出土的青铜器群也不乏玲珑韵致的作品，青铜挂饰就是其中的典型代表。三星堆青铜挂饰类器物包括铜铃、圆形、龟背形、扇贝形及箕形挂饰五种，均出土于二号祭祀坑。铜铃共有43件，分9种类型，其造型既有几何形的，也有仿拟动植物形态的，颇富情趣。此外，铜圆形挂饰30件、龟背形挂饰32件、扇贝形挂饰48件、箕形2件，虽属同类器物，但形式变化丰富，足见匠心。

三星堆二号祭祀坑出土的F形铜铃造型像一只蹲伏的鸟，尖尖的钩喙，圆圆的大眼，身有羽翼，中间活动的铃舌做成獠牙状（图1-19）。鸟额上铸有圆拱形钮，钮上套"8"字形链环，系作悬挂之用。可以设想，当铜铃因风发响或被敲击发出叮当之声时，铃声与铃形相配，给人以如闻鸟儿鸣唱的感受。这件铜铃可谓颇富巧思、生动有趣的艺术品。

二号祭祀坑出土的C形铜铃高7.35厘米，正面呈梯形，横断面呈长椭圆形，两侧铸宽而薄的翼，顶上的半圆形钮系作悬挂之用（图1-20）。铃两面均饰兽面纹，内以朱砂填涂，体积虽小，却不乏凌厉严威之感。与形制相近的素面铃相比较，这种特别加饰兽面的铜铃除体现出对装饰性美感的着意追求以外，也可能存在某种等级意义。

图 1-19 F 形铜铃

图 1-20 C 形铜铃

图 1-21 H 形铜铃

图 1-22 Da 形铜铃

图 1-23 G 形扇贝形铜挂饰

图 1-24 圆形铜挂饰

二号祭祀坑出土的 H 形铜铃口径 6.8 厘米，通高 12.25 厘米，造型宛如一朵盛开的喇叭花，铃顶部为花托，桶上部表现的是花之子房，其上环饰以波曲形纹；下部四花瓣上又满饰联珠纹，柱状铃舌下端则巧作为花蕊形（图 1-21）。整器造型优美，装饰花纹的布列形式体现出明显的秩序意识。在古蜀人的眼里，这一构型仿拟自然植物的铜铃，当不只具视觉审美价值，而应如三星堆铜神树上的"天花地果"一样，还带有神异的色彩，昭示着超越世俗的神圣价值。

二号祭祀坑出土的 Da 形铜铃素面无纹饰，其正面呈梯形，两腰微弧，两侧饰翼。铃顶部设有悬挂铃舌的扁孔，但铃舌今已无存。铃顶挂钮与挂架由一"8"字形链环相套接，从挂架所铸的数个链环扣来看，很可能原是数条"8"字形链环共穿套于挂钮，总体呈倒锥形连接挂架与铜铃（图 1-22）。可以想见，这一带挂架铜铃原本秀雅美观的形式构成。

二号祭祀坑出土的 G 形扇贝形铜挂饰宽 6.9 厘米，高 9.2 厘米，平面略呈椭圆形，背部五道圆弧形脊棱的布列形式呈昆虫羽翅状，其上满饰三角目云纹。这件挂饰的构型与脊棱处理手法，很可能确实是从某种昆虫的外部形态上得到了启发，或是以这种抽象形式表现了某种昆虫（图 1-23）。

二号祭祀坑出土的圆形铜挂饰，其周缘平整，中间隆起部分饰九芒太阳纹，九芒等距分布，方向一致，总体呈右旋态势。在这种形制的三星堆铜挂饰中，素面者多，施纹者少，而运用太阳纹装饰的仅此一例，古蜀先民对太阳的崇奉之情在这件小小的器物上也同样得到了体现（图1-24）。

三、金沙遗址

2001年2月在成都市区发现的金沙遗址，分布范围约5平方千米，是公元前12世纪至公元前7世纪（距今约3 200~2 600年）长江上游古代文明中心——古蜀王国的都邑。金沙遗址是中国进入21世纪后第一个重大考古发现，也是四川继三星堆之后又一个重大考古发现，被评选为"2001年全国十大考古发现"。

金沙遗址已发现的重要遗迹有大型建筑基址、祭祀区、一般居住址、大型墓地等，出土了金器、铜器、玉器、石器、象牙器、漆器等珍贵文物，还有数以万计的陶片、数以吨计的象牙以及数以千计的野猪獠牙和鹿角，堪称世界范围内出土金器、玉器最丰富，象牙最密集的遗址。目前可以确认，金沙遗址主体文化遗存的时代约为商代晚期至西周时期，极有可能是三星堆文明衰落后在成都平原兴起的又一个政治、经济、文化中心，是古蜀国在商代晚期至西周时期的都邑所在，也是中国先秦时期最重要的遗址之一。

金沙遗址的发现，极大地拓展了古蜀文化的内涵与外延，对蜀文化起源、发展、衰亡的研究有着重大意义，特别是为破解三星堆文明突然消亡之谜找到了有力证据。金沙遗址复活了一段失落的历史，再现了古代蜀国的辉煌，并与成都平原的史前城址群、三星堆遗址、战国船棺墓葬共同构建了古蜀文明发展演进的四个阶段，共同证明了成都平原是长江上游文明起源的中心，是华夏文明重要的有机组成部分，为中华古代文明起源"多元一体"学说的确立提供了重要佐证。

（一）金器的言说——金沙遗址金器

1. 商周太阳神鸟金饰

商周太阳神鸟金饰身为圆形薄片，空心部分是图案，外径12.5厘米，内径5.29厘米，厚仅0.02厘米，重20克（图1-25）。从外形上看，与现代剪纸工艺制出的物品极为相似。据推断，中心镂空的圆形代表太阳，其外侧十二道弧形代表太阳的光芒，整个器物形象地表现了运行中的太阳特征。在器物外缘与十二道太阳光芒之间又镂空出四只飞鸟。鸟的形制相同，均引颈伸腿，首足相接，张开的喙微微下钩，逆时针同向飞行。中心的太阳及光芒和周边的四只鸟，共同组成了一个圆形的极具动感的图案。其构思新颖，极富现代气息，在商周时期出土的文物中属于罕见的神品，达到了同时期工艺技术的顶峰。

关于这件器物所代表的文化内涵，学术界基本倾向于"太阳崇拜"说。远古时期的人类对太阳的东起西落，还没有像现代人这样具有科学认识。他们看到能在天空中飞翔的只有鸟。

因此，他们认为太阳的东起西落，是鸟背负着，在天空中飞行，而且由一只鸟来背负着又大又热的太阳飞来飞去，一定感到很累，所以想象中应有多只鸟轮换着背负才比较合理，于是便有了白天和黑夜。在《山海经·大荒东经》中就有这样的记载："汤谷上有扶木，其叶如芥，一日方至，一日方出，皆载于鸟。"通过这个记载可知这件器物表明了古蜀人对太阳的认识和崇拜。

图 1–25 商周太阳神鸟金饰　图 1–26 商周人面鱼鸟箭纹金王冠带　图 1–27 商周大金面具

2. 商周人面鱼鸟箭纹金王冠带

金带外径20.4厘米，高2.83厘米，厚0.03厘米，整体呈窄宽圆环形，上大下小。纹饰錾刻在金带表面，由四组相同的图案组成，每组图案分别有一鱼、一箭、一鸟和一人面（图1–26）。鱼体宽短，大头圆眼，嘴略下钩，嘴上有胡须，身上鳞片刻画逼真，近尾处作折尺形，鱼身上有一道较长的背鳍，身下有两道较短的腹鳍，鱼尾较宽作"丫"形，两边尾尖向前卷曲。箭纹的箭杆较粗，带尾羽，箭头深插于鱼头内。鸟纹位于箭羽与鱼之间的箭杆后方，鸟头与鱼头朝箭羽方向。鸟粗颈，长尾，大头，钩喙，头上有冠，翅膀微展，腿爪前伸，三根并列的圭形尾羽组成长尾，尾部平直且与身体的方向平行。人面纹为圆形，有两道圆圈构成脸的轮廓，中间为对称的双圆眼，上面为略呈方形的眉毛，下面为抽象的嘴巴。整个纹饰线条流畅，与三星堆遗址出土的金杖纹饰仿佛出自同一设计师，具有重大的象征意义。

3. 商周大金面具

商周大金面具长20.5厘米，宽10.4厘米，高10.7厘米，厚0.08厘米，整体呈立体脸谱，系在模具上捶揲成形，眼睛、鼻子、嘴巴、耳朵则采用剪切而成（图1–27）。表现范围上限于额部，下方及下颌。面相近方，平额，眉毛略微凸起，中央宽而两端收束，好似新月。眼眶较大，双眼镂空约呈菱形，上眼睑呈弧形，下眼睑深凹。鼻梁高直，鼻翼与颧骨线相连。嘴巴镂空呈微张之态，略呈笑意。耳朵外展，上宽下窄，上半部分凹入，耳垂穿孔。呈狭长方形，下颌平直，整个脸部丰满，表情威严，具有一定写实风格。表面打磨光亮，里面未经打磨，较为粗糙。大金面具是研究商周时期成都地区古蜀文明、金器加工工艺、青铜文明以及四川盆地与其他地区文化交流的重要实物资料，具有重大的历史、艺术和科学价值。

(二）玉石的私语——金沙遗址玉器

1. 商周四节玉琮

商周四节玉琮长10.6厘米，孔径6.8厘米，高16.6厘米，透闪石玉，质地温润，灰白色，半透明。整体呈方柱体，外方内圆，中空，柱体四面外壁中间开出竖槽，将每面一分为二，使四角形呈方形凸面。凸面开横槽分节，共有四节，每节凸面刻画九道平行直线纹，三道一组，线纹平直规整（图1-28）。中孔两面对钻而成，孔壁平整、光滑。整体制作规整，打磨光洁，圆润光滑。该器具是研究商周时期

图1-28 商周四节玉琮

成都地区古蜀先民玉器加工工艺、青铜文明的重要实物资料，有重大的历史、艺术和科学价值。

这件器物和长江中下游地区新石器时代的良渚文化玉琮十分相似，但也有一定的不同之处。从整体上看，良渚玉琮有粗犷之感，一般内壁较为粗糙，打磨不精。而这件玉琮却精雕细刻，内壁打磨十分光滑，看上去比较内敛。更不可思议的是，著名的良渚文化是长江中下游地区的一个新石器时代文化，而金沙遗址则是位于长江上游的商周时期遗址，两者之间的时间差异达1 500~2 000年，在地理位置上也相隔数千公里。如此大的时间、距离之差，其中间的文化传承关系是直接的还是间接的，颇令人费解。据考证，这件器物的制作者可能不是金沙遗址的古蜀人，而是良渚文化的先民。也就是说，这件器物在商周时期已经是一件拥有一千多年历史的文物了。至于这件器物是如何历经一千多年而保存下来，又是如何辗转数千公里而流传到成都平原，并经古蜀人之手埋藏于金沙遗址之中，则成了一个难解的谜团。

2. 玉璧

金沙遗址出土的玉璧大致分为有领玉璧和无领玉璧。有领玉璧在金沙遗址的祭祀区内出土约百件，反映出这种器型在成都平原的流行程度。它们的璧面多宽于孔径，玉器型体较薄，有的璧面上刻画同心圆圈纹，纹饰有疏有密，制作很规整，孔壁打磨很光滑。

金沙遗址出土最大的一件有领玉璧，直径24.25厘米，孔径6.46厘米，高1.94厘米，壁厚0.52厘米，由于它的两面是不同的颜色，正面呈紫蓝色，背面呈浅白色，因此又被称为"阴阳币"

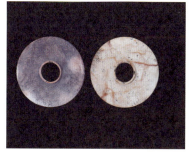

图1-29 有领玉璧

图1-30 商周有领玉牙璧

图 1-31 商周玉神人面像　　　　　图 1-32 商周玉贝

（图 1-29）。这件玉璧出土时紫蓝色这一面覆土很浅，有的地方直接没有覆土，它是长时间受到阳光的照射，形成了多彩的颜色。紫蓝色这一面上面有一些白色斑块，这是因为出土时在它上面放着几块美石，遮挡住了阳光的照射，而浅白色的一面覆盖在下面，没有被阳光照射，只受到了矿物质的影响，就呈现出浅白色。

商周有领玉牙璧直径 28.4 厘米，孔径 5.3 厘米，高 2.3 厘米，透闪石玉，灰白色，不透明，表面有褐色、黄色和黑色沁斑，色彩斑斓（图 1-30）。整体呈圆环形，孔径较小，孔壁凸起成领，方唇，直口，直缘。环面较宽，平直，环缘等距分布四组齿状突起，每组齿状突起五个，整器制作规整，靠近环缘有一个小圆孔，推测系悬挂之用。这种玉璧之前从未发现过，当属罕见品种，具有明显的、独特的本地特色。

3. 商周玉神人面像

商周玉神人面像长 3.20 厘米，宽 2.06 厘米，厚 0.2 厘米，墨绿色，黏接铜锈。人面像两面对称，人像为侧面造型，长眉，大眼，钩鼻，阔口，口内三齿，方颐，大尖耳，头戴冠饰（图 1-31）。颈部以下残缺，功能不明。此器为国内首次出土，具有重大的历史、艺术和科学价值，是研究商周时期成都地区古蜀先民玉器加工工艺、青铜文明的重要实物资料。

4. 商周玉贝

商周玉贝在金沙遗址仅出土四件，为海贝状圆雕，器身均雕有穿系挂绳用的小孔。商周玉贝长 3.23 厘米，宽 2.7 厘米，厚 0.63 厘米，透闪石玉（图 1-32）。玉质白中泛青，温润细腻，无杂质，器背部黏附少量铜锈。

（三）青铜的对话——金沙遗址青铜器

金沙遗址出土的青铜器多为小型器，大型器多为残片。小型器中戈形器有 30 多件，戈 1 件，铃 12 件，圆角长方形方孔器 100 件，挂饰 61 件，有柄璧形器 4 件，环形器 142 件，喇叭形器 1 件，立人像 1 件。此外还有其他各种小型的眼睛形器、铜鸟形、牛首、龙首、卷云形器等，研究者认为这些器物均应为类似三星堆"神树"等大型器物上脱落下来的挂饰以及较大型铜容器的凸饰。

1. 商周青铜立人

金沙遗址唯一一件商周青铜立人长 6.2 厘米，宽 5.76 厘米，高 19.2 厘米，整器形态矮小，立人头戴有 13 道弧形齿饰的太阳帽，脸部瘦削，眉弓突起，颧骨高凸，橄榄形大眼圆睁，大鼻，嘴如梭形，微张，方下颌，大耳朵，耳垂下有穿孔，短颈（图 1-33）。双手作握状，置于胸前，指尖相扣，双拳中空，高高站立于插座上，外着单层中长服，腰间系带，腹部腰带上斜插权杖，手腕间戴有箍形腕饰，脑后垂有隆起的辫发，辫子并列为三股，当垂至后背中部时，有一宽带将三股合为一束，再拖至臀部，整个造型极具三维空间感。

对于金沙遗址青铜立人像所表现的人物的身份，学术界有大巫师、蜀王或大巫师兼蜀王等多种说法，无论是哪一种，立人像所代表的应当是执掌宗教权力或行政权力的古族或古国的上层贵族。金沙青铜立人头上戴的插有旋转的弧形芒状饰的涡形帽圈，应当象征着光芒四射的太阳，这一造型与金沙遗址中出土的"太阳神鸟"金饰相似，所不同的是，"太阳神鸟"金饰的太阳为十二芒，呈顺时针旋转，而小铜立人的帽圈为十三芒，呈反时针旋转。太阳的光芒本是不可数的，金沙遗址这两件太阳象征物的光芒数量可能并没有更深层的含义，当然也不排除金饰件的十二道光芒象征一年的十二个月或每天的十二个时辰的可能性，如果是这样，铜立人帽圈的十三道光芒会不会是对闰月的一种暗喻呢？日出日落，昼夜变化，四季更替，远古人类直接感受到了太阳的强大力量，因此对太阳的信奉成为最直接和最原始的崇拜。

青铜立人的发现，从一个侧面揭示了三星堆遗址与金沙遗址的密切关系，反映出了两地都有着共同的原始宗教信仰和类似的仪式规范。从艺术的角度看，青铜圆雕作品人物表情丰富，造型上静中有动，虚实结合，充分表现了古蜀青铜雕塑工艺技术已逐渐地发展与成熟，因而对于研究中国雕塑史具有重要的价值。

2. 商周青铜龙首

商周青铜龙首长 9.73 厘米，宽 6.43 厘米，厚 0.2 厘米，为一龙首形饰，扁平，正面圆眼，中部镂空，边缘凸起，张口露齿，下颚平直，上颚共 3 齿，其中前面两齿呈弧形，粗壮（图 1-34）。其后面一齿末端呈开花状，分别向两侧歧出上翘。鼻孔呈圆形，为双阴线造型，以显出鼻孔的肥大，未镂空。龙须从嘴上吻部向后翻卷形成羽翅。龙头后部可分为上下两部分。上部有

图 1-33 商周青铜立人　　图 1-34 商周青铜龙首

对称的犄角，相对向下勾卷，下有一裂口。下部为双线条形成勾勒出的上下勾卷的云纹装饰。

3. 商周青铜鸟

商周青铜鸟长6.1厘米，宽6厘米，厚1.5厘米，鸟首高昂，鸟嘴上翘，圆眼突出，双翅收束上翘，尾羽折而下垂（图1-35）。鸟头、颈、身上饰翅羽纹及点状鳞片纹，鸟腹上饰卷云纹。鸟下腹及前肢间形成"之"字形。青铜鸟饰通体打磨光滑细腻，制作较为精细，与三星堆青铜鸟有一脉相承的关系。

（四）陶器的低语——金沙遗址陶器

在金沙遗址居址区里，出土了数万件陶器，还有大量陶器碎片，此外，在居址区的附近还发现了一些小型陶窑。金沙遗址陶器的种类十分丰富，主要有小平底罐、高柄豆、瓶、盉、尖底盏、尖底杯、尖底罐、高领罐、圈足高领罐、圈足罐、圈足盆、圈足钵、圈足杯、瓮、高柄杯形器、束腰形器座、圈足杯、扁壶等。这些器物大多是盛器，有的是酒器，还有的可能是陶质礼器。它们多为泥条盘筑而成，有的制作非常精细，有的则简单粗糙，基本上都没有纹样装饰。

金沙遗址出土的陶瓮（图1-36）一般认为用于储藏，尖底设计主要用于半埋，应是满足恒温保湿所需。

图1-35 商周青铜鸟　　　　　　　　　　　　　图1-36 陶瓮

（五）象牙的诉说

金沙遗址出土了数以吨计的象牙，数量之庞大，在考古史上前所未有。根据古代文献和考古资料，这些象牙很可能产自本地，其用途是古蜀先民祭祀时使用的献祭之物。考古研究显示，金沙遗址的象牙都属于亚洲象，商朝成都平原的气候相对现在来说更加湿润，更适合大象的生存，所以商代带有大象图案的文物不在少数，在河南武官村的象坑中，还发现大象身上系着一个铜铃铛，证明当时大象已经被驯养。

四、结语

就金沙遗址与三星堆遗址的文化特征以及性质比较而言，金沙遗址出土的金器、铜器、玉石器等珍贵文物绝大部分都是礼仪性用器，与宗教祭祀活动有关，其总体风格与三星堆祭祀坑出土的器物相一致。如金面具、金王冠带、铜立人像、铜环形器、铜方孔形器、玉璧、玉璋、玉戈、玉凿、石蛇等，均与三星堆祭祀坑出土的同类器物在造型风格和图案纹样上基本相同。这一相同的文化特征，表明该遗址与三星堆遗址有着极为密切的渊源关系。金沙遗址出土的金面具和三星堆出土的青铜面具在造型和风格上基本一致。两者均保持着远古祭礼的神秘威仪，特别是那条令人怦然心动的金冠带所錾刻的细腻的鱼鸟花纹，与三星堆金杖上的图案仿佛出自同一个工匠之手。

三星堆文明由于突如其来的洪水或战争消亡之后，这个王国的幸存者死里逃生之后，陆续迁徙到了以金沙遗址为中心的宽阔地带，并使三星堆文明在血与火的洗礼中得以延续和重建。可以说，金沙遗址是三星堆文明突然消亡之后在成都平原腹地的再次复活，是商代中期正处于鼎盛的古蜀王国在遭遇了一场狂飙突进、天崩地裂的突变之后，于劫难的灰烬中重新燃起的希望之火，是在伟大民族复兴的号角中崛起的又一股新生力量。这股力量在古老而神奇的成都平原上，自强自立，生生不息，绵延不绝，创造出了一个又一个人类文明的奇迹，最终使古蜀文化呈现出了一派光芒四射的大景观、大气象、大辉煌景象。

当然，金沙遗址所显现的文明特征也有与三星堆文明不尽相同之处。如金器的多样化，石跪坐人像、石虎、石蛇等数量众多的石圆雕像。这在三星堆未见出土，在国内则属于首次发现。除此之外，那数以吨计的象牙更是罕见。三星堆遗址以青铜器见长，而金沙则以玉器见长。金沙出土的玉器不仅数量众多，且十分精美，其中大型玉琮的出现又让人想起良渚文化，并引起人们对二者的文化交流进行思考和追索。

任务二 拾珍巴人遗风

一、巴国、巴地与巴人

《山海经·海内经》记载："西南有巴国，大暤生咸鸟，咸鸟生乘厘，乘厘生后照，后照是始为巴人。"这段记载将巴国的世系追溯到了传说中的"大暤"，而巴人的源头也被追溯到了"后照"。《路史·后记》中又有记载："后照生顾相，降处于巴，是生巴人。"据此，可大致推断，作为大暤后裔的巴部落，大约到了后照时期才形成，按照上古人们的称呼习惯，"后照"应当是和后羿、后稷、后启、后辛一样的部落或部落联盟首领，应当说，后照所领导的巴部落力量还不够强大，还没有能力建立国家。直到其后代务相在与其他四个部落——即樊氏、晖氏、相氏和郑氏四姓组成部落联盟，并担任联盟首领以后，巴部落联盟才开始不断向西向南的迁徙中逐渐扩张壮大，在取得征服盐水女神部落等一系列胜利以后，才在夷城定居，并建立巴国。

此外，在1976年的殷墟考古发现中，商代中后期武丁统治期间，用于占卜的甲骨文中已有多次关于征伐并最终臣服"巴方"的记载。这些甲骨卜辞说明，在商代中后期，巴方已迁徙到今山西南部一带活动。尽管拥有较强的军事实力，但最后还是被商朝军队打败了。大约是迫于商王朝的不断攻伐，巴人只好不断地西进和南移，最后迁徙到了汉水、渠江、嘉陵江、长江流域和鄂西地区。有学者认为殷商时期的巴方应在汉水中上游一带，大致位于今陕西省安康地区东部，湖北省郧阳地区西北部一带及四川省达川地区和重庆市城口县北部的汉水两岸、大巴山区，实际上，这应当是战国初期乃至更晚的巴国领土了。

到商末时，巴国军队在帮助周武王伐纣的战争中立下了汗马功劳，据《华阳国志》记载："周武王伐纣，实得巴蜀之师，著乎《尚书》。巴师勇锐，歌舞以凌殷人，前徒倒戈，故世称之曰'武王伐纣，前歌后舞'也。"武王在巴蜀之师的帮助下推翻商纣王统治，建立周朝以后，大行封建，"以其宗姬封于巴，爵之以子"。虽是封宗姬于巴，但实际上巴国仍由巴人掌握，周王室所封的宗姬巴子不过是起到监国的作用。从《左传·昭公九年》"巴、濮、楚、邓，吾南土也"的排序来看，春秋时期的巴国大约已发展到了历史上最为强盛的阶段，成为周王朝在南方的第一大方国。这一点从其"东至鱼复，西至僰道，北接汉中，南极黔涪"辽阔领土也可见一斑。

进入周朝以后，巴国在西周时期经历了一段较为平稳的发展时期，但进入东周以后，随着周王室的逐渐式微，春秋战国时期，各国之间的兼并战争此起彼伏。在与周边诸国的竞争中，巴国一度与楚国结成联盟，共同消灭了一些周边的小国。巴楚反目之后，两国之间多次发生战争，巴国虽在前期的巴楚战争中取得了数次胜利，但由于巴国内乱及巴蔓子将军的死亡，巴军战斗力大大削弱，最终在楚军的进攻中节节败退，领土逐渐缩小。

随着实力的变弱，巴在秦、楚、蜀等国的夹缝中发展变得日益艰难，面对楚和蜀的进攻，巴国最终采取了连横之术，希图通过与强秦的联合来制约楚和蜀的进攻。公元前316年，秦惠王大军大举灭蜀以后，似乎达成了抗蜀愿望的巴国却也迎来了自身命运的终结——巴王被虏，巴国覆灭。秦在巴国故地江州设置巴郡，下辖江州、垫江、阆中、江阳、宕渠、符县等六县。统一六国的秦王朝建立以后，巴郡为全国三十六郡之一。

巴国作为一个诸侯国虽然被灭亡了，但是从史书关于秦惠王在灭巴后"以巴氏为蛮夷君长，世尚秦女，其民爵比不更"的记载可见，秦灭巴后，并未将巴人首领赶尽杀绝、斩草除根，而是对巴国统治阶级及部族"采取了羁縻政策"，用以蛮治蛮的方法，在维持原有社会等级关系的基础上，继续让巴氏管理巴人，同时以通婚的方式加强对巴氏及其领导下的巴人的联系和控制。

秦王朝对巴人的治理模式大部分被汉王朝所沿袭。西汉王朝继续设置巴郡，不过对其所辖区域有多次调整。东汉末年，益州牧刘璋将巴郡一分为三，成为三巴——巴郡、巴东郡和巴西郡。三国鼎立期间蜀国还曾两次从巴西郡中分出宕渠、宣汉二县置宕渠郡。

随着郡县制的进一步成熟，原属巴国的领土不断被分解为越来越多的行政单元，加之巴国属民在国家解体以后的大量迁徙，以及秦、楚及中原移民的大量迁入，继续留居巴地的巴人在民族融合的进程中逐步融入了华夏民族，巴国的影子也就变得越来越模糊，最后便在人们的视野中消失了。

与此同时，另一些自然环境更为封闭、自然条件相对恶劣的原巴地，由于没有更多中原汉人的迁入，加之中央王朝一直对这些地方实行以蛮治蛮的羁縻政策，受到中原文化的影响较少，因而较为完整地保持了巴人族群原有的族群个性。即便在明清以后，中央王朝实行了改土归流的政策，中原汉文化的影响很大程度地加大，这些地域仍然由于地理环境的相对封闭而保存了较多的巴文化特点，在很大意义上做到了与汉族及周边其他民族文化的"相融相即而不失其自性"。故而，这些地区也就在很大程度上保持了其典型的巴地特色。在20世纪50年代的民族识别工作中，这些地区被确认为土家族地区，土家族人是巴人后裔中较好地保留了巴人文化特征的一个分支。

二、巴人图腾崇拜

古代巴人既有崇虎的习俗，也有杀虎的习俗。

《后汉书》记载："廪君死，魂魄世为白虎。巴氏以虎饮人血，遂以人祠焉。"崇拜白虎是巴人廪君蛮遗留下来的习俗。《蛮书》说："巴氏祭其祖，击鼓而歌，白虎之后也。"这种以人来祭祀白虎，把白虎当作祖神的习俗可能是一种原始的图腾崇拜，相沿甚久，从汉代以来就已流传了。源于巴人的土家族长期保留着白虎崇拜之俗，称为"坐堂白虎"，是土家族不可战胜的保护神。至今四川儿童爱戴虎头帽，应该就是这种崇拜的流风遗韵。

另外，据《华阳国志》等史书记载，秦国灭六国，建立了统一的秦朝。为了消除虎患，秦人征用大批英勇善战的巴人武士射杀老虎，允许他们用当地生长的麻制品——賨布来抵税，条件非常优惠，以示褒扬，称为賨人，后来人们就以賨人代称板楯蛮，并把他们在渠县、广安所建的城镇叫作賨城。

课堂讨论　　　巴人作为一个整体，怎么会既有崇拜老虎的习俗，又有杀虎的习俗呢？请小组成员各抒己见。

品味巴蜀

从目前的文献资料来看，巴人所有崇虎的事例都与巴人之流——廪君蛮有关，而那些杀虎的事例都与板楯蛮有关。虽然板楯蛮后来融入了巴人的群体，但其祖先崇拜习惯依然得到保留。其实，杀虎的部落应该是板楯蛮，在动物禁忌方面，他们是崇尚巴蛇的，而不是崇拜老虎。板楯蛮在战斗之前，用虎皮蒙楯，估计是以示勇武，从而以战胜敌人。他们既然杀虎，取其虎皮，很明显，虎不可能是他们的图腾。从这点来看，板楯蛮在很早以前就应该有杀虎的习俗了。

1989年夏，万州甘宁乡发大水，从红旗水库泄洪道巨石缝中发现一个战国青铜虎钮錞于，錞于高68厘米，上径36厘米，底径28厘米，重30公斤（图1-37）。錞于是古代的打击乐器，始于春秋时期，盛行于战国至西汉前期，在长江流域及华南、西南地区都有发现，其中以巴人故地发现最为集中，成为巴文化最具特征性的青铜乐器。这件錞于属于战国晚期的巴人作品，通体完整，音质优良，造型厚重，形体特大，有"錞于王"之誉。在錞于顶部盘面正中，雕铸有一张口龇牙的虎形钮，虎钮周围刻画有人面、卷云纹、鱼纹、凤鸟纹、建鼓纹、花蒂（手心纹）六组图语符号，这些图语真实展现了2 000年前古老巴人生活及信仰。核心图案是盘面上立虎与人面的组合关系，此应与巴人关于廪君"虎饮人血"的先祖记忆有关。画面的组合既反映了巴人以渔猎为主的生产生活方式，又反映了巴人的白虎信仰。

图1-37　战国青铜虎钮錞于

三、巴人乐舞

（一）巴渝舞

巴渝舞是古代巴人在同猛兽、部族斗争中发展起来的一种集体武舞，原是西南地区的民间舞蹈，后传入宫廷，成为宫廷舞蹈，用来在宫廷宴会上表演军旅战斗的场面，歌颂帝王功德，是巴文化的重要组成部分。作为一种群舞，巴渝舞的舞者有36人，表演时，舞者身披盔甲，手持矛、弩箭，口唱战歌，边歌边舞（图1-38）。

巴渝舞在我国古代舞蹈艺术中占有较重要的地位。由于这种舞蹈是武乐舞蹈，汉哀帝罢乐府后，对巴渝鼓员36人仍认为不可罢，交由大乐领属，将它列入雅乐舞蹈的系统。其伴奏乐器以铜鼓为主，配合击磬、摇鼗、抚琴，舞曲有《矛渝本歌曲》《安弩渝本歌曲》《安台本歌曲》《行辞本歌曲》4篇。巴渝舞发展到魏晋，已完全变成庙堂祭祀性质的舞蹈。

巴渝舞有四大艺术特征：一是武舞。巴渝舞的基本形式是"执仗而舞"，舞者均拿着兵器舞蹈。二是集体舞蹈。由于巴人一度处境艰难，并长期受到楚国等强大国家的牵制，当遭遇外敌入侵时，巴人会团结起来，手持兵器捍卫自己的部族权益。长期以来，巴人团结友爱，互帮互助，这些珍贵的品质已经与巴渝舞融为一体。三是以鼓伴奏。巴渝舞大多是以鼓伴奏，可将这一伴奏的鼓称之为"八仙鼓"。舞者需要跟随鼓的伴奏而有节奏地起舞，由于鼓点的节奏非常明显，舞者很容易把握这一节奏，并步调一致，动作舒展，给人以气势磅礴之感。四是"线的艺术"。巴渝舞音乐的音色是个人情感的体现。人们通过音乐表达和抒发情感，就要利用不同的音色，由于巴渝舞音乐的音色十分敏锐，加之其音乐主要源自世代口耳相传、口传心授，这就对人们的听觉提出了较高的要求。

作为一种历史悠久的舞蹈种类，巴渝舞具有很高的艺术价值和文化价值。穿越时空，当千年前的舞蹈呈现在我们面前时，其鲜明的民族气息、深厚的文化底蕴均给我们留下了深刻的印象。在这里面我们既看到了壮阔豪迈的家国情怀，也看到了集体的力量。我们通过深入了解研究这一艺术形式，不仅要使其在今天焕发出全新的生命活力，更是要利用其增强凝聚力，为同心共筑中国梦凝聚起中国力量。

图1-38 巴渝舞

（二）下里巴人

早在春秋战国时期，巴地的民歌就声名远播，传到了邻近的楚国。《文选·宋玉对楚王问》中有一段为人们所熟知的话："客有歌于郢中者。其始曰《下里》《巴人》，国中属而和者数千人。其为《阳阿》《薤露》，国中属而和者数百人。其为《阳春》《白雪》，国中属而和者，不过数十人。引商刻羽，杂以流徵，国中属而和者，不过数人而已。是其曲弥高，其和弥寡。"《下里》《巴人》为巴地流行民歌，当年能风靡楚国，在楚国都城郢有"和者数千人"，可见其辞俚俗，曲调和内容很适合楚地人的口味，虽不如《阳春》《白雪》"高雅典丽，但这通俗易懂为百姓喜闻乐唱的民歌，却有着更广阔的天地，能够引起数千人合唱，悦耳动听，深入人心。

自远古时代传承而来的巴人歌舞，多是集体的、整体性的，唱歌时大家情不自禁地"手之舞之，足之蹈之"。古代的民歌和音乐、舞蹈结合在一起，形成了三位一体的机制。巴人歌舞中的"跳歌"，又称"踏歌"。巴人信巫重鬼，好祭祀，念诵祭词、祭歌时，必伴以舞。《巴东县志》载巴人"父母初丧，鼙鼓以道哀，其歌必狂，其众必跳"。踏歌大约起源于原始时代巫师跳神的巫术活动，后来众人联手群舞则"踏地为节"，以协调节奏。踏歌后来成了民间一种普遍的歌唱形式：以脚步为节拍，边走边唱。李白在《赠汪伦》中有句云："李白乘舟将欲行，忽闻岸上踏歌声。"可见踏歌在唐朝已十分流行。

自古以来，巴地民歌以其通俗流畅、质朴明快和浓郁的地方风情为民众所喜爱。"下里巴人"反映了人民大众的审美层次和审美意识，适应了大众的文化心理和审美需求。"下里巴人"为唐宋盛行的"竹枝词"之滥觞，并影响着后来巴地民歌的总体风格。下里巴人式的民歌形式在巴地乃至中原一带代代传承，而民歌的内容却在随着时代生活的变迁而不断变化。

课堂讨论

　　1957年，当时的达县地区文工团青年歌手郝羽霞，将一首通江县民歌《豆芽葱蒜叶》从达县唱到了省城成都，唱到首都北京，唱到莫斯科第六届世界青年与学生和平友谊联欢节上。下面为该民歌 的第一段。此歌何以受到人们欢迎，赢得高度评价？请小组成员各抒己见。

豆芽葱蒜叶

领：大路边上（嘛）　　　　（合：连舍），

领：栽南瓜（哟）　　　　　（合：送郎我们回），

领：我把（那）萝卜　　　　（合：黄瓜茄子海椒叶），

领：当（哟）娃娃（哟）　　（合：豆芽葱蒜叶）。

（三）竹枝词

"竹枝词"最先为巴人所唱，由"下里巴人"衍变而来，是以地名而命名的民歌。竹枝词，又名"竹枝""竹枝子""竹枝曲""竹枝歌"。早在晋代，巴人的"竹枝"就被文人收入《乐府》中，南北朝时期的郦道元在《水经注》中将"竹枝词"载入"巴东三峡山歌"之列。在唐代的《乐府》中，将"竹枝"称为"巴渝歌"，竹枝词在唐代大放异彩，与唐代一些著名诗人的学习、模仿和大力提倡分不开。"杨柳青青江水平，闻郎江上唱歌声。东边日出西边雨，道是无晴却有晴。"便是唐代著名诗人刘禹锡的《竹枝词》。

"竹枝词"的演唱方式主要有三种：一为迎神、祭神、耕耘、婚嫁时。如《太平寰宇记·开州风俗》载："巴人之风俗皆重田神，春则刻木虔祈，冬则早用牲解赛，邪巫击鼓以为溪祀，男女皆唱竹枝歌。"唐代诗人刘禹锡在《阳山庙观赛神》中，便描绘了自己亲眼所见的巴楚间重巫信鬼的民俗和唱竹枝的情形："荆巫脉脉传神语，野老婆娑起醉颜。日落风生庙门外，几人连蹋竹歌还。"二为个人随时吟唱。唐代诗人于鹄《巴女谣》里有"巴女骑牛唱竹枝，藕丝菱叶傍江时"的诗句，可见其不拘形式和场合，吟唱随意灵便。三为领唱与合唱相结合。唱者按四三句式将一句歌词分前后两段，中间衬"竹枝"，尾上衬"女儿"或"妹儿"为和声。如达州市民间流行的传统"竹枝歌"：

领：春风吹到（合：竹枝）渠江边啰（合：妹儿也），

领：吹绿巴山（合：竹枝）万山巅啰（合：乖呀乖妹儿）。

领：情妹生得（合：竹枝）嫩冬冬嘛（合：妹儿也），

领：就像菜园（合：竹呀竹枝子）四季葱嘛（合：乖呀乖妹儿）。

（四）薅草锣鼓

"薅草锣鼓"又名"锣鼓草""撵草歌"，它是起源于农事活动的田家生活歌，是巴渝、巴楚一带薅草时节以锣鼓伴奏的传统民歌演唱形式（图1-39）。锣鼓震天，歌声嘹亮，薅草的农人们在热闹的气氛中迎着鼓点加劲锄草，以保粮食丰产。自古以来，这一配合农耕生产的民歌演唱活动，构成了巴地特有的风俗。

"薅草锣鼓"起源很早，可能在战国以前的西周或东周早期。《周礼·春官》载："击土鼓，以乐田畯。"击土鼓，起源于农事，人们祭拜农神田畯，驱邪避害，最初流行于巴楚一带，与巴楚先民信巫尚鬼的民俗有密切关系。

古时巴人长期未脱原始观念，"鬼神崇拜""精灵崇拜"深藏在民众意识里。过去的巴地的确是蛮荒之地，林木茂密，遮天蔽日，成群野兽横行乡里，庄稼被践踏，牲畜受危害。山民常用烧山火、放火炮，敲锣打鼓唱山歌等办法驱走野兽，也为自己壮胆。有一首《唱老君》的巴州民歌反映了这样的现实："打面铜锣圆又圆，歌师提锣上了山，锣鼓一响歌声起，野兽杂草吓跑完。"

"薅草锣鼓"成型于农耕生产已得到快速发展的汉代。由于生产力水平的提高，农业劳动成为人民生活的主要内容，人们便把颂扬的目标集中到农事活动上，敲锣打鼓，唱地方流行歌谣，如劳动歌、情歌、生活知识歌、传统的祭神歌，以及有关天文、地理、历史知识等方面的民歌。这时的"薅草锣鼓"已形成结构复杂庞大的套曲体系。

图 1-39 国家级非物质文化遗产
——薅草锣鼓

演唱"薅草锣鼓"的歌郎，大多是半农半艺的民间艺人。歌郎的"上手"（司鼓）、"下手"（击锣）自打自唱，也可由"上手"领唱，薅草的农人帮腔合唱。主要声腔有散板、慢赶牛、排歌，以及各地流行的小调。但以平腔"排歌"最通行，它声调平缓，久唱也不伤嗓子。"薅草锣鼓"的主要伴奏乐器为锣和鼓，由于各地打击乐器配备不同，可分为"文锣鼓"和"武锣鼓"两类，"文锣鼓"只用锣和鼓，"武锣鼓"则是在文锣鼓的基础上加钹、马锣等。锣鼓一响，就有催人奋进的紧迫气氛，促使薅草的人们精神振奋，尽快进入角色。

由于现代农业的发展，今天的巴地农民不必再成群结队、浩浩荡荡地集体突击薅草，那有声有色的壮观的薅草场面不复再现，曾经震动山河的"薅草锣鼓"演唱声已渐渐远去。

四、罗家坝遗址

罗家坝遗址位于四川省达州市宣汉县普光镇进化村，由罗家坝外坝、罗家坝内坝和张家坝三个独立的单元组成，分布面积约140万平方米。2001年被国务院公布为第五批全国重点文物保护单位。该遗址也是川东地区目前保存最好、墓地规模最大的巴文化遗址。1999年、2003年、2006年、2016年四川省文物考古研究院等单位对该遗址进行了四次考古发掘，罗家坝遗址的文化内涵主要分为三期。第一期为新石器时代晚期，是川东地区发现较早的新石器时代文化遗存；第二期为东周时期，主要遗存为东周时期墓葬，是川东地区目前发现的最大的巴文化遗存；第三期为汉代，是巴文化的消亡时期。

2019—2020年，经国家文物局批准，四川省文物考古研究院联合宣汉县文物管理所对该遗址进行第五和第六次考古发掘。发掘总面积1 300平方米，共清理墓葬75座，这批墓葬均为狭长方形竖穴土坑墓，部分墓葬可见木棺或船棺的痕迹，墓主人均头南脚北，共出土铜器、陶器、玉器、石器等随葬品1 000余件。为进一步探索川东地区的古代巴国，了解巴国境内的不同族群提供了重要资料。

本次发掘新发现了8座出土龟甲的墓葬，且这8座墓葬随葬品数量较多、墓葬等级较高、部分墓葬出土成套的占卜工具，说明使用龟甲占卜的习俗在巴人上层社会较为流行，这与历史文献中"巴人尚巫"的传统相一致，对进一步研究巴文化及其社会状况具有重要意义。

　　此外，墓葬随葬品除常见的巴蜀文化特有的陶器（主要以圆底罐、豆、器盖为主）、铜兵器（剑、戈、矛、钺、箭镞等）（图1-40）、生产工具（斤、锯、斧、刀等）和铜容器（尖底盒、釜、鍪、釜甑等），还出土了一批具有典型的楚文化特征的礼器（鼎、敦、壶、甗、尊缶等），同时出土了两件极有特色的腰带（图1-41），一件腰带为镂空的两马拉车造型，这是巴蜀地区首次发现该风格的腰带；另一件腰带上则镶嵌了猪样装饰。这批器物与这一时期巴与楚、蜀、秦频繁交流的历史背景有关，也揭示出战国早期以来川东地区民族、文化融合的真实图景，是研究当时社会组织、人群结构的重要材料。

图1-40　罗家坝遗址出土铜戈

图1-41　罗家坝遗址出土铜腰带

1. 请在以下图片中选出出土于三星堆遗址的文物。

2. 请选择一件金沙遗址博物馆的文物，以一位博物馆志愿者的身份，为前来参加研学实践的小学生进行讲解。

42

品味巴蜀

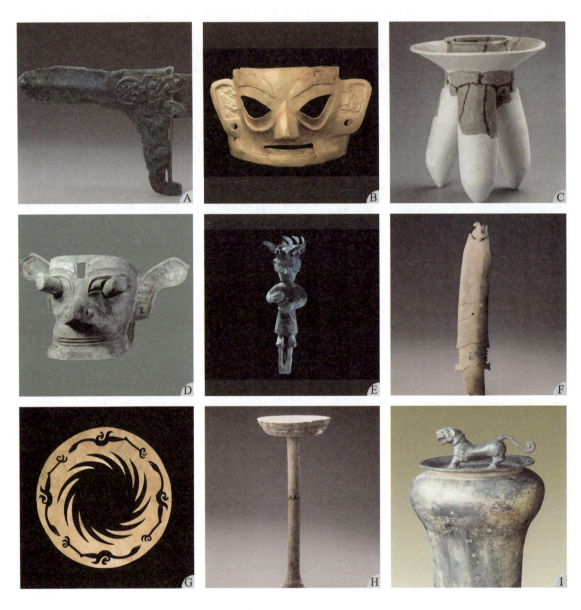

模块二　巴山蜀水

学习目标：

　　知识目标——掌握水文化的定义、结构、属性特征和巴蜀地区水系分布、水文化景观；熟悉都江堰水利工程的修建背景、治水原理、技术原理和岁修制度；了解成都城市与水有关的文化内容。

　　能力目标——能深刻认识都江堰水利工程所体现的哲学思想和精神，将水文化运用到文化产业各个领域。

　　素质目标——通过对本章的学习，热爱祖国的大好河山。

文化聚焦：治蜀先治水的谋略　顺应自然的典范　以柔克刚的智慧　经久不衰的奥秘智者乐水的真谛

建议学时：2

巴蜀讲堂 ■

任务一　认识巴蜀山地与地貌

　　四川位于中国大陆地势三大阶梯中的第一级和第二级，即处于第一级青藏高原和第二级长江中下游平原的过渡带，高低悬殊，地跨四川盆地、青藏高原、横断山区、云贵高原和秦巴山地五大地貌单元。地貌类型复杂多样，以多山和多高原为特色，山地、丘陵、平原和高原4种地貌类型齐全，分别占全省面积的77.1%、12.9%、5.3%、4.7%。

　　地形以龙门山—大凉山线为界，东部为四川盆地及盆缘山地，西部为川西高山、高原及西南山地，呈现出西高东低、由西北向东南倾斜的地势特点。东部盆地地势低陷，丘陵山垄分布其间；西部则地势高亢，天高云淡，崇峰深峡，层层叠叠，雪山、冰川、高原、沼泽、草原……长江自西向东横贯而过，黄河在川西北挂角而去。

一、地质基础

在地质构造上，四川可以明显地分为东、西两个部分，东部为地台区，属扬子准地台，西部为地槽区，这一划分大致以广元以北、北川、宝兴、康定、冕宁、木里一线为界。东部地台区包括盆地及边缘地区，以及凉山州的大部分；西部地槽区包括甘孜和阿坝两州。

二、四川盆地

四川盆地地处四川省的东部，是四川东部地区的主体部分，是著名的中国四大盆地中最富饶多姿的一个。盆地大致范围为广元一雅安一叙永一奉节四点的连线，轮廓像菱形。盆地内广泛分布着紫红色砂岩和页岩，岩层时代属于侏罗一白垩纪，地貌外营力以流水侵蚀作用为主，故有"红色盆地"之称。

四川盆地四周皆被高达1 000~3 000米以上的山地所环绕。地势由外围向盆地中心倾斜，最低处在大足、内江、自贡线，海拔在350~400米，海拔为1 704米华蓥山和海拔为1 051米的龙泉山成为盆地内的天然地貌分界线。龙泉山以西为广大的复合冲积扇形平原，华蓥山以东为平行岭谷相间分布，二者之间主要为低缓的丘陵。

（一）盆西平原

盆地西部，是"沃野千里，土壤膏腴"的成都平原，习惯上也称"川西平原"，俗称"川西坝子"，海拔为450(新津)~750米(都江堰)，面积达8 000多平方千米，是我国西南最大的平原。平原地势西北高、东南低，由岷江、湔江、石亭江等河流出山口冲积的扇形地连接而成，中心地带的冲积层总厚度可达200~300米。

成都平原的水系格局很特殊，呈纺锤状，十分引人注目。河流出山口后，分成许多支流奔向平原，分支交错，河渠纵横，而到金堂、新津又汇合起来形成沱江、岷江两大支流。这种有分有合的水文网基本上是自然形成的。早在战国时期，李冰就按照平原的自然坡度，根据流水的规律，建造了著名的都江堰水利工程，都江堰的干支渠使平原河网化，成就了成都平原的"天府"美名。平原自流灌溉发达，垦殖历史悠久，是中国重要的粮油基地和源远流长的古文化区。

平原的四周分布着许多台状浅丘，表面多覆盖黄色黏土，下面为砾石层，也有少数是红岩丘陵。以邛崃、新津以南的蒲江、名山一带，洪雅、丹棱一带，以及双流东南牧马山一带，分布集中，面积较大。台状浅丘顶面保存较好，相对高度很少超过10米，高出附近平原30~50米。而在德阳、金堂东侧，成都以北的凤凰山、磨盘山等地，台状浅丘面积较小，分散零星。

（二）盆中丘陵

盆地中部为川中丘陵，其范围在盐亭、阆中、营山之南，东至华蓥山东麓，西部包括龙泉山，面积占盆地总面积的62%，是中国最典型的方山丘陵分布区。这里的地势是西部较高，南部和东部较低，山地海拔为600～1 000米，丘陵海拔为350～500米，岷江、沱江、嘉陵江从北部丘陵山地向南流入长江，以富顺城南沱江水面海拔最低。

盆中丘陵的地貌比较单调，地表丘陵纵横交错，沟壑纵横分割。丘陵有浅丘平坝、浅丘、深丘三种类型。浅丘平坝当地又称浅丘带坝，丘间地开阔而且平坦，以华蓥山中南段和龙泉山两侧比较集中。浅丘大多分布在内江、遂宁、南充一带，形态多孤立分散，丘间有相当面积的平地，相对高度为50~100米。深丘分布在盆地边缘，相对高度为100~250米，一般基座相连成条形，丘间地都很狭窄。

盆地内还有几处低山点缀其间。龙泉山是一条东北—西南走向的狭长低山，从德阳罗江直至眉山市青神平羌峡，长达190千米，而宽度仅为10~18千米，山顶海拔为650~1 051米，是盆西平原与盆中丘陵的界山。山体主要由红色岩系的砂岩和泥岩组成，是一个褶断构造的低山。剑门山为砾岩所组成的单面山，山体南坡平缓，北侧陡落，呈悬崖绝壁，相对高度达500~600米，"剑门天下险"即为这种地形的写照。巴中、平昌一带的台状低山，山顶面都比较平坦，有的山顶面方圆几千米，水田相连成片，看似浅丘平坝，四周则坡度陡落，沟谷深达300~400米。

（三）盆东平行岭谷

盆地东部、在渠江与长江谷地之间，有一系列东北—西南走向的低山丘陵，山丘和宽谷相间并行排列，称为川东平行岭谷。盆东平行岭谷在大地构造上属四川台向斜东南褶皱带，包括华蓥山、铁山、中山、东山等20余条平行排列的山岭。山顶凡是有石灰岩出露的地区，由于石灰岩受溶蚀而发育成一条或两条槽谷与串珠状洼地，同一条山岭往往呈现"一山二岭一槽"或"一山三岭二槽"的地貌特征。主峰华蓥山最高海拔为1 704米，为盆地的最高点。

三、盆周山地

盆周山地分布在盆地的外围，北靠大巴山、米仓山，西接邛崃山、龙门山，南有大娄山、大凉山，东缘巫山。盆周山地犹如一个巨大的怀抱，宽阔而温柔地环抱盆地，境内的河流大都从这些山地中流出汇入长江。因为大巴山、巫山、大娄山界内属古代巴国地域，以山地、丘陵为主；以成都平原为中心的古蜀国地域，四川的主要河流大都从这里经过流入长江，故历史上习惯于把四川的山水简称"巴山蜀水"。

古人说："天下山水之观在蜀"，巴山蜀水，绚丽多姿，自古为文人学士所景仰。盆地四周山脉构造各异，景观独特，折射出四川风景与文化名山的特质。

（一）盆地东缘山脉

盆地东缘山脉是巫山山脉。巫山山脉位于重庆、湖北交界处，是中国地势二、三级阶梯的界线，也是四川盆地东部界山，其西面为四川盆地，东面为长江中下游平原。山脉呈东北—西南走向，南侧较平缓，北侧陡落；西段较高，向东逐渐低缓，一般海拔为1 500~2 000米。中国最大的河流长江自西向东横切巫山，形成举世闻名的长江三峡，壮丽多姿，被称为"中国的山水画卷和历史文化长廊"（图2-1）。

图 2-1　长江三峡

（二）盆地南缘山脉

盆地南缘山脉指宜宾到奉节的长江以南山地，主要山脉有大娄山、武陵山、七曜山等，皆呈东北—西南走向。

大娄山也称娄山，最早记载于《汉书·地理志》，称"不狼山"，位于黔渝交界处，是贵州高原与四川盆地的自然界线，也是乌江水系与赤水河的分水岭。山地呈东北—西南走向，长约300千米，主峰金佛山最高处海拔为2 251米。大娄山是一条褶皱山，主要地层为古生代和中生代的碳酸盐岩及红色砂页岩。碳酸盐岩在湿热的亚热带气候条件下，石芽、落水洞、溶洞、暗河、天生桥等喀斯特地貌发育十分良好，四川兴文石海洞乡、重庆武隆天坑等都是典型的喀斯特地貌景观。

武陵山，盘踞在湖北、湖南、重庆、贵州四省市的交界地带，属云贵高原云雾山的东延部分，长度420千米，一般海拔在1 000米左右。武陵山也是一条褶皱山脉，世界自然遗产梵净山是武陵山脉的主峰，也是武陵山脉的标志，最高峰凤凰山海拔为2 572米。武陵山岩溶地貌发育，山体形态呈现出顶平、坡陡、谷深的特点。

盆地南缘山脉地区峰林、溶洞、槽谷、落水洞、暗河等岩溶地貌发育典型。除金佛山、梵净山外，区域内还有四面山、蜀南竹海、兴文石海洞乡等。

品味巴蜀

（三）盆地西缘山脉

盆地西缘山脉主要包括龙门山、邛崃山、大相岭。

1. 龙门山

龙门山是指四川盆地西北边缘白龙江河谷与岷江河谷之间的山地，它东北端连秦岭，西南端接横断山脉，是川西高原与四川盆地的界山。龙门山呈东北—西南走向，在地质构造上属龙门山褶皱带，是一条褶皱断块山脉，也是四川各时代地层发育最全的山脉。

龙门山分为前山和后山，前山海拔只有1 000~2 000米，后缘则攀升到3 000~4 000米，前山有窦圌山、葛仙山、丹景山、都江堰、青城山、九龙沟、天台山、蒙顶山等，后山有华蓥山、九峰山、西岭雪山等山地文化资源，还有龙池国家森林公园和唐家河国家级自然保护区。龙门山最高峰九顶山主峰海拔为4 989米。

2. 邛崃山

邛崃山是都江堰市到天全县一线岷江以西、大渡河以东山地的总称，又称崃山，主要山脉有鹧鸪山、霸王山、巴郎山、夹金山和二郎山等。南北绵亘约250千米，是青藏高原至四川盆地之间的一条重要山脉，也是四川盆地和青藏高原的天然地理界线和农业界线。邛崃山以东为农区，以西为半农半牧区。

邛崃山为强烈褶皱断块隆起的山地，呈南北走向，山体岩性复杂而多样，山脊海拔达5 000米左右，山峰尖峭。北段的鹧鸪山、霸王山海拔分别为5 257米和5 551米，中南段的巴郎山、夹金山海拔分别为5 072米和5 338米，南段的二郎山最高处照壁山也有3 782米。位于汶川、理县和小金之间的四姑娘山为邛崃山最高峰，四座山峰亭亭玉立，如若四女竞秀，海拔高度分别为6 250米、5 664米、5 454米和5 355米，故被誉为"蜀山皇后"（图2-2）。

图 2-2 蜀山皇后——四姑娘山

邛崃山相对高差大，植被丰富且保存良好。山上森林茂密，沟内流水潺潺，山峰冰雪皑皑，林中有大熊猫、牛羚、金丝猴、白唇鹿、小熊猫、毛冠鹿、水鹿、苏门羚、岩羊、金猫、猞猁和藏马鸡、红腹角雉、绿尾虹雉、白雉、金鸡等珍稀动物繁衍。已建有卧龙大熊猫自然保护区、蜂桶寨国家级自然保护区和喇叭河自然保护区等著名的自然保护区。

3. 大相岭

大相岭又名邛笮山、相公山、泥巴山，位于雅安、荥经、汉源之间，延伸至洪雅县境内。山略呈东西走向，长约110千米，宽25~50千米，面积约4 000平方千米，主要包括大雪包、疙瘩包、背后山、老金顶、团宝山、轿顶山、蓑衣岭、大瓦山、尖头山、七星台等。

大相岭是古代交通的必经之地，南方丝绸之路即取道于此，古称"相岭古道"。据传，诸葛亮南征时即走相岭古道，并常驻兵于此。后来明代文人杨慎被贬云南，也曾由此道入滇，并留下了"九折刺史坂，七擒孟获桥"的著名诗句。

（四）盆地北缘山脉

盆地北缘山脉主要指大巴山。大巴山位于秦岭以南，为嘉陵江和汉水的分水岭，也是四川盆地和汉中盆地的界山。狭义的大巴山是指川、陕、鄂三省接壤地带的山地，简称巴山；广义的大巴山则是包括米仓山、神农架等在内的川、甘、陕、鄂四省接壤山地的总称。

地质构造上，大巴山是由一系列平行褶皱带组成，西部称为米仓山台穹，东部为大巴山褶皱带。山脉西段沿东西向展布，东段逐渐转为东南向。大巴山岩性复杂，但以石灰岩、白云岩、砂岩为主，其次为各种变质岩和花岗岩。喀斯特地貌发育，多峰丛、溶洞、暗河等。

大巴山的山脊海拔一般在2 000米上下，一些山峰可达2 500米以上，如米仓山主峰光雾山海拔为2 507米，大巴山的太子山和化虎山，海拔则分别为2 797米和2 917米。东部最高的神农顶，海拔为3 100多米。

大巴山特有古老植物多，如连香树、水青冈、珙桐、香果树、银杏、领春木、檫木、鹅掌楸、金钱槭、铁坚杉、三尖杉、巴山松、巴山冷杉等，这里还是我国蜡梅的故乡。珍稀动物有金丝猴、野牛、华南虎、毛冠鹿、云豹、苏门羚、大小灵猫、金猫、水獭、大鲵及红腹角雉、红腹锦鸡、白冠长尾雉等。更为奇特的是这里还有白蛇、白熊、白獐、白鹿、白金丝猴、白苏门羚等白化动物，具有重要的遗传学和生物学的研究价值。

大巴山东西绵延500多千米，故有"千里巴山"之称，是四川盆地北部的天然屏障。它阻止了北方冷空气的南侵，对四川盆地冬暖春早气候的形成起到了重要作用。

大巴山交通险要，自古就有"蜀道之难，难于上青天"之说，是古代四川通向中原的陆路交通要道，保留至今的还有金牛道、五丁峡、明月峡栈道，以及米仓道、陈仓道等古战场遗迹。

四、川西高山高原

四川西部被泛称为川西高原，是青藏高原的边缘部分。地势由北向南倾斜，高原的海拔一般在3 500米以上，许多山地的海拔超过4 000米，大体上分为两部分：川西高山高原和川西南山地。漫长的地质演变，凝练出九寨沟、黄龙、海螺沟等举世无双的自然美景；社会历史沧桑，造就了神秘古朴的藏、羌、彝风情。

川西高山高原的主体位于阿坝州、甘孜州境内，范围大致在岷山—松潘—鹧鸪山—大渡河—锦屏山—泸沽湖一线以西，属青藏高原的东部边缘部分。这里的高原并非都拥有平坦的地面，高原面以上常常是山脉连绵，高原面以下则河谷纵横。

（一）主要高原

1. 若尔盖高原

若尔盖高原是典型的平坦高原，主要分布在若尔盖、红原一带，面积约15 200平方千米，海拔为3 500~4 000米。其地势由南向北倾斜，地面平坦，这就是红军长征时走过的草地。白河、黑河纵贯草地，注入黄河，河道迂回摆荡。由于排水不畅，有大片的沼泽及丰富的泥炭资源。在白河与黑河的河间地带，丘陵起伏，相对高度为50~100米，形态上多为缓坡平岗。高原风力强劲，局部地方还有沙丘覆盖。

2. 石渠—色达高原

石渠—色达高原主要分布在石渠、色达一带，平均海拔超过4 500米，是四川省境内最高的高原。这里的高原地势起伏和缓，由浅凹形的谷地和浑圆的谷间地组成，地面广袤坦荡，呈丘状起伏，故名"丘状高原"。河谷呈浅凹形，谷坡和缓，故名"浅切河谷"。寒冷的气候，使这里不能生长农作物，仅有少量灌木生长。浅切河谷水草丰美，是良好的天然牧场。

（二）主要山地

1. 沙鲁里山

沙鲁里山位于甘孜藏族自治州、凉山彝族自治州西部，是金沙江和雅砻江的天然分水岭，也是四川最长、最宽的山系。北段称雀儿山，海拔在5 000米以上；南段包括索龙山、海子山、木拉山等，主峰格聂山海拔为6 204米。沙鲁里山东西宽200多千米，南北绵亘600多千米，四川省境内有500余千米，向南伸入云南境内而为哈巴雪山和玉龙雪山。

沙鲁里山主要由中生代花岗岩与三叠系砂岩、板岩构成，一般岭脊海拔在5 500米以上，其中有不少山峰海拔超过6 000米，终年积雪，有现代冰川分布。这里的地面起伏和缓，海拔多在4 500~4 700米，是四川冰川、湖群最集中的地区。湖泊密集分布在理塘与稻城、理塘与新龙之间的高原面上，理塘至稻城间就有400多个，理塘至新龙间有200多个，平均每4平方千米面积上就有一个"海子"，大的湖泊面积可达5平方千米，小的仅十余平方米。被誉为"最后的香格里拉"的亚丁自然保护区就在稻城县境内。

2. 大雪山

大雪山位于甘孜藏族自治州东部，是大渡河和雅砻江的分水岭，由北向南有党岭山、折多山、贡嘎山、紫眉山等，南北延伸400多千米，是横断山系主要山峰之一。其中贡嘎山是大雪山的主要部分，主峰海拔为7 556米，是四川最高的山峰，有"蜀山之王"之誉。贡嘎山附近海拔超过6 000米的山峰就有45座之多，山顶终年积雪，是我国

图2-3 蜀山之王贡嘎山

现代冰川发育最完整的山地，也是我国具有冰雪覆盖的最东部的山地（图2-3）。

大雪山是四川境内重要的地理分界线，东西部的地貌、气候、农业都有很大差别。

3. 岷山

岷山位于四川西北部川甘两省边境，其范围大致北起甘肃岷县，南至四川都江堰市，西从郎木寺、毛儿盖，东到岩昌、武都、青川一线，走向近南北，总长为500多千米。

岷山北段由花尔盖山、光盖山、迭山、古麻山、大腊山、擂鼓山等组成，略呈西北走向。中段为岷山主体，有日尔朗山、红岗山、羊拱岭、弓杠岭、雪宝顶（图2-4）、摩天岭等。南段与龙门山、茶坪山、九顶山相接。四川境内是岷山的中南段，长约180千米，宽为20~35千米。最高峰雪宝顶海拔为5 588米，向四周放射出许多支脉，构成一个鸡爪形的分支。

岷山西部的日尔郎山、红岗山海拔在4 000米上下，为若尔盖沼泽草地的东南边缘部分。弓杠岭和羊拱岭分别为岷江的东西两大源头。摩天岭近东西走向，为川甘两省的界山。岷山还是岷江与涪江及嘉陵江支流白水河上游间的分水山岭。

岷山开始发育于新第三纪，出露的地层以石炭系——三叠系的碳酸盐岩为主，九寨沟、黄龙的出色风光与此有关。这里群山连绵，树木苍翠，雪山林海，风景秀丽，大熊猫、金丝猴等珍稀动物栖息其间，已建有四川的白河、九寨沟、王朗、黄龙寺、铁布、小寨子沟和甘肃的白水江等自然保护区，是我国自然保护区最多的一个山区。

四川西部高原山地是红军长征走过的地方，在大渡河、夹金山、大雪山、红原草地、千里岷山都留下了很多红军长征的遗迹，在松潘川主寺建有红军长征纪念碑园。这里是"重走长征路"线路最惊险、壮观的地段。

图2-4 雪宝顶

品味巴蜀

<table>
<tr><td>课堂讨论</td><td>四川是红军长征从南向北的桥梁和中转基地。四川也是红军长征三大主力都曾经战斗过的地方，是党中央在长征途中召开会议最多的省，是途中发生重要战役战斗最多的省，是长征中自然环境条件最恶劣的地方，是长征中开展民族工作成效最显著的地区。红军长征经过四川发生了哪些重大事件？请各小组成员查阅资料。</td></tr>
</table>

五、川西南山地

川西南山地的大部分位于攀枝花市、凉山州境内，也包括甘孜州东南部一带的山地，地质构造上相当于康滇地轴北段。

（一）凉山山原

凉山山原的分布区域与凉山彝族自治州大致相同，在构造上属于凉山褶皱带，由许多南北向的背斜和向斜组成。

凉山山原海拔一般在2 500~3 500米，主要地貌类型为中山或中山原，超过4 000米的高山很少，其面积不到总面积的1%。习惯上，凉山又分为大凉山和小凉山，大致以黄茅埂为界。以西为大凉山，地面切割微弱，起伏和缓；以东为小凉山，地面切割破碎，山高坡陡。

大凉山南北绵延达500千米，大部分海拔在2 000~3 000米。主要支脉有7条，均是南北向排列，如西北部的小相岭，西南部的螺髻山、北部的碧鸡山、马鞍山，东部的大风顶、黄茅埂、狮子山，各支脉的主峰海拔高度都在4 000米左右，其中小相岭主峰铧头尖海拔为4 791米，为安宁河与大渡河的分水岭。

大凉山中部为山原区，地面起伏和缓，谷地开阔，顶部浑圆，地表相对高差大多在数百米以内，以多断陷盆地为特色。盆地海拔一般在1 500~2 500米，分布在昭觉、竹核、布拖、越西、西坝等地，有"凉山十坝"之称，其中布拖盆地面积最大，号称"凉山第一大坝"。这些盆地土地平坦连片，土层深厚，土质肥沃，是凉山州重要的农耕区。

小凉山由锦屏山、分水岭、茶条山和五指山组成，东西长约100千米。山脊线海拔为2 000米左右，金沙江、马边河等河谷深切，岭谷相对高差可达1 000~1 500米，故有"大凉山不高，小凉山不矮"的说法。

凉山地区的河流均由中央向四周呈辐射状分布。西部有安宁河及其支流孙水河、东河、锦川河，南部有金沙江及其支流黑水河、西溪河，东部有岷江支流马边河、龙溪河，北部有大渡河及其支流牛日河、南垭河。这些河流落差大，水力资源丰富。

凉山森林茂密，动植物资源极其丰富，东北坡有大熊猫栖息，已建有面积达3万公顷的大风顶自然保护区，还有被称为"中国百慕大"的黑竹沟以及螺髻山、泸山等山地文化区。这一地区又是中国最大的彝族聚居区。

（二）西昌盐源盆地

西昌盐源盆地包括西昌安宁河谷平原和盐源盆地两个重要地貌单元。

安宁河发源于小相岭及其以西海拔为2 700米左右的菩萨岗，全长287千米，在米易以南与雅砻江汇合后，流入金沙江。安宁河谷平原主要指冕宁至德昌段，长达130千米左右，该段河谷具有"四季如春，干湿分明"的气候特色，年均气温13~20 ℃，冬暖夏凉，年降水量为1 000毫米左右，对农作物生长十分有利，是川西南重要的农业区，也是四川著名的冬季避寒之处。

由于构造断陷形成了许多山间河谷盆地，其中以盐源盆地最大。盐源盆地海拔在2 500米左右，面积约1 260平方千米，盆地内地势和缓，岗丘起伏，著名的高原湖泊泸沽湖就分布在这里。

品味巴蜀

任务二　探寻巴蜀水系与水文化景观

巴蜀地区水域面积广大，河流、湖泊、瀑布、泉、冰川等水景观类型齐全、内涵丰富，是最富有吸引力的资源之一。

一、巴蜀水系

四川省河流众多，源远流长，辖区内共有大小河流有近1 400条，被誉为"千河之省"。除西北的白河、黑河由南向北注入黄河外，其余均属长江水系。金沙江、岷江、嘉陵江、沱江、涪江等河流长度皆超过500千米，各河流皆由边缘山地汇集到盆地底部，并注入浩浩长江之中。长江滚滚的江水向东一泻千里，冲破层峦叠嶂，与大海相通相汇。其主要河流水系有岷江水系、金沙江水系、沱江水系、嘉陵江水系等。

（一）岷江水系

岷江又称"都江"，发源于岷山南麓的弓杠岭和郎架岭，全长700余千米，流域面积约为13.58万平方千米，是长江上游最大支流之一。岷江最大的支流为大渡河，其次为青衣江，第三大支流是马边河。

岷江从川西北高原山地向东南沿盆地边缘山岭进入盆地，至宜宾与长江汇合，其中，都江堰以上为上游。岷江上游河谷纵深，山坡陡峭，水流湍急，水力资源丰富。茂县、汶川一带为中国唯一的羌族聚居区。都江堰市至乐山市为中游，是成都平原主要灌溉水系。岷江在都江堰被人为地分成内外两江，流入成都冲积平原，河道支岔纷繁，散流如网，与沱江水系及人工水网组成驰名中外的都江堰水利枢纽工程，灌溉着号称"天府"的万顷良田。外江又称"正南江"，为岷江干流的主要泄洪道，内外两江在彭山江口汇合，岷江冲积扇以都江堰为散流顶点，彭山为汇流点，形成极为典型的扇状水网。乐山至宜宾为下游。岷江流经丘陵区，河道迂回曲折，宽窄变化较大，水流平稳，河谷开阔，以航运为主。

大渡河发源于川青交界的果洛山，全长约1 062千米，比岷江正流还长近400千米。由大小金川在丹巴汇合后始称大渡河，流至乐山注入岷江。大渡河上游流经高原山区，它蜿蜒于崇山峻岭之中，河道多岩石险滩，两岸峭壁千仞，水力资源十分丰富。瓦斯沟、南垭河、牛日河、西溪河等是大渡河的主要支流。

青衣江，又称"雅河"，古称"平羌江"，发源于宝兴县北之夹金山，由宝兴河、天全河、荥经河在飞仙关汇合后始称青衣江。全长约270千米，干流由高山峡谷进入盆地，在乐山草鞋渡与大渡河相汇注入岷江。青衣江流域范围内多暴雨区，年平均降水量1 800毫米，所以水量稳定，水源丰沛。唐代诗仙李白曾在《峨眉山月歌》中有"峨眉山月半轮秋，影入平羌江水流"的描绘。

历史上，岷江曾被认为是长江的上游，是长江的江源，而岷山则是岷江的发源之地。以岷江为长江正源的说法，在各种著作中延续了几千年。唐、宋、元、明的许多典籍史志，都坚持着这种看法。尽管当时已经出现"岷江"一词，但大多数时候人们仍然称之为"江"或"大江"。岷江被认作长江正源，是以成都平原地区经济文化的发达为基础的。正由于岷江流经地区有着久远的历史和灿烂的文明，古人很早就认识岷江，重视岷江，并自然而然地把岷江看成长江的正源。直到明代末期，地理学家徐霞客经过实地考察，以"河源唯长"的原则，认定金沙江才是长江正源。这种看法逐渐为人们接受。此后，岷江在中国地理中的地位逐渐降低，成为长江众多支流中的一条。但是，从社会和文化的角度来说，岷江流域仍然有资格被称为长江之源。岷江流域的文明是华夏文明的重要支系。这是一支具有独特风格、影响极其深远的文明。西汉时期，就在成都平原上设置了江原县，在今崇州市一带。江源地区是古代蜀人最早进行开发的区域。这一地区产生的古代文明又被称为"江源文明"。江源文明是西蜀早期城市文明的摇篮。古代蜀人创建了成都城市，并使成都成为长江上游古代文明的中心。可以说，成都是江源文明的中心。而江源文明的核心和实质，是成都平原水文化。没有古蜀先民的治水，成都平原很可能仍然是一片泽国，成都城市也不可能产生。成都平原和成都城市的历史，首先是一部治水的历史。

（二）金沙江水系

长江的正源是沱沱河，它接纳当曲后，东流即称通天河，东南行至玉树直门达始称金沙江。河流自邓柯乡进入四川省，行于川藏之间，是四川同西藏的界河。在川藏之间，金沙江被沙鲁里山和宁静山脉紧紧夹峙，形成高山峡谷，水流湍急，险滩栉比，是一条峡谷型河流。金沙江水量稳定，水力资源十分丰沛，水能资源约占整个长江的40%以上，长江干流蕴藏的丰富水力资源主要集中在金沙江这一段。流域内的森林蓄积量约占四川的48%，也是省内自然生态保存完好和藏彝风情独特的地区。

雅砻江是金沙江最大的支流，发源于青海省玉树州巴颜喀拉山南麓，从西北流向东南，纵贯四川省整个高原地区，在攀枝花市汇入金沙江，全长为1500多千米。由于河床狭窄、岸陡谷深，水力资源十分丰富。在攀枝花市境内的二滩水电站装机总容量330万千瓦，是中国在20世纪建成投产最大的电站，所形成的二滩水库是目前攀西地区最大的人工湖泊。

（三）沱江水系

沱江又名外江、中江，因《史记》载"岷江导江，东别为沱"的记述而得名。其上游有绵远河、石亭江、湔江三个源头，均发源于四川盆地西北边缘的九顶山。沱江进入成都平原后，有岷江水系分出的柏条河，青白江于金堂汇入沱江，所以沱江与岷江被称为"双生"河流。沱江从西北向东南进入盆地中南部，金堂以上为上游，资中以下为下游，最后在泸州注入长江，全长712千米。

沱江在金堂切开龙泉山，形成峡谷段，即著名的沱江小三峡——鳖灵峡、明月峡、九龙峡。而后主要流经盆地丘陵地区，水流缓急交替，蜿蜒曲折，滩沱相间，干流深切，曲流发育，土地肥沃，气候温和，是四川重要的农业基地。这一带也是古蜀文化最集中的地域之一，主要有广汉三星堆遗迹，成都附近的三国蜀汉遗迹、资中古城、自贡恐龙灯会、盐都遗迹等。

（四）嘉陵江水系

嘉陵江古称阆水、渝水，其名出自陕西省西凤县的嘉陵谷，上源有白龙江、西汉水。白龙江发源于四川若尔盖县岷山的朗木寺，西汉水发源于秦岭，略阳两河口以下称嘉陵江，两江在昭化汇合，全长约1 345千米，流域面积约16万平方千米，其主要在四川省境内，流经广元、南充、广安，在重庆市注入长江。昭化以上为上游，河流深切形成峡谷；昭化至合川段为中游，在红层地貌中蜿蜒曲流，刻蚀冲刷，形成大量环形、菌形河曲；下游切穿华蓥山支脉，形成沥鼻、温塘、观音等峡谷，称"嘉陵江小三峡"。

嘉陵江是四川水路运输的主要河流，仅干流流经的13个县市的运输量即占四川内河航运量的1/4。两岸农业发达，历来是四川省的粮棉产区和丝绸之乡。嘉陵江流域还是四川古蜀道遗址和三国蜀汉遗迹分布最集中的区域，是川渝的一条重要文化线路。嘉陵江支流众多，最大的两条是涪江和渠江，分别于合川从东西两侧注入嘉陵江。

二、湖泊景观

四川的天然湖泊有1 000多个，主要分布在四川西部高原山地地区，多数湖泊为冰蚀湖、溶蚀湖、堰塞湖，部分为断陷湖、牛轭湖。这些湖的面积都不大，一般都在1平方千米以下。较大的湖泊有泸沽湖、邛海、马湖和叠溪海子等。此外，四川还有众多的人工湖泊。

（一）高原地区湖泊

1. 泸沽湖

泸沽湖是四川和云南的界湖，位于四川盐源县和云南宁蒗县永宁之间，形如曲颈葫芦，两省以湖心为界，湖东属盐源县，湖西属宁蒗县。古称"勒得海"，俗称"左所海"。泸沽湖被当地摩梭人称为母亲湖，是四川最大的湖泊，是凉山州的鱼米之乡，因其独特的湖光山色和沿湖一带尚存的奇特的母系社会婚姻形态和家庭结构而闻名遐迩（图2-5）。

图 2-5　泸沽湖

"倒涵天一碧，横锁树千重"，这是古人对泸沽湖的描绘。泸沽湖系高原断陷湖盆，这里山岭纵横，江河阻隔，湖周群山环抱，海拔约为2 690米，平均水深约为40米，最深达105.3米。湖面分为两个部分：水沼池和水面。当地人称水沼池为"草海"，称水面为"亮海"。

泸沽湖海碧天蓝，波光粼粼，湖水清澈透亮，水质优良，生态环境良好，是国内不多见的未被污染的高原淡水湖。湖周碧岭青峰，森林茂盛，有原始的云南松、冷杉、云杉等，湖区生活着世界珍禽东方白鹳和国家一级保护鸟类黑颈鹤、白尾海雕以及鸳鸯、白天鹅等。

2. 邛海

邛海位于四川省西昌市，《汉书·地理志》载：邛海在汉代名"邛池泽"，又名"邛池"或"邛河"，在成因上系地壳断陷而成。

邛海状如蜗牛，南北长为11.5千米，东西宽为5.5千米，周长为35千米，水域面积约为30平方千米，平均水深约为14米，最深处达34米，是四川第二大淡水湖，也是四川有名的天然渔场和首批国家级旅游度假区。邛海好像镶嵌在群山之中的巨大翡翠，这里山清水秀，四季如春，潮光浩渺，同时历史厚重，名人荟萃，有人称它为"蓬莱遗胜"（图2-6）。

图 2-6 邛海

西昌历来就有"月亮之城"的美誉，古人曾用"月出邛池水，空明澈九霄"来形容邛海的月夜景色。

（二）盆地地区湖泊——石象湖

石象湖位于成都市蒲江县境内、成雅高速公路86千米处，因湖区内有古刹石象寺而得名，相传为三国大将严颜骑象升天之地。石象湖有两个原生湖泊，湖区面积达2 000亩，自然资源得天独厚，水域面积广阔，水体优良，犹如一块镶嵌在成都平原上的翡翠。

（三）人工水库

1. 二滩水库

二滩水电站位于四川省西南部的雅砻江下游，坝址距雅砻江与金沙江的交汇口33千米，距攀枝花市区46千米，系雅砻江梯级开发的第一个水电站。二滩水电站以发电为主。水库正常蓄水位为1 200米，发电最低运行水位为1 155米，总库容达58亿立方米，属季调节水库。电站大坝是亚洲第一、世界第三的双曲拱大坝，坝高为240米，坝顶高度为11米，坝顶宽度为55.7米，坝顶长度为774.69米。电站截流后形成的巨型水库，有5个小岛及10多个半岛互相呼应。

2. 白龙湖

白龙湖位于川、陕、甘三省接合部，东起陕西宁强的金山寺，北接甘肃文县余家湾，西至四川广元青川的骑马乡，南至广元市三堆镇的宝珠寺，总面积约78.8平方千米，被誉为"西南第一湖"。这里地处龙门山与摩天岭两大山脉交汇处的低山峡谷地区，属嘉陵江水系上游白龙江支流，上游为九寨沟风景区，流域范围内无城市和工业污染，水质清澈，水域广阔，环境优美。白龙湖区是古代交通要冲，是秦汉时期入蜀古道，为兵家必争之地。著名的金牛道、景谷道和阴平道交汇于此，留下了许多古关、古道、古建筑等文物遗迹以及红军长征遗址等。

3.升钟水库

升钟水库位于南充市南部县西北部，相接于剑门蜀道。主要由升钟水库大坝和库区构成。大坝高为79米，长为350米，顶宽为12米，气势宏伟，十分壮观。总库容13.39亿立方米，水面最宽处达3 000余米，两岸山峦叠翠，峡谷纵横，享有"峨眉青城逊升钟"之誉。

三、冰川景观

川西高原地形复杂，地貌多样，多高山和极高山，四川的2 000余条冰川全部发育于这里。贡嘎山冰川是四川最大的冰川群，也是横断山系和青藏高原东部最大的冰川群。

贡嘎山地区有现代冰川74条，冰川面积达255平方千米。冰川围绕贡嘎山主峰发育，以东坡的海螺沟冰川、燕子沟冰川，西坡的贡巴冰川，南坡的巴王沟冰川和北坡的加则拉冰川等最著名。除贡嘎山冰川以外，雀儿山冰川、九拐山冰川也是四川著名的冰川。其中，海螺沟冰川和达古冰川最具代表性。

（一）海螺沟冰川

海螺沟冰川是贡嘎山冰川中长度最大、下限海拔最低的冰川。冰川形成于1 600万年前，属海洋性现代冰川，包括山谷冰川3条和规模不大的悬冰川、冰斗冰川与平顶冰川8条。沟内冰川面积占贡嘎山地区冰川总面积的10.4%，3条山谷冰川均源于大雪山脉主脊的东坡，其中I号冰川是海螺沟冰川的主体（图2-7）。

海螺沟冰川是目前世界上已发现的为数极少的一年四季均可身临其境的低纬度、低海拔海洋性现代冰川之一。冰川距省会成都319千米、州府康定105千米，是我国境内距大城市最近、最易进入的冰川。冰川最下端的海拔高度仅为2 850米，其尾端伸入原始林区达5千米，成为少有的"林中冰川"，这种冰川和森林共存的景观世界罕见。

海螺沟由于冰川运动，形成了冰川弧、冰川断层和冰塔、冰桥、冰川石脚菇、冰城门等许多奇异的冰川景观。其中，冰瀑布、冰川弧、冰川城门号称海螺沟冰川"三大奇观"。

大流量的热矿泉是海螺沟冰川的又一特色。处在阔叶混交林带内的热水沟温泉，沿热水沟断裂通过处的晚贡嘎期冰碛层出露(海拔为2 580米)。温泉在每年10月至次年5月时的水温达53~80 ℃，pH值约为7.15，富含偏硅酸离子和锶，属优质热矿泉。海拔为1 900米的窑坪温泉和海拔为1 530米的沙树坪温泉，也是海螺沟内著名的热矿泉。这种温泉与冰川共存的奇特现象在世界上也属少见。

图 2-7 海螺沟大冰瀑布　　　　　　　图 2-8 达古冰川

品味巴蜀

（二）达古冰川

达古冰川景区位于四川省阿坝藏族羌族自治州黑水县境内，景区保护面积有632平方千米，冰川分布面积为210平方千米，是罕见的现代山地冰川，第四纪冰河最盛之时，这里是一处大型平顶冰帽冰川。景区内有现代山地冰川13条，冰面积6.04平方千米，其中最长的冰川达1 600米，厚为60米，面积达1.1平方千米（图2-8）。

在210平方千米的冰川区内，"U"形围谷、冰斗、冰碛湖、古冰瀑布等冰蚀地貌异彩纷呈。其中，最大的冰碛湖冬措日月海东西长为1 800米，南北宽为300米；最大的凌云瀑布宽约300米，高约700米。

四、瀑布景观

四川盆地周围群山环抱，气候温暖润湿，降水丰富，山地瀑布数量众多，景色各异。

（一）九寨沟景区瀑布群

九寨沟瀑布群，主要包括树正瀑布、诺日朗瀑布、珍珠滩瀑布、熊猫海瀑布等。九寨沟由北向南顺沟而上，地势逐渐升高，这些瀑布发育在阶梯状断层造成的地形陡坎上。水流在陡坎处形成跌水，内部压力减小，水中的二氧化碳逸出，促进了钙华的沉淀，使得钙华在陡坎跌水处不断堆积生长，形成壮观的钙华瀑布。诺日朗瀑布落差约有30~40米，瀑宽达140余米，瀑顶由数个梯湖构成，湖深达20米，已接近外侧沟底。湖水沿陡壁飞流直下，水花飞溅，堪称九寨沟最秀丽的阔瀑。九寨沟熊猫海瀑布瀑宽50米，三级叠水，落差达80米，以高峻著称，是九寨沟瀑布中落差最大的一个（图2-9）。

（二）黄龙景区瀑布群

在黄龙沟长为7.5千米、宽为1.5千米的缓坡沟谷里，分布着众多的钙华瀑布，由下到上依次为飞瀑流辉、莲台飞瀑、金瀑泻银、龙背鎏金瀑。

图 2-9 九寨沟诺日朗瀑布

飞瀑流辉距涪源桥约500米处，瀑高约10米，宽约60米，飞流直下，如银龙入海，十分壮观。莲台飞瀑瀑长为167米，宽为19米，相对高差为45米。金黄色的钙华滩如吉祥的莲台，又似戏水的"龙爪"。银色飞泉从钙华滩内的森林中直泻潭心，水声震耳。金瀑泻银位于洗身洞之下，落差约为30米，长约160米，银色飞泉从金黄色的沟壁上飞泻而下，气势磅礴。龙背鎏金瀑长约375米，这里的山势极像龙背，黄色的钙华流在龙背上，犹如镀上一层金。碧绿的水顺势分流，在阳光的折射下，发出绚丽的光彩，宛如神话故事里的蓬莱仙境。

（三）牟尼沟景区瀑布群

牟尼沟景区山势落差大，水量充沛，形成了多个大大小小的瀑布，尤以扎嘎瀑布最为著名。瀑布海拔为3 270米，瀑高为93.2米，宽为35米，为全国目前发现的落差最大的钙华瀑布，被誉为"中国第一钙华瀑布"。

（四）黄荆老林瀑布群

四川省泸州黄荆老林景区为典型的丹霞地貌景观，丹山碧水，景区内溪谷众多，大小瀑布星罗棋布，其中又以八节洞瀑布群和龙马潭瀑布品质最佳。

八节洞瀑布群位于黄荆西北角的八节洞风景区，蟒童河水破峰而出，急道飞泻，冲击成八节险滩，形成八级瀑布，故名八节洞。瀑布总落差为120米，包括黑龙潭瀑布、白云岩瀑布、珍珠滩、情人瀑布、含羞瀑布、大漩涡瀑布、蟒童滩、三节连滩瀑布共八节瀑布，其中以蟒童坝下的高滩三节连滩瀑布最具景观特征。

龙马潭瀑布位于黄荆的环岩，距黄荆乡15千米。这里悬崖绝壁，高峻陡峭，古木参天，溪水横流。环绕四周，山顶到谷底落差达400米。洪期瀑布从数百米高的断岩峭壁上倾泻而下，轰鸣声几里之外可闻；枯水时飞泉如丝丝银瀑，似轻纱垂帘。

五、涌泉景观

四川的泉呈星散状分布，是许多江河的源头。我国第一部《中国名泉》画册就将四川省绵竹玉妃泉、泸定药王泉（贡嘎山泉）和松潘翡翠泉列为"中国名泉"。

任务三　揭秘国之瑰宝都江堰

一、治蜀先治水的谋略——都江堰工程修建的历史背景

（一）得蜀则得楚，楚亡则天下并矣

秦惠文王后元九年，即公元前316年，秦国君臣正准备进攻韩国，蜀国突然发生开明王朝的内乱，使秦国面临着另外一种选择。于是秦王召集群臣商议伐韩还是伐蜀。

大夫张仪主张攻韩。张仪认为，进攻韩国，取其三川之地，顺便可以灭掉附近的周王室，取得象征天下的"九鼎"，然后挟天子以令天下，从而奠定王业的基础。至于蜀国，张仪认为是"西僻之国，而戎翟之伦也，敝兵劳众不足以成名，得其地不足以为利"。

将军司马错反对张仪的意见，主张伐蜀。司马错认为，周王室虽然衰微，但名义上仍然是天下共主。此时进攻韩国，会受到天下人的指责。而且，韩、周会联合齐、魏甚至楚国共同抵抗，秦军取胜的把握并不大。蜀王本来就是无道昏君，现在又发生内乱，正是一举将其吞并的绝好时机。此时进攻蜀国，有"禁暴正乱之名"，堂堂正正，不会受到天下人的指责。而且，大军灭蜀之后，可以顺便将巴国一同灭掉。蜀国的富饶天下闻名，"得其布帛金银，足给军用"。巴人强悍善战，灭了巴国，可以取得大量优良的兵员。更为重要的是，巴蜀据长江上游，水路可通往楚国，水路运兵比陆路要便捷得多。这样就可以在蜀国打造大船，骁勇的秦兵加上强悍的巴卒，顺大江东下，十日之内大军即可抵达楚的扞关。最后，司马错总结道："得蜀则得楚，楚亡则天下并矣。"

司马错的建议为秦国勾画出一个扫平六国，实现统一的清晰思路，不愧为远见卓识。秦在一举兼并巴蜀之后的四十多年间，一直忙于同旧蜀国的残余势力作斗争。军事控制为治蜀首要工作，没有展开大规模经济建设。不重武功，秦人无法在蜀中立足扎根；但一味重视武功，经济建设上不去，也无法获得人民的拥护。因此，当秦对巴蜀的统治初步稳固后，就及时转入经济建设。

秦昭王在位时期，系统治理岷江被提上议事日程。这个耗资巨大的工程在这个时候上马，其首要目的却并不是着眼于为民造福，也不是为了成都城市的发展，而是服从于秦统一六国的长远战略方针的。成都是秦军的后勤中心，为了保证战争物资顺利及时地调运补充，最好的办法是让成都直接成为物资运输的起点。要做到这一点，就必须使岷江主航道改道经过成都。这样，成都就可以真正成为秦国对楚战争西线的战略大本营。

要达到这一战略目的，必须对成都平原的岷江水系进行大规模的改造，兴建集灌溉、运输、防洪、供水为一体的大型综合水利工程，从根本上消除水灾威胁，并变水害为水利，改善成都平原的农业环境，使这片肥沃的土壤为秦国的统一战争提供源源不断的粮食和其他各种物资的支持。同时，还使成都成为岷江水运的中心枢纽，快捷便利地为前线运输大量的兵员辎重，

品味巴蜀

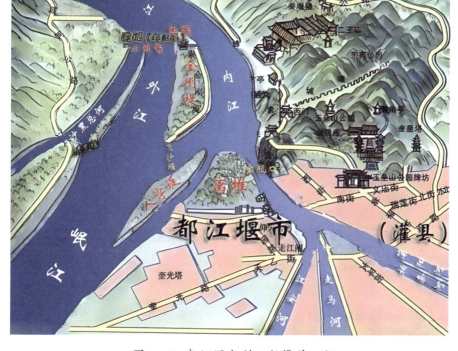

图 2-10 都江堰水利工程渠首工程

为秦的统一大业作出最大贡献。这一项亘古未有、举世无双的工程就是都江堰水利工程。

（二）都江堰之名

都江堰这个名称是宋代出现的。此前，它曾有过很多名称。秦汉时期，人们往往直接称都江堰为离堆。司马迁在《史记·河渠书》中说，他曾"西瞻蜀之岷山及离碓(堆的异体字)"。因为离堆是都江堰最重要的部分，当时的人们以离堆代称整个都江堰。汉晋南北朝时期，都江堰出现了多种名称。《华阳国志》称为湔堰，湔是当地山名、地名和水名。这是以地名为堰名。《水经注》称为湔珊，珊是蜀中方言，就是堰。左思《蜀都赋》称为金堤，是指堰坚固非常，有如金(铜)所铸。《水经注》和任豫《益州记》称为都安堰，岷江又名都水，都安堰由此得名。唐代有楗尾堰、侍郎堰等名，分别见《元和郡县图志》和《新唐书·地理志》等。从南宋起，都江堰的这一名称开始出现，都江即岷江。这个名字一直流传至今（图2-10）。

二、顺应自然的典范——都江堰工程的修建原理

（一）离堆与宝瓶口

兴建都江堰的首要目的，是要让岷江的主流改道，变成可以由人控制的运河，经过成都。但是，结合成都平原具体的地形地貌和气象条件，都江堰工程在规划和设计之初，必然会同时考虑另外两个功能，即防洪和灌溉。实际上，这三个功能是紧密联系在一起，不可分割的。

在《史记·河渠书》中，都江堰是作为航运一类水利工程来叙述的："蜀守冰凿离碓，辟沫水之害，穿二江成都之中。此渠皆可行舟，有余则用溉浸，百姓飨其利。至于所过，往往引其水盖用溉田畴之渠，以万亿计。然莫足数也。"

都江堰工程的修建首先是"皆可行舟"，"有余"才用来"溉浸"。而达到这个目的，工程首先要能"辟沫水之害"，就是防避洪涛之害。

成都平原是由岷江和花江等河流冲积而成的。其中岷江冲积扇面积最大，地势最高。岷江得到有效控制，就能从最大程度上解决防洪的问题。岷江居于成都平原中脊之上，流量又远远超过其他河流，能够对平原形成最大程度的自流灌溉。对岷江的有效控制，在解决航道畅通的同时，可以彻底解决成都平原的灌溉问题。

欲有效控制岷江，要使岷江除主航道之外，还要形成多条分流的河道，出于灌溉的需要，还要从所有这些河道上分出更多的支渠。因此，都江堰工程就是使岷江在成都平原上散成一张可以控制的水网，同时达到航运、防洪和灌溉三个目标。这样，都江堰工程就由渠首和渠系两大部分组成，而渠首，是这张水网的总纲。

岷江出山以后，沿玉垒山而行。这段山脉是龙门山脉的余脉，在这里，玉垒山的一段余脉伸进岷江之中，迫使岷江转弯进入平缓的成都平原，从此失去控制。每到汛期，岷江洪水来势凶猛，江水最高涨幅达5米之多。在这种情况下，水道行船极不安全，江流沿岸地区也常为涝灾所苦。而变岷江水害为水利，最有效的手段就是控制岷江水量，无论航运的河道还是灌溉的河渠，需要多少水就流入多少水，其余的水从泄洪的河道流走。都江堰的渠首部分，就是为这一功能而设计建造的，这样的功能称为分水。把岷江的水流分为两个部分，一部分水从内江流向平原腹心地区，用于灌溉和航运，其余的江水从外江经平原西面走另一条道，而且分水的比例还要遂人所愿。

要使分水的效果达到理想的程度，最重要的是选准分水的地点。这个地点，是分水口的所在地。

玉垒山余脉伸入岷江之处，就是这个引水口的最佳位置。这一段的山岩是十分坚硬的红色砾岩，有如天生的混凝土，钢钎打上去要冒火花。但是，正因为山岩十分坚硬，一旦打出口门，不但可以准确控制进水量，而且引水口本身也可以永保无虞。这个引水口，就是今天的宝瓶口。

在生产技术十分落后的先秦时期，开凿这段异常坚硬的山岩仍然是一项十分艰巨的工程。《华阳国志》记载，李冰曾在僰道因"其崖崭峻不可凿，乃积薪烧之"。也就是利用热胀冷缩的原理，在岩石上架火焚烧，然后泼上冰冷的江水使岩石崩裂。就这样，一层层进行开凿。

宝瓶口上距分水鱼嘴1 070米，是一个边坡很陡的梯形引水口。为了有效控制进水量，宝瓶口宽度和底高都有极为严格的控制。宝瓶口底宽14.3米，顶宽28.9米，平均宽20.4米，高18.8米，底高平均海拔718米，水面宽度枯水位时为19米，洪水时为23米。宝瓶口峡口长36米，以下河床宽40~50米。因宝瓶口上下河床均较宽，形如"瓶颈"，为成都平原及川中丘陵的引水咽喉，故称之为"宝瓶口"。宝瓶口严格控制着江水进入成都平原的流量，当宝瓶口的进水量饱和后，无论岷江发生多大的洪水，宝瓶口也拒之"口"外，概不容纳。这种稳定的进水量，对保证成都平原的灌溉、防洪、运输等具有极其重要的意义。

（二）鱼嘴与飞沙堰

都江堰渠首工程由鱼嘴、金刚堤、百丈堤、飞沙堰等组成。这是一个巧夺天工的组合。现在的都江堰渠首工程和李冰兴建的时代并不完全一样，特别是鱼嘴的位置，较之秦汉时期有相当明显的向下位移。不过，工程的建设理念和发挥的功能，却是基本相同的。

都江堰朝向上游的端头，岷江出山后的一段弯道上，是著名的鱼嘴。这是一个月牙形的分水、引水堤坝。其主要功能是利用坡降度和水脉，因势利导地把岷江水一分为二，分为内江和外江，以实现对岷江的第一次分水。

鱼嘴把江流分为左右两支。左为内江，引江水进入成都平原以供灌溉、航运之用；右为外江，为岷江自然走水河道。内江处于岷江河床弯道凹岸，外江处于凸岸。冬春枯水时节，岷江主流随弯道绕行，直指内江，内江可得六成以上的水量，外江只得四成左右；夏秋洪汛时节，鱼嘴前的江心沙洲被淹没，江流不再受弯道制约，主流直奔外江，此时，外江进水在六成以上，而内江进水只有四成左右，自然形成"四六"分水。

鱼嘴的设置极为巧妙，它与古代中原治水采用的拦河筑坝完全不同。它是古代蜀人通过长期的治水实践后逐渐形成的一种特殊的水中之堤，是古蜀水文化在水利科学中的结晶。鱼嘴利用地形、地势，巧妙地完成分流引水的任务，而且在洪、枯水季节不同水位条件下，起着自动调节水量的作用，从而完美地解决了枯水时内江航运、灌溉用水和汛期成都平原防洪问题。这就是都江堰治水"三字经"中所说的鱼嘴"分四六，平潦旱"的作用。鱼嘴的另一个重要功能是排沙排石。都江堰之所以能够到今天还能继续发挥功能，是因为它有这样个效率极高的排沙系统。岷江上游每年被水流挟带下来的沙砾有400万~600万立方米。鱼嘴除了能进行"四六分水"，还能自动实现"二八排沙"。就是在自动调节内外江的水流量之外，还能把上游带来泥沙的80%排走，使通过内江进入成都平原的水基本上是清水。

鱼嘴建立在大弯道的下面，外江处于凸岸，内江处于凹岸。当洪水季节来临，水流挟带着大量的沙石。当它们到达大弯道时，不可避免地形成巨大的漩涡。此时含沙量大、重而沉底的底层水被离心力甩出，与60%的主流一起直冲入外江，而轻而浮面的表层清水进入漩涡后被离心力甩到了下层，冲向凹岸，也就是内江。这样进入内江的泥沙已经很少，只有大约20%。一个简单的鱼嘴同时解决了调水和调沙的难题，既能保证水量控制，又使整个工程不受泥沙淤积问题的困扰，这正是都江堰巧夺天工的魅力之所在。

鱼嘴以下是长长的金刚堤，把内江和外江分隔开来。金刚堤的末端与离堆相望的地方，有一段低平的堤坝，堰身长200米，高约2.2米，这就是飞沙堰。唐代叫"侍郎堰"。

顾名思义，飞沙堰的功能是为内江泄洪和排沙，故又名"平水槽""减水河"。当内江的水量超过宝瓶口流量上限时，多余的水便从飞沙堰自行溢出，以保证内江只进入"有用的水"。这是对岷江的第二次分水。夏秋洪水季节，宝瓶口前水位升高，由于宝瓶口宽度有限，堵住洪峰，水位在宝瓶口外自然升高，在离堆前产生强烈的反冲和顶托，形成力量巨大的"壅水"，迫使洪水改向直冲飞沙堰，排入外江。

鱼嘴能将大部分沙石排入外江，但仍有大量沙石进入内江。在这里，飞沙堰对岷江进行了第二次排沙。根据弯道环流原理，江水夹带的泥沙和卵石会被冲往凸岸，越过飞沙堰进入外江。水势越大，飞沙堰的排沙功能越强，即使重达千斤的巨石，也会从飞沙堰上流入外江。

测量资料表明，内江流量越大，飞沙堰的泄洪能力越强。岷江遇到特大洪水时，从鱼嘴分进内江总干渠的流量可达到宝瓶口流量的四倍。这种情况下，飞沙堰能泄出内江流量的四分之三，使成都平原免于遭灾或者减灾。当鱼嘴分进内江的流量低于宝瓶口的容纳量，水位就低于飞沙堰的堰堤，泄洪功能即自动停止，从而保证了成都平原的灌溉、航运用水。

都江堰渠首三大工程鱼嘴、飞沙堰和宝瓶口，是一个浑然一体的系统工程。其中每项工程都有自己的功能，又都依赖于其他工程的呼应配合。一旦失去这种相互的巧妙配合，各个工程都将丧失用武之地。

如果没有鱼嘴、飞沙堰、人字堤等工程的排沙作用，离堆就会被泥沙卵石堵塞淤积，基本丧失作用。如果没有离堆对飞沙堰、鱼嘴的顶托支撑作用，鱼嘴、飞沙堰都会在洪水的冲击下搬家，其分水、排沙功能也自然丧失。如果没有宝瓶口对水量的最终控制，在离堆上方就难以形成壅水旋流，飞沙堰就不能发挥飞沙的功能，会变成沙滩，鱼嘴以下的内江入水口就会阻塞。

浑然一体的渠首工程，相互协调，巧妙配合，共同完成了渠首枢纽的设计功能。鱼嘴和金刚堤分江导流，飞沙堰溢洪排沙，凿宝瓶口引水控水限洪，它们使岷江水各自流向人们设定的方向。灌溉用水流向李冰主持开凿疏淘的内江，即郫江和检江。"二江"首先是用于航运，有余的水则用于灌溉。二江顺应西北高、东南低的地势倾斜，一分再分，形成了"以亿万计"的自流灌溉支渠，保证了成都平原的农业用水。其余的江水则从外江排出，排洪的主河道由原来横贯平原中部而改由平原西部边缘。岷江被分流的结果，使岷江很难再为祸成都平原。即使遇到数十年或百年一遇的特大洪水，平原的腹心地带受灾程度也降到很低的程度。杜甫"蜀人矜夸一千载，泛溢不近张仪楼"的诗句，正是都江堰防洪作用的生动写照。

品味巴蜀

三、以柔克刚的智慧——都江堰工程的技术原理

都江堰渠首的离堆、鱼嘴和飞沙堰作为一个系统工程，其整体构造和运行原理固然浑然天成、巧夺天工，而这个系统工程的建设和维护所采用的各种重要技术和工具，以及指导工程运行和维护的各种方针和准则，同样表现了极其巧妙的构思和理念。这些理念是具有哲学意义的治水文化，具有浓厚的地方水利风格，富有独特的民族文化特征。

鱼嘴、飞沙堰、人字堤等人工分水、导水、壅水的堤堰，建造和维护都采用当地随处可取的竹、木、卵石、沙砾等材料。使用这些材料的建筑技术，可以概括为"编竹笼架杩槎、造羊圈干砌卵石"。其中笼石技术和杩槎技术，最能反映都江堰水利工程技术的独特和高超。

（一）笼石结构

笼石技术是都江堰渠首堤堰最重要的建筑和维护技术。这种技术是以当地出产的竹子编成细长的竹笼，中间装填卵石。竹笼一笼接一笼，一层叠一层，筑成堤堰（图2-11）。在四川各地，由于河中卵石丰富，竹笼技术应用十分广泛。堤堰发生决口、垮塌时，也用竹笼填补缺口。岁末冬修结束时，在险工河段储备一定数量的卵石，汛前再准备一些竹笼备用。出险时，就地将卵石填装入竹笼。填满后再用撬杠将竹笼撬入工程需要的位置。竹笼的长度、直径、圈数和眼孔尺寸，视流速和附近卵石直径而定。竹笼构建的水利工程是一种简易的装配式设施，其优点是拆迁或重建都很容易，可以灵活运用。竹笼将分散的卵石集为一体，十分坚固。

笼石堤堰垒成之初卵石间孔隙会泄水，可以减轻水压，以免被水冲垮，同时仍可堵住大部分水流。时间一久，水中的泥沙塞住了空隙，漏水逐渐减少，最终停止。这时水对堤堰的压力增大了，但河底的泥沙已经牢牢地把竹笼的根部稳定住。更为重要的是，竹笼装填卵石之后仍可适度弯曲，能适应河床、堤岸的弯曲、下沉等变化，特别适用于移动的河床中。

成都平原的水利工程有两种堤堰，用笼石结构垒成的堤堰称为"软堰"，用石条、石块砌成的堤堰称为"硬堰"。都江堰渠首，水降坡度很大，水流湍急。在现代建筑工程技术出现前，使用硬堰很难长期抵抗江水的冲击，只有采用竹笼卵石建成的软堰。

硬堰看似坚固，却只能用于水流缓慢的河渠。而在湍急的岷江和坡降度较大的河渠，只有软堰才能抵抗水流的冲击。

笼石技术对都江堰渠首工程具有重要意义，因此，都江堰岁修"三字经"总结出"笼编密，石装健"的口诀。笼编密，指竹笼的眼孔要小，编得结实；石装健，则指竹笼中的卵石要装得满。大约宋代以后，成都官方就有规定，今都江堰市以西旋口一带必须按政府规定数量栽种质地坚韧的白甲竹，政府每年定期派工砍伐，然后编成竹笼，用水运至都江堰使用。竹笼一般放在堤堰边缘地，民工以船就近淘取河滩中大卵石装入。宋人陆游在蜀中时曾到都江堰游览，写有《十二月十一日视筑堤》诗，生动描述了岁修时编装石笼及用其筑堤的场景：

西山大竹织万笼，船舸载石来亡穷。
横陈屹立相叠重，置力尤在水庙东。
我登高原相其冲，一盾可受百箭攻。
蜿蜿其长高隆隆，截如长城限羌戎。

图 2-11　都江堰景区笼石技术模型

品味巴蜀

（二）杩槎技术

杩槎，是都江堰岁修使用的截流工具。用竹绳将三根圆木捆绑成鼎足形，成为一个高约6米的支架，这就是杩槎。截流时，将一个个杩槎放到江水中，连成栅状，相互间用横梁绑扎连接（图2-12）。杩槎分开的三足中间铺有木板，放上竹篓，就地从河中捞取卵石充实其中作为重压。然后，在一系列杩槎的迎水面上竖向绑扎若干木条(俗称"签子木")，在其外面铺上竹席，最后填入黏土以防渗水。这样，就形成一条横截整个江面的挡水短墙。杩槎在河中的排放根据水深和流速决定，水深流急间距就要小些，水浅时可大些，但杩槎相交不得少于1米。一般情况，每次截流使用杩槎18架。

每到冬季，人们用杩槎筑成临时围堰，使岷江水或入内江，或入外江，然后淘修河床，加固河堤，进行岁修。清明前岁修结束开堰，只需要砍断连接杩槎的竹绳，在头栋杩槎顶部用绳索拴住猛力拉翻，整个一排杩槎就会像多米诺骨牌一样顺次倒塌在水里，自行解体，顺流而去。而顺水漂流的竹木材料可以捞上来再次使用。

羊圈技术和木桩技术也是都江堰修建技术的重要内容。羊圈技术又称木桩石笼工程，用圆木做成框架，中间填以卵石，谓之木笼。都江堰俗称羊圈，意思是卵石像羊一样被圈养在木栅栏里。这种木笼体积和质量较大，抗冲力强，用于在水流湍急处保护堤岸基脚。

图 2-12　杩槎

木桩技术在堤堰基础打入木桩，如卵石滩打桩困难，则采用挖坑栽桩的办法，以保护岸脚和建筑物。都江堰渠首堤堰往往采用木桩、羊圈和竹笼相结合的方式筑成。

笼石、杩槎、木桩、羊圈等水利建筑技术，都有一个共同的特点，即因地制宜、就地取材、简单易行。这些独具特色的工程技术，一直沿用两千多年，它们都是都江堰水文化的重要内容。

四、经久不衰的奥秘——都江堰工程的岁修制度

都江堰渠首系统除宝瓶口以外，各个堤堰全用竹木、卵石、沙砾等容易损毁的材料建成，2 200多年来能经久不衰，稳定地发挥其功能，最根本的原因是坚持了岁修制度。

岁修内容包括淘挖河道，加固堤堰，更换被水流损坏的竹笼木桩结构，消除隐患，以保证工程分水、排沙等功能不致衰减。岁修在每年冬季举行，一般自霜降起，在清明前完成。大修每三五年一次，特修一般在遭遇特大洪水后进行，抢修在工程出现险情时随时进行。都江堰的岁修自建成之后便已开始，除战乱和大动荡年代，基本上年年进行，直至今日。

为了保证岁修的质量，多年来人们总结出各种各样的口诀、格言、三字经等，同时以各种材料制作了各种形状的水则，作为指导岁修的准则。这些口诀和水则世代相传，被人们奉为圭臬，是都江堰弥足珍贵的文化积淀。都江堰治水口诀之中，最具指导意义的是"六字诀"和"八字格言"。

（一）六字诀

"六字诀"即"深淘滩，低作堰"，这是岁修都江堰疏淘河床、整修飞沙堰的圭臬。传说"蜀守李公冰凿离堆以利蜀，刻'深淘滩，低作堰'六言于石"，以指导后人进行岁修。六字诀世代流传，被奉为"万世治水者法"（图2-13）。

"深淘滩"，是指每年岁修时把鱼嘴至宝瓶口一段内江河床上淤积的沙石进行淘挖，而且要淘挖到规定的深度。如果淘滩深度不够，内江河床太高，会导致成都平原来年春灌引水量减少；如果淘滩过深，会使过量的洪水涌入内江，导致内江灌区洪涝灾害。每年内江淘滩挖起来的泥沙用来堆积加固堤坝，既保证内江护岸，又解决了泥沙的出路，这就是岁修"三字经"上说的"挖河沙，堆堤岸"。

"低作堰"，是指整修飞沙堰时，堰顶不宜筑得太高。如果飞沙堰筑得过高，其引水、泄洪、排沙等功能将大受影响，宝瓶口进水会过多，造成内江洪涝，而且水流中的沙石不能排出，又造成内江沙石淤积。反之，宝瓶口的进水量不足，成都平原的灌溉和其他用水会受到影响。

"深淘滩"和"低作堰"是一个不可分割的整体。两个标准必须同时达到，才能保证内江分水、限洪和排沙等功能的正常发挥。

（二）八字格言

"八字格言"，即"遇弯截角，逢正抽心"。这是治理岷江和解决灌区输水及疏通排洪河

图 2-13 李冰治水六字箴言

图 2-14 都江堰二王庙石壁上的
"治水三字经"

品
味
巴
蜀

道的方法，也是治理疏浚河道的一般通则。每年冬季，都江堰灌区为保证来年春灌用水，必须在星罗棋布的各大干渠中排石清淤，整治维修，使水畅流无阻，这项工程称为"安工"。"遇弯截角"是指遇到河流弯段凸岸淤积的沙滩时，须截去其角，目的是使河身轴线顺直，主流归槽，以免急流对弯道河岸的冲刷。"逢正抽心"是指在平直河段上出现了河心洲，导致水流分岔，河道变弯，河槽变形，输水不畅时，须在河心洲上"抽心"，即挖出一条河槽，并将挖出的大卵石就地使用，筑成竹笼钉坝或顺坝，以挑流归槽，使挖开的河槽借助水力自行刷深，以形成有主河槽的平直通畅的河渠，使江水"安流顺轨"，避免泛流毁岸、淹毁农田。

明清时期，人们将历代维修渠首工程积累的经验编成治水"三字经"，系统地表述了建堰和维修中各个环节的要义。都江堰现存两篇三字经，刻石立在玉垒山前的二王庙中（图 2-14）。

课堂讨论	"治水三字经"是都江堰水利工程经久不衰、稳定发挥其功效的核心要义，请结合都江堰水利工程的治水原理，谈一谈雕凿在二王庙石壁上的"治水三字经"的内涵和启示，请小组成员各抒己见。

（三）水则

为了保证淘滩合乎要求，历代在鱼嘴沿内江河道向下约200米处的"凤栖窝"埋有石、铁制成的标志物，是为"水则"。

最早的都江堰水则传说是李冰制造的石人、石马。宋代所作的《堤堰志》说："都江口旧有石马埋滩下，凡穿淘者必以离堆石记为准，号曰水则。其下滩深二丈二尺，水则下亦深七八尺。"

大约在宋代以后，淘滩的水则改为卧铁，埋在"凤栖窝"崖下江中。卧铁既是深淘滩的水则，也是低作堰的水则。最初的卧铁，形状为铁板。后来，卧铁的形状改为铁柱。清代光绪年间，凤栖窝下河底埋有四根铁柱，顺着河道的方向并排而卧，每根相距1.1米，各长4余米，直径0.2米，高程比飞沙堰低2.2

图 2-15 都江堰"卧铁"

米。一为明万历年间巡抚御史郭庄铸，上有"永镇普济之柱，明万历四年造"字样。二为清同治三年（1864）观察何咸宜铸，上有"大清同治三年，缵绪贻则之柱"。三为民国十六年(1927)铸，上有"署成都水利知事官兴文造"。1994年都江堰建堰2 250周年时，水利部和四川省政府铸造了一根卧铁，于1998年安放在凤栖窝，与古代的三根并排而卧。上面刻着"中华人民共和国水利部、四川省人民政府立"的字样（图2-15）。

卧铁堪称都江堰的"定海神针"。以卧铁为标准的岁修淘滩之后，鱼嘴分水堤在旱涝时节分割内江、外江的岷江水量时，可以得心应手地演算"四与六的哲学"：春耕用水季节，内江进水六成，外江进水四成。夏秋洪水季节，内外江进水比例自动颠倒过来，内江进水四成，外江进水六成。这就是都江堰治水三字经中所说的"分四六，平潦旱"。

五、智者乐水的真谛——都江堰工程的治堰精神

"智者乐水"。古代蜀人就是"乐水"的智者。在水的启迪下，都江堰工程的建设者无论所思还是所为，都表现出一种大智慧。都江堰渠首的地理位置和地质构造，得天独厚地聚合在一起，共同组成渠首和整个系统完美的天然条件。然后在蜀中历代治水经验的不断积累的基础上，再加上李冰的天赋，最终成就了世界水利史上的这一奇迹。

都江堰之前，蜀中的治水主要在于除害和防洪。都江堰之后，则由单纯的除害兼而兴利发展到利用水造福人类。更为重要的是，其所兴的利是多方面的，是对水资源的综合利用。都江堰的创建标志着中国古代水利史人、地、水三者高度统一的一个新纪元的开始。

都江堰工程预期的航运、灌溉和防洪三项主要功能，全部圆满达到。凶猛不羁的岷江变害为利，千秋万代造福于成都平原。常为岷江水害所苦的成都平原从此成为"水旱从人，不知饥馑"的天府之国，成为历朝历代最为重视赋税的重地之一。成都城市也因都江堰和"二江"所赐，迅速成为西南地区物产富饶、工商繁荣、交通发达的城市，跻身于古代中国最繁荣富庶的大都会之列。

都江堰存在2 200多年，至今仍然正常发挥着各项功能，这是中外历史上其他著名水利工

程所望尘莫及的。都江堰的价值和贡献不仅在于工程作用的发挥，更重要的是在于传承千年的治水思想和水文化。人水和谐的治水理念，使都江堰成为人与自然和谐相处的典范。

玉垒山麓二王庙灵官殿左石壁间嵌有一道石碑，上面刻着"乘势利导，因时制宜"八个大字。这是后人为都江堰总结的另一则八字格言。人类的治水在技术不甚发达的时代，顺乎自然是第一要义。即使在科学技术高度发达的今天，顺乎自然仍然是治水的不二法门。"乘势利导"，是都江堰治水哲学的精髓。都江堰的鱼嘴、百丈堤、飞沙堰、人字堤都是顺应成都平原的地势、水脉、水势，无坝分水，壅水排沙，自流灌溉。它们和现在司空见惯的拦河大坝，一横一纵，一堵一导，代表了截然不同的治水哲学。一个是所谓"征服自然"，一个是所谓"顺应自然"。它们代表了两种不同的对待自然的原则和对待他人的原则。坝意味着对水的强硬抗衡，对水流方向的强力阻遏，是人与自然的迎面撞击。堰则意味着对水的适应和因势利导，在达到引水目的的同时，并不违背水的自然本性。从哲学层面分析，都江堰充分体现了中国传统的阴阳五行学说的本质和精髓——人与自然和谐共生。

在科学技术发达的现代，人类对自然资源的需求发生了巨大变化。能源和水资源需求量的剧增，促使人们尽可能地筑坝蓄水发电和灌溉。然而，这样的行为在很大程度上是逆水性而动的。对于违背自然规律的行为，大自然会有自己的报复方式。最极端的方式就是水库的溃决，它所带来的灾难是洪水所不能比拟的。近半个世纪以来，世界上就有十多起垮坝事件。

有关部门统计，因泥沙较多，中国水库的平均寿命只有50年，美国水库的平均寿命也不超过300年。相形之下，都江堰已经存在了2 200多年。正是因为它并不完全阻截水流，而是让水顺利从外江和飞沙堰分流而出，大量泥沙也随之排走，顺利地解决了泥沙淤积这一难题。

都江堰工程的思路也符合儒家所倡导的政府和公共工程要"惠而不费"的主张。即使在技术高度发展的今天，都江堰的思路，即减少与水的直接对抗和对沉沙网开一面，仍会节约大量的工程成本。因为不与水流正面交锋，就会降低对工程强度的要求，给泥沙一个流走的通道，也会节约大量清淤放沙的成本。世世代代积累起来的都江堰岁修规矩所反映出的古人的智慧，常常令掌握了现代工程技术的人们惊叹甚至汗颜。

水无常势，顺势而为。在对水的顺应之中，依水势的变化而变化，才能立于不败之地。这种顺应自然的理念，漫透了整个都江堰工程。工程设施的各个部分在发挥功能时都顺应水势，而又互相合作、互相依存，在顺应自然的状态下发挥整体功效。都江堰之所以历千年而弥新，一如既往地发挥着它伟大的功用，根本原因就在于此。

"乘势利导，因时制宜"的治水原则，"三字经""六字诀""八字格言"的治水规则，实事求是、与时俱进的治堰精神等，构成了都江堰水文化丰富而珍贵的内涵。这是古蜀文化最珍贵的遗产，它不仅影响和启迪着世世代代治水的人们，而且伴随着工程的持续利用和发展而不断丰富，给人类社会的可持续发展以新的启示。

任务四　解析蜀水与城市文化

一、水与城市商业的繁荣

都江堰工程的兴建，造就了成都平原"水旱从人，不知饥馑"的富庶。发达的农业为成都城市的发展提供了物质基础，而交通运输的发达，及由此形成的繁荣商业贸易对成都发展成为国内重要的区域性大都会起了至关重要的作用。

成都地处长江上游的丛山之中，陆路交通先天不足。古时蜀地与中原联系通道主要有两条，一条是翻越秦岭的蜀道，另一条是岷江、长江水道，即后世所说的"峡路"。从商品交流的角度看，峡路较之蜀道具有明显的优越性。因此，成都二江的开通，对成都城市的发展有着特别重要的意义。

二江开通之后，成都与长江中下游地区贸易往来日渐频繁。外地对蜀中各种商品的需求激增，进而刺激了成都与西南其他地区的陆路商品的交流。成都不仅成为岷江、长江黄金水道的起点，也成为西南地区重要的水陆枢纽和贸易中心。

蜀地富产卮、姜、丹砂、铜铁、竹木之器，这些产品和西南地区的各种特产以成都为集散中心而流向全国各地，在陕西、云南、湖南、湖北、新疆等地的考古发掘中，都发现过成都出产的蜀锦、漆器和铁器等商品。

成都还是南方丝绸之路的起点，是中国西南最大的国际贸易中心。蜀中的丝绸、蜀布、邛竹杖等远销印度、东南亚、中亚和东罗马帝国。在阿富汗、越南红河三角洲、泰国东北和朝鲜平壤等地，也都发现了秦汉时期成都出产的铁器、蜀布、丝绸和漆器（图2-16）。

在二江的促进下，成都工商业迅速发展，经济地位进一步提高。西汉时，成都是仅次于京师长安的全国第二大城市。东汉时，成都与中原地区的洛阳、临淄、邯郸、宛合称"五都"，是长江流域唯一的全国性商业都会。左思《蜀都赋》描绘成都商品市场："市廛所会，万商之渊，列隧百重，罗肆巨千。贿货山积，纤丽星繁。""喧哗鼎沸，则唱哤宇宙；嚣尘张天，则埃壒曜灵。"一派喧嚣繁忙景象。二江港口之上，吴船蜀舸，桅樯如林。成都逐步发展成古代西南地区最大的商品交换中心。

魏晋南北朝时期，成都仍然是国内重要的商业城市。蜀汉政府还组织蜀锦、漆器、茶叶、马匹运销江东。吴地出产的明珠、象牙、犀角、孔雀、翡翠，蜀国出产的牛马皮革、漆、朱砂、织锦、麻布等，由两国商人通过岷江、长江水道进行贸易。当时北方大乱，经河西走廊出西域的北方丝绸之路瘫痪，南方丝绸之路成为中国与西方最重要的贸易线，成都与世界的交流日益频繁。

隋唐、五代和两宋时期，成都与外地的商品交流主要是以岷江、长江为通道的水上交通贸易。成都作为这条贸易路线的起点和终点，与长江中下游各地区形成广泛而密切的贸易关

图 2-16 马王堆汉墓出土的成都漆器　　　　图 2-17 成都再现"十二月市"

品味巴蜀

系。唐代,繁忙的成都水码头有"水向金陵"之称。韦皋镇蜀时,在万里桥以南开"新南市",又在二江合流处建合江亭。这一沿江地带在此后的一千多年间一直是成都客、货东行的起点。唐人诗文中,有大量描写成都水陆商业繁荣、市场兴旺的篇章或诗句。如李白"濯锦清江万里流,云帆龙舸下扬州"、杜甫"蜀麻吴盐自古通,万斛之舟行若风"、卢纶"水程通海货,地利杂吴风"等,是对成都水路航运与全国各地商品交流的生动描写。这些诗句所描写的情景,几乎都与二江有着或多或少的联系。

中唐时,成都与江南扬州齐名,人称"扬一益二"。唐宣宗以后,成都的繁荣已不逊于扬州。唐末,江南地区受战乱影响,成都却保持着持续的稳定,成为全国最繁华的商业大都会。

宋代,成都与东南各地的水上运输贸易更为发达。成都及四川各路输送中央的财帛,主要通过岷江、长江水道,再由湖北转运开封。成都与东南地区的大宗贸易,亦畅行于长江水道。成都的茶叶、蜀锦、布帛、药材及各种土产,经水路运往全国各地。

国内国际贸易的繁荣,促使成都出现了各种不同性质的市场。中唐以后,自由集市开始出现,并在宋代完全取代了从前的坊市制,这对城市商业起到了巨大的推动作用。唐、五代和两宋,成都有西市、东市、南市、北市、新南市等经常性市场。粮食、农具、牲畜、盐铁、纺织品、奇药、海货、珍宝等商品应有尽有,"天下宝货,聚出其中"。时人的诗文中,还反映出各种专业市场的名称,如蚕市、药市、酒市、鱼市、花市、米市、炭市等。宋代,成都城内有按月份定期举行的集市,从正月到十二月,分别为灯市、花市、蚕市、锦市、扇市、香市、七宝市、桂市、药市、酒市、梅市、桃符市。这些市场名称有浓厚的时令色彩,商品与季节有较为密切的联系,并非专卖某类产品。这种名称体现了宋代开始走向成熟的市井文化(图 2-17)。宋代的成都,还有长期举行的夜市。夜市是商品交流场所,同时也有浓厚的游乐功能。陆游的诗句"南市夜夜上元灯",正说明了这一点。

明末清初,成都遭受战乱,但凭借着优越的经济和交通条件,商业贸易恢复较快。至乾隆中期,成都的市场已经呈现繁华气象。川南地区的粮食、木材等日用必需品,川西、川北地区的传统商品,都以成都为集散地。

清代的两江水源丰富，冬天枯水季节也能行船，丰水期更能航行十吨以上的大木船和大竹筏。当时成都两江之上有多处水码头，其中最繁华的是九眼桥上下一带的水井街、星桥街、太平下街等处，这是成都和下游嘉定(今乐山)、叙府(今宜宾)等地货物交流的集散地。成都市民所需的各种货物，特别是油盐柴米等日常生活必需品，相当部分由船筏从下游地区逆江运来。川西、川北的各种物资，又从府河顺流而下。府河成为成都物资供应和周转的运输大动脉，一年四季，江上船舶来往不绝。

九眼桥水码头附近，有竹子市、盐码头、柴市坝、米市坝，每日批发零售，十分繁荣。城东府河边上的东水关，外州县客船到达后，要将货物行李换到小船上。城市居民所需的粮食、杂货、燃料等皆从金河运入城中。因此，这一地区行商坐贾、贩夫走卒、船工纤夫，各色人等群集于此。于是在这些区域集中了各种服务性的行业，如旅馆、餐馆、茶馆、酒馆、杂货店，以及戏园、澡堂等。这些店铺档次虽然不高，但供求两旺，形成了城市水岸商业区域的特殊繁荣景象。

二、水与城市水文化景观

以二江为主体的河渠池沼及其滨江地带，是古典成都城市最为优良的生态和人文环境。两千多年来，成都城市傍水而建，城中池沼星罗，河渠纵横，桥梁众多。市民生产、生活、游乐休闲均与这些河渠池沼有着密不可分的关系，成都城市独具特色的文化风貌也由此形成。

在成都城市水系之中，锦江无疑占据了最重要的地位。自李冰"穿二江成都之中"，两千多年来，锦江一直与成都城相依相伴，成都城的发展与锦江息息相关。锦江流经的城市西南和南部地区，一直是成都最有活力和最为繁荣的地区。自汉晋以来，锦江两岸一直是繁华的水陆码头，既是成都人离乡东下的饯别之地，又是人们游览休闲的最佳去处。唐代高骈筑罗城，引郫江改道，其上的桥梁逐渐毁坏，而锦江之上的万里桥、笮桥等却一直保存了下来。此外，后世又先后在锦江上修建了安顺桥、九眼桥等，还在锦江岸边修建了各种庙宇祠堂、亭台楼阁，以供人们祭拜凭吊游赏。历史上，成都城市经济、文化乃至军事的重大事件和活动，重要的历史人物、城市官僚士大夫以及普通市民的活动，往往与锦江密切联系，并在此基础上形成了形态众多、风格各异的人文景观和风气习俗，锦江两岸因此成为成都最富文化内涵的滨水区域。这是成都城市文化积淀中弥足珍贵的部分。

锦江对成都城市文化影响的一个重要方面，是以锦江为载体的，包括了城市几乎所有阶层市民的大规模游赏活动。这篇"锦江春色大文章"是成都文化风俗的一个重要方面。

楼台亭榭及其所组成的园林，是最为常见的滨水景观。由于滨水区域视野开阔，高耸的楼阁往往成为人们修建滨水景观的首选。中国历史上的"四大名楼"——黄鹤楼、岳阳楼、滕王阁、蓬莱阁，无一不是修建在水边。历史上，成都曾有过众多的亭台楼阁。汉晋时期，成都城西、城南两面临江。唐代以后，二江环绕整个城垣，城垣上的城楼，很多都是城市著名的登临览胜之地，著名者有张仪楼、散花楼、筹边楼、得贤楼、崇丽阁等。东汉以来，佛、道二教大行于世，二江之畔寺观林立，著名者有圣寿寺、大慈寺、海云寺、宝庆寺、青羊宫等。这些寺观的楼阁同样是城市官民登高观景的佳处。

锦江之畔的楼阁，无不凝聚了成都丰富的历史文化内涵。历代许多著名人物都曾登临览胜，留下了流传千古的诗文、匾联。有的楼阁历史上曾多次重建。它们是成都历史文化的一笔丰厚的遗产。这些楼阁中，建成时间最早、保存时间较长、影响较大的是张仪楼。

张仪楼又名白菟楼，坐落在少城南垣宣明门之上。位置大约在今市区汪家拐与文庙西街之间。张仪楼北倚少城，南临二江，重檐飞宇，巍峨壮丽。登临其上，远可眺望西岭千秋积雪，近可俯瞰二江双流城下，是成都城上最佳的观景胜地。人们还传说张仪楼是张仪兴建成都城的定位标志。历史上，张仪楼曾多次修葺和重建。西晋诗人张载游成都，曾作《登成都白菟楼》诗，描写了该楼的壮观。张仪楼是古代成都最著名的标志性建筑之一。从两晋到唐宋，文人墨客游历成都，无不登临览胜，赋诗抒怀。张载、岑参、杜甫、陆游、段文昌等人都有诗篇传世。

合江亭是锦江之畔的又一处著名亭阁。唐中叶时，剑南西川节度使韦皋凿解玉溪，于郫江与锦江汇合处建合江亭，与张仪楼、散花楼构成一条自西而东的风景线。不久，韦皋又在亭旁增筑廊榭，广植修竹异卉，名为合江园。晚唐高骈筑罗城，郫江改道，仍于合江亭下与锦江汇合，二江拱亭的景象依旧。江上商舟渔船必经此处过往，远航船只亦常停泊于此，于是合江亭下成为万里桥东又一饯别之地。

图 2-18 望江楼

望江楼是一个以薛涛为主题的园林，这是清代以来锦江沿岸最重要的文化景观（图2-18）。薛涛是成都历史上著名的女诗人，字洪度，原籍长安，幼时随父宦居蜀中。她自幼聪颖好学，才华出众，父死后家贫，沦为营伎。她能诗善文，谙练音律，与当时著名的诗人元稹、白居易、杜牧、刘禹锡、张籍等交往甚密，互有唱和之作，时称女校书。薛涛的诗集最初即以锦江为名，称《锦江集》，北宋时已见于坊间。其中除少数爱情诗外，很少有一般女子笔下的脂粉气或缠绵情意，有的佳作更是硬语盘空，力透纸背。绝代的才华和悲凉的身世，使薛涛在成都文化史上占据了特别重要的地位，其影响不仅限于士大夫，而且深入一般民众之中。

成都东门外锦江畔原有玉女津，水极清澈。明代蜀王将其划为禁区，每年三月取井水精制"薛涛笺"样式的诗笺24幅，以其中16幅进贡京师，其余珍藏王府，市间绝无售者，明清两代一直为士人所珍视。

　　清代，薛涛井水曾为四川总督专用，每日派专人前来汲取。薛涛死后本葬于西郊浣花溪，因蜀王以井水制薛涛笺，此井遂得名薛涛井，井前现有清人所立"薛涛井"石碑。

　　清光绪中期，地方当局和士绅在薛涛井附近锦江边先后建造了一组建筑。以崇丽阁为主，依次建有濯锦楼、吟诗楼、浣笺亭、五云仙馆、清婉室、众香榭等楼阁馆亭，是一组布局开合有致、风格典雅的古建筑群。因崇丽阁、吟诗楼、濯锦楼都依江而建，可登临其上观望江景，因此总称望江楼。主体建筑崇丽阁为全木结构建筑，高27.9米，共四层。阁名取自左思《蜀都赋》的句子"既丽且崇，实号成都"。楼阁典雅宏丽，雄屹濯锦江边，长期以来一直是成都的标志性建筑。

　　后来，望江楼被辟为公园。薛涛一生爱竹，望江楼公园以竹造园，经过多年的广泛搜集和精心培植，已成为全国竹品种最多、种竹面积最大的竹文化主题公园。园内绿竹遍植，品种繁多，形成修篁万竿、浓绿似海的独特景观。

课堂讨论

楹联游戏

　　望江楼里有不少古人写的对联，绝大部分质量非常高。其中，薛涛所题的半副对联，堪称千古一绝，上联原句是：

　　"望江楼，望江流，望江楼上望江流，江楼千古，江流千古"

　　曾有学者对出下联：

　　"印月井，印月影，印月井中印月影，月井万年，月影万年"

　　但由于此联仍有瑕疵，未得到学者的认可。

　　请同学们试着对一对这副"绝联"的下联吧！

　　桥梁是城市水文化景观的重要内容之一。锦江上的万里桥和笮桥，是成都历史最悠久、保存时间最长、历代修葺最多的桥梁。其文化内涵之丰富，在成都城市桥梁中名列前茅。万里桥之名，因诸葛亮的名言"万里之行，始于此也"而得。而笮桥的名称和形态，则与西南少数民族有着直接的关系。仅从这两点，就可以反映这两座桥梁在文化上的重要意义。

三、水与蜀中游赏习俗

　　群山环绕的封闭，形成了蜀地长期的和平环境。都江堰水利系统哺育的农业文明和城市工商业文明，给成都这片得天独厚的土地带来物质和文化的双重繁盛。甲于天下的繁荣富庶，给成都城市人文风俗造成的直接影响，是沿袭两千多年的悠游闲逸的生活方式。这种生活方式最突出的表现，是普及整个城市及其周边地区的游赏习俗。

两汉、魏晋时期，成都城市的游乐习俗已经十分普及。中唐以后，成都的游乐习俗更加浓厚。至前、后蜀和两宋时期，呈现出极盛的景象。随着城市工商业的繁荣发展，岁时节庆的游乐活动在城市中开展得日益频繁和普遍。这种游乐活动往往与商业活动密切结合。繁荣的城市经济是城市游赏风俗的物质基础，而游赏娱乐则刺激了城市经济和文化的持续发展。这一点在成都表现得格外突出。

亲水、乐水，是人们天生的习性和爱好。成都城市优美的水环境使成都市民的亲水乐水习性更加鲜明，并在此基础上形成了具有浓郁地方特色的游赏习俗。波光激滟的摩诃池、江渎池、龙跃池，沿城而流的锦江，穿城而过的解玉溪和西郊的浣花溪，因锦江而兴的大慈寺、合江园、西园、西楼，都是成都官民、文人游赏的最佳去处。唐、前后蜀和两宋时期，是古典成都城市的黄金时代，城市的繁荣臻于极盛。这段时期，岁时节令，城市王公贵族、官僚士大夫和广大市民沿解玉溪、大慈寺、锦江、浣花溪一线举行的水上遨游，是成都人的文化盛事。游赏往往同戏曲、杂耍技艺、文人雅集结合在一起，具有浓厚的文化意蕴。岁时游乐是中国传统的群众性文化活动，各地均有，但成都表现得更有特色，更有气势，普及程度更高。这既是成都古典城市文化达于极盛的标志，也对此后的城市文化习俗有着深远的影响。

古典成都城市游赏习俗的高潮，是以锦江—浣花溪为舞台的大游江。清代六对山人的《锦城竹枝词》中有"锦江春色大文章"之句，正是这一文化活动的生动比喻。

以锦江—浣花溪为载体的游江活动，最晚在唐代已经产生。唐代天宝年间，崔圆任剑南节度副使驻于成都时，所见成都游江就已是"数十里丝竹竞奏，笑语喧然"。船头有穿着绮衣罗裙的舞女，在管乐之中轻歌曼舞，笑语喧哗。周围坐着朱衣紫袍的官吏，击节相和，还有从官武士五六十人持兵戒严。

五代时，成都遨游之风未减，蜀中百姓富庶，其规模之大，游人之多，已超过唐代。前蜀主王衍是一个天字第一号的"遨头"，他经常带着皇家歌舞乐队，乘着华丽的船队在浣花溪往来巡游。每到这时，成都总是倾城而出，万人空巷。

宋代，江上的游赏成为成都地方惯例，其规模之盛全国闻名。

游江有大、小之分。二月二日为小游江。这一天原是踏青节，市民多分散往西郊踏青郊游。宋太宗时张咏知益州，将踏青改为游江娱乐。当天，官府组织几十只彩舫，知府与宾客分坐其上，船队自万里桥出发，由一条装载着乐队的彩船沿锦江西游。岸边欢呼之声不绝。船队到了宝历寺桥下停止，当晚官员们欢宴于寺中。从此之后，二月二日游锦江成为成都"故事"，规模也逐渐扩大。

四月十九日为大游江。这天是浣花夫人诞辰，一早，知府出成都西南的笮桥门，到梵安寺旁的浣花祠谒祠。城中"都人仕女丽服靓妆"，倾城而出，"罗拜冀国夫人祠下"，然后

品味巴蜀

往杜甫草堂游玩。游江之前，知府登舟，观看军队表演骑射，然后由鼓乐前导，船队逆流而上至百花潭。知府在潭上置酒高会，观赏各种水嬉和龙舟竞渡。这天，锦江之上，官舫民船，在江中上上下下。官员们坐够了船，可以上岸休息，岸上临时围起帐幕，幕中吹管抚丝，吟诗赋曲。锦江两岸有商人早早搭起的楼台，彩舟开过，便将锦幕拉开，开演歌舞。遇到节目精彩，舟上的贵人们会拿出金帛作为赏钱。公家还有一艘大船载着美酒，演员一人可以得到一升作为奖赏。

成都市民对于其他游乐活动不见得都来参加，而这一天却是倾城而往。此外，其他地方的人也纷纷前来观赏，即使贩夫走卒、斗升之民，也要想方设法攒足费用，以尽一日之欢。较之二月二日踏青节，这天的游江更加痛快，所以称为"大游江"。

锦江大游江是古代成都城市发展到鼎盛时期的文化现象。这种盛况只有在唐宋时期城市经济高度繁荣的成都才能得见。以后的成都虽然也有江上游乐活动，但如此繁荣而铺张的景况却难以再现。

学以致用（课后作业）

1. 请将右边城市对应的水系进行连线。

2. 桥梁是重要的水上交通设施，也是重要的水文化景观，成都历史上最为著名的桥梁，首推李冰在二江之上建造的七桥，它们分别是——永平桥、长升桥、冲治桥、市桥、笮桥、江桥、万里桥。其中，名气最大、存在时间最久的是万里桥。请查阅资料，讲一讲万里桥的故事。

成都　·

宜宾　·　　　　　　　　·岷江

泸州　·

广元　·　　　　　　　　·沱江

重庆　·

乐山　·　　　　　　　　·金沙江

攀枝花·

内江　·　　　　　　　　·嘉陵江

南充　·

模块三　漫话三国

学习目标：

知识目标——了解三国时期的基本历史进程，知晓三国蜀汉的地理时空范围，明确三国蜀汉的重大政治节点。

能力目标——知道三国蜀汉的重要人物生平，熟悉三国蜀汉人物的文化形象，掌握两汉三国的儒家文化发展。

素质目标——感知蜀汉在中华文明中的地位，增强巴蜀地域文化自信。

文化聚焦： 三国文化　三国英雄　蜀汉人物　两汉儒家文化发展

建议学时： 2

巴蜀讲堂 ■

漫话三国

　　三国时代，有着灿烂的文化、杰出的人物和自强不息的精神；三国文化，上承秦汉，下启两晋隋唐，具有鲜明的特色和重要的地位。

　　所谓三国文化，有两个含义：一是指魏、蜀、吴三国鼎立时期的历史文化；二是指罗贯中创作的《三国演义》所蕴含的文化内涵和作品问世后在中国人民的社会精神文化生活中产生的文化现象。本模块所说的三国文化主要是指前者，即魏、蜀、吴三国鼎立前后这一历史时期的文化。

任务一　走进三国历史文化

　　三国鼎立前后这一时期，主要从汉灵帝刘宏中平元年（184年）黄巾起义开始，到晋武帝司马炎太康元年（280年）晋灭吴，全国复归统一止，共96年。这一历史时期的基本特点是：社会矛盾复杂尖锐，统治者的斗争异常激烈，战争连绵不断，社会长期处于分割状态。

　　东汉末年，广大下层人民不堪忍受统治者的残酷压迫与剥削，揭竿而起，爆发了黄巾起义。这次起义虽然沉重地打击了地主阶级的统治，但是各地地主豪强，却乘镇压黄巾起义之机，蜂拥而起，割据称雄，角逐政权，致使东汉政权名存实亡。

　　中平六年（189年），董卓废少帝刘辩立献帝刘协，从洛阳迁都长安，以袁绍为盟主的关东诸郡起兵讨伐。讨董盟军各怀野心，酿成军阀混战。在混战中曹操的势力得到发展，于是他以勤王为名，挟持献帝，迁都许昌，改元建安（196年）。曹操挟天子以令诸侯，逐渐统一北方。至建安二十五年（220年），曹丕代汉自立，建立魏国，定都于洛阳；刘备随之建蜀（221年），定都于成都；孙权建吴（222年），定都于建业，形成了三国鼎立的局面。魏明帝曹叡死，齐王曹芳八岁继位，改元正始（240年），辅政的曹爽与司马懿明争暗斗，结果司马氏于正始十年（249年）发动政变，遂专魏政。魏元帝景元四年（263年）灭蜀，两年后（265年）司马炎代魏自立，建立晋朝，定都洛阳，史称西晋。至太康元年（280年）灭吴，天下始归统一。由于汉末的军阀混战和三国之间的连年战争，给人民造成了深重的苦难，人口锐减，生产遭受严重破坏，出现了"白骨露于野，千里无鸡鸣"的荒凉凄惨景象。建安时期，曹操曾打击豪强，抑制兼并，施行屯田，兴修水利，恢复生产，使经济得以发展。蜀汉、东吴都采取了一些措施，整饬内政，发展生产。但三国的经济始终没能恢复到西汉的水平。

　　三国的历史，可以说是一部战争的历史。从汉末军阀混战，到三国纷争，以至晋灭吴重新一统中国，战争几乎未断。据《资治通鉴》记载，这期间发生的战役达350余次，其中一些重大战役，诸如官渡之战、赤壁之战、夷陵之战，都是以少胜多、以弱胜强的战役，成了中外战争史上的光辉范例。这些战役的胜利有政治、经济、地理环境的原因，但起重要作用，甚至是决定作用的则是人谋。每次战役无不凝结着战争指挥者的智慧、谋略与指挥艺术，以及将士们的英勇奋战精神，自然也饱含着失败者的惨痛教训。

【拓展阅读】

夷陵之战

　　刘备荆州之战失去荆州，一直耿耿于怀。称帝一月后，就准备大举攻吴夺回荆州。黄初三年（222年）正月，蜀将吴班、陈式率水军屯夷陵。二月，刘备由秭归沿江而下，大举进兵之时，治中从事黄权建议于刘备说：吴军兵众力强，现沿江而下，进易退难，臣愿为先锋沿江试攻，您率主力殿后，以便伺机而行。刘备不采纳黄权的建议，自率主力沿江推进。

　　浩浩荡荡的蜀军顺江而下，其势锐不可当。吴军先让一步，主动撤退至夷道（湖北宜都，长江南岸）、猇亭（湖北宜都北古老背，长江北岸）一线后，转入防御，阻止蜀军向前进军。东吴诸将认为把难以展开军力的数百里崇山峻岭地段让给了蜀军占领，是迎击蜀军的上策。其实他们哪里知道扼守要隘、避锐乘疲、伺机决战才是陆逊的防御方针。陆逊扼守要地，坚不出战，蜀军屡攻不下，不得东进。蜀吴两军就这样从正月相持到六月。

六月，陆逊力排众议，准备立即行动。在反攻之前，陆逊为了试探，先行试攻，结果没有成功。但经过实践，陆逊破敌之法已成竹在胸：时值盛夏，蜀军营寨皆以木栅构成，地处峡谷，草木丛生，利于火攻。于是陆逊命士卒各持茅草一束，顺风燃火，乘势反攻，面对烈火，蜀军大乱。陆逊派朱然率军突破蜀军前锋，随即插入蜀军之后，切断蜀军退路；潘璋所部猛攻蜀军冯习部，诸葛瑾、骆统、周胤等配合陆逊主力在猇亭向蜀军发起进攻，蜀营寨数十座被吴军很快攻破。蜀将张南、冯习战死，杜路、刘宁等投降，刘备被迫退守马鞍山，并冒着被擒的危险日夜兼程退回永安（重庆奉节）。赵云也由江州到达永安，以阻止吴军西进。

刘备逃至永安以后，吴将徐盛、潘璋等都主张乘胜继续穷追蜀军。陆逊认为，表面看来曹丕协助吴军进击刘备，实则另有打算，对于魏军不可掉以轻心，且赵云已到永安，击破赵云已失去良机。于是，下令停止追击，马上撤兵。

果然不出陆逊所料，九月，曹丕向吴军发动了进攻，因陆逊已有准备，相持了一段时间，曹丕也就毫无结果地退了兵。

品味巴蜀

课堂讨论

评三国战事

面对"夷陵之战"这场以少胜多的战役，我们应从陆逊身上总结哪些经验？从刘备身上吸取什么教训？

任务二　认识三国英雄

汉末、三国时期是中国历史上风云际会、人才辈出的时代。战争连年的形势，造就了无数英雄豪杰。统治者为争夺天下，深知人才的重要，他们在选拔、培养、使用以至争夺人才方面，都有自己的主张和办法，曹操唯才是举，刘备思贤若渴，孙权知人善任，因而在他们周围都团结了一批能运筹帷幄、决胜千里的谋臣和智勇兼备、英勇善战的武将。如曹操部下的郭嘉、荀彧、荀攸、程昱、贾诩、张辽、典韦、张郃、夏侯渊、许褚、司马懿；刘备部下的诸葛亮、庞统、法正、关羽、张飞、赵云、马超、黄忠、魏延；孙权部下的张昭、顾雍、诸葛瑾、周瑜、鲁肃、吕蒙、陆逊、黄盖、周泰、甘宁等。这些杰出人才智勇的发挥，不仅是成就三国帝业的重要原因，而且在他们身上还体现了我们中华民族进取向上的精神，如肯定智慧、重视谋略、崇尚勇武、歌颂忠贞、提倡求实、鼓励进取、宽宏大度、尊重人才、秉公执法、谦虚谨慎、威武不屈、富贵不淫、鞠躬尽瘁、死而后已，等等。这些都是中华民族的精神财富。枚举这些代表性人物的社会活动、历史贡献，无疑对我们继承传统文化的精华是大有裨益的。

一、蜀汉刘备：施仁识才行法治

（一）刘备其人

图 3-1 刘备画像

刘备，字玄德，东汉涿郡涿县（今河北省涿州市）人，创立三国时期蜀汉政权，史家多称其为"先主"（图3-1）。刘备是西汉景帝子中山靖王刘胜的后代，汉献帝皇室远宗，早年丧父，家贫，和母亲"贩履织席为业"（《三国志·蜀书·先主传》）。

（二）刘备其事

1. 广行仁德

刘备创业十分艰辛，他比不上曹操有挟天子以令诸侯的政治优势，也没有孙权依长江之险的地利，大半生屡战屡败、东奔西逃，数度寄人篱下，但他却不改仁义初心。

早在担任平原（今山东省西北部、德州市中部）相期间，刘备就为百姓办了不少实事，赢得百姓广泛赞誉。"郡民刘平素轻先主，耻为之下，使客刺之；客不忍刺，语之而去"（《三国志·蜀书·先主传》）。前来行刺之人亦被刘备仁德所感化，不忍下手。凡此种种，成就刘备仁德美名，以至于当北海（今山东昌乐西）相孔融遭黄巾军围困时，其下属太史慈直言可向刘备求救，说刘备"仁义之名，救人之急"，不会见死不救。后曹操为报父仇攻打徐州，面对生灵涂炭惨状，徐州牧陶谦病重临终前对别驾麋竺说："非刘备不能安此州也。"（《三国志·蜀书·先主传》）后麋竺"率州人迎先主"，刘备却选择了谦让。

如果说谦让徐州的故事，一定程度上反映了刘备不受"名不正言不顺"的馈赠，坚持"仁

图3-2 古蜀道

义为先"的品行；那么荆州乃兵家必争之地，刘备能忍住如此大的诱惑，而多次强调"仁义为先"，坚决表明自己的立场和态度，其"自律"行为和坚定决心也着实让人佩服。

2. 内修政理

刘备治蜀期间，为蜀地百姓干了不少实事。其中在开辟四川邮驿事业上，作出了一定贡献。建安十九年（214年），刘备入益州后，整修通往汉中的栈道，在汉中西南设置了重要军事关隘白水关，白水关周围的山上布满了烽火楼。并在从白水关到成都300多千米的路上，设置了不少亭障馆舍，以保障邮驿的正常运行（图3-2）。

刘备治蜀期间更大的贡献是制定了《蜀科》。据《三国志》记载，刘焉、刘璋父子治蜀期间"德政不举，威刑不肃""士大夫多挟其财势，欺凌小民，使蜀中之民思为乱者，十户而八"。刘备初入益州，就命当时对典制、旧法较为熟悉的许慈、胡潜、孟光、来敏"典掌旧文、草创制度"。平定益州之后，又命诸葛亮、法正、伊籍、刘巴、李严制定典律，这个典律就是《蜀科》。

《蜀科》是治理蜀地的一套制度体系，不只是法律，还包括民政、封赏、管理等。《蜀科》强调"训章明法""劝善黜恶"，意即以法为体，着重公平客观原则；以德为用，着重教化为本。《蜀科》具体内容已不可考，但据《三国志·蜀书·诸葛亮传》记载，蜀汉虽然执法严峻，但公平公正，百姓无怨。

3. 和戎抚夷

蜀汉地处西南，疆域包括今四川、陕西南部、云南及贵州西部，版图交界处有氐、羌等民族。根据"隆中对"的思路，刘备与诸葛亮治蜀期间摒弃了古代一直以来对少数民族存在的"羌夷异种""贪而无信""贪利忘义""独可以威服"等认识和观念，推行与西南地区各族人民和好的政策，大力起用少数民族将领，"皆即其渠帅而用之"。

建安十九年（214年）六月，刘璋投降，刘备成为新的益州牧。入蜀后不久，刘备就加强对南中的管理。"刘先主定蜀，遣安远将军、南郡邓方以朱提太守、庲（lái）降都督治南昌县。"（常璩《华阳国志》）同时，改犍为属国为朱提郡，这显示了入蜀初期刘备治理南中的两大措施：换郡县长吏，设庲降都督。而对于拥有南中实际控制权的大姓和夷帅，刘备则主要采取安抚措施，不断拉拢合作。据《三国志·蜀书·黄李吕马王张传》记载，"章武元年，庲降都督邓方卒……遂以（李）恢为庲降都督"。在刘备的安抚作用下，南中一直没有出现严重的叛乱。

蜀地少数民族地区的成功治理不仅稳定了蜀汉政权，解决了刘氏集团的后顾之忧，而且也为蜀汉"匡扶汉室"的霸业提供了强有力的兵力、物力保障。后来刘备进攻汉中，南中地区成为了刘备的粮食供应基地，甚至当刘备缺少兵马的时候，很多少数民族首领自发组织本族的人马听从刘备的调遣。直到刘备去世，蜀汉的后方都是相对稳定的。

二、蜀汉诸葛亮：济世安民死而后已

（一）诸葛亮其人

诸葛亮，字孔明，人称卧龙（也作伏龙），汉末徐州琅邪郡阳都（今山东沂南县）人，三国蜀汉丞相，杰出的政治家、军事家（图3-3）。蜀汉政权建立后，被任命为丞相，主持朝政。后主刘禅继位，诸葛亮被封为武乡侯，领益州牧。

图 3-3 诸葛亮画像

（二）诸葛亮其事

1. 工于兵事

诸葛亮是我国历史上著名的军事家，有着出众的军事才能，这一点在他数次北伐中有着鲜明体现。如建兴六年（228年）春，蜀军第一次北伐，诸葛亮巧用奇谋，让赵云、邓芝设疑兵吸引曹真重兵，自己率大军攻祁山。最终，陇右的天水、南安和安定三郡反魏附蜀，"关中震响"。建兴九年（231年），在第四次北伐过程中，诸葛亮率大军攻祁山，与司马懿对峙。蜀军粮草不继，只能撤军。诸葛亮"退兵"至木门引张郃孤军深入，随后，张郃遭蜀军埋伏，中箭身亡。以至于后来司马懿紧追诸葛亮到卤城时，却不敢前进，只得据营自守，世人嘲笑他"畏蜀如畏虎"。

除了战术上常出其不意，在武器制造上，诸葛亮也颇有研究。据《三国志·蜀书·诸葛亮传》记载："亮性长于巧思，损益连弩，木牛流马，皆出其意；推演兵法，作八阵图，咸得其要云。"他改制出了一发十矢的诸葛连弩，还发明了木牛、流马等运输工具，提高了行军运粮效率。而"八阵图"更是诸葛亮的创举。"八阵图"原图已不可考证。不过，北魏地理学家郦道元在《水经注·江水》中称，这种"图垒"皆垒细石为之，按遁甲分成生、伤、休、杜、景、死、惊、开八门，变化万端。唐代诗人杜甫在《八阵图》诗中称赞"功盖三分国，名成八阵图"。这些都可以从侧面看出"八阵图"在战事上所发挥的作用。

2. 治蜀兴边

蜀汉政权建立前后，诸葛亮以儒为本，兼用道、墨，崇尚法治，将儒家正统法律观念和法家法治思想巧妙结合，以自己独特的法治思想治理蜀国，取得了明显成效。

入蜀之后，诸葛亮在刘备的安排下和法正等人共同制定了国家法典——《蜀科》。为劝训蜀国官员将士，诸葛亮又立《八务》《七戒》《六恐》《五惧》等条章，以明确清晰的行为准则做到有法可依。

诸葛亮一生"抚百姓，开诚心，布公道"。早在隆中耕读时期，诸葛亮就向刘备主张"内修政理"的治理之道，强调贤君要体恤黎民，以达到政通人和的局面。刘备死后，诸葛亮以德服人，注重笼络和任用益州土著，并"务农植谷，闭关息民"。

《三国志·蜀书·诸葛亮传》裴松之注引《汉晋春秋》记载，"闻孟获者，为夷、汉所服，募生致之。既得，使观于营陈之间，问曰：'此军何如？'获对曰：'向者不知虚实，故败。今蒙赐观看营陈，若只如此，即定易胜耳！'亮笑，纵使更战。七纵七擒，而亮犹遣获。获止不去，曰：'公，天威也！南人不复反矣。'"诸葛亮采用恩威并重的方法，使南中反叛者心悦诚服，为蜀国政局稳定作出积极贡献。

在诸葛亮的治理下，蜀国多年来"田畴辟，仓廪实，器械利，蓄积饶，朝会不华，路无醉人"（《三国志·蜀书·诸葛亮传》裴松之注），"科教严明，赏罚必信，无恶不惩，无善不显；至于吏不容奸，人怀自厉；道不拾遗，强不侵弱，风化肃然"（《三国志·蜀书·诸葛亮传》）。

3.廉洁无私

"鞠躬尽瘁，死而后已。"仅仅通过《后出师表》一文，我们就能感受到诸葛亮一生始终心系国事。在刘备兵败之际、托孤之时，诸葛亮坚毅地挑起了匡扶汉室的重担。六出祁山、五次北伐，"政事无巨细，咸决于亮"。一生操劳，最终病死在北伐途中，上演了"出师未捷身先死，长使英雄泪满襟"的悲歌（图3-4）。诸葛亮以自己的一言一行，践行着对国家的忠诚，为后人作出了积极示范。

诸葛亮的儿子诸葛瞻出生后，诸葛亮对其也进行严格教育。在最后一次北伐途中，诸葛亮寄出最后一封家书给兄长诸葛瑾，信中写道："瞻今已八岁，聪慧可爱，嫌其早成，恐不为重器耳。"诸葛亮在信中对诸葛瞻的成长感到忧心忡忡，希望他的聪明才智能为国家效力，不要长大后不成大器。于是，又作《诫子书》给诸葛瞻，要他志存高远。千古名言"非澹泊无以明志，非宁静无以致远"便出自这里（图3-5）。

图3-4 《后出师表》

图3-5 《诫子书》

品味巴蜀

三、曹魏曹操：澄清吏治慎用权

（一）曹操其人

曹操（155—220年），字孟德，一名吉利，小名阿瞒，本姓夏侯，沛国谯郡（今安徽亳州）人（图3-6）。东汉末年，天下大乱，曹操以汉天子的名义征讨四方。建安二十一年（216年），汉献帝册封曹操为魏王，奠定了曹魏立国的基础。建安二十五年（220年），曹操去世，谥号武王，其子曹丕称帝后追尊谥号为武皇帝。

图 3-6 曹操画像

（二）曹操其事

1. 整肃吏治

历史上的曹操是个无所畏惧、特立独行的人。他少年时期便表现出超人的机警、权谋与胆量。青年时期更是不畏权贵、公正严明，有着治世平天下的政治抱负，他曾在自传散文《十二月己亥令》中回忆自己年少时的理想是"欲为一郡守，好作政教"。

黄巾起义爆发，29岁的曹操被任命为骑都尉，率领部队讨伐颍川黄巾军，立下战功而被封为济南国相。曹操一到任就大刀阔斧地整顿当地吏治，济南国顿时刮起了"廉政旋风"。曹操一方面上奏朝廷，一举罢免了济南国10余县中的8名依附权贵、贪赃枉法的县令；另一方面"平心选举"，选拔、推荐符合条件的官吏。奸佞腐化之人下台，正直才干之人上任，"政教大行，一郡清平"，一系列举措让济南国百姓交口称赞，而那些贪赃枉法、巧取豪夺之徒惊恐不已，纷纷"窜入他郡"。

曹操一系列举措取得了成效，但也触犯了当地豪强及宫廷当权大宦官的利益，引得"强豪所忿"。直到建安元年（196年），一直在郡县小试拳脚的曹操迎还汉献帝，将颠沛流离的皇帝安顿在许都。随着"奉天子以令不臣"的政治规划展开，他逐步掌握了汉室政权才得以全面推行抑制豪强的政策。他起用王修、司马芝、杨沛、吕虔、满宠、贾逵等地方官吏，抑制不法豪强，行法治、倡廉洁，"由是天下之士，莫不以廉节自励，虽贵宠之臣，舆服不敢过度"（《三国志·魏书·崔毛徐何邢鲍司马传》）。

2. 屯田蓄力

东汉末年，吏治腐败，军阀混战，农民军四起，人民生命财产和社会生产秩序均遭到严重破坏。建安元年（196年），曹操迎汉献帝刘协到许昌，"宗庙社稷制度始立"，社会秩序逐步得到恢复。

粮食在定国安邦中的重要性无可替代，曹操说，秦国之所以能兼并天下，就是因为贯彻了商鞅的农战政策。汉武帝能平定西域，军人戍边屯垦发挥了重要作用。于是他大兴屯田制度，利用士兵、召募流亡百姓耕种荒地，设置"屯田都尉"这样的专门官职，进行专人管理。

实行盐铁专卖，用得来的钱买耕牛、农具，提供给百姓，进一步扩大屯田规模。

屯田制度使长期遭受战争破坏的北方农业生产在短期内得以恢复并稳定了下来。建安中期，北方地区出现了"所在积谷，仓廪皆满""天下仓廪充实，百姓殷足"的景象。

同时，曹操还大力兴修水利设施，他派刘馥为扬州刺史，重修舒城年久失修的七门三堰。曹操颁布的一系列农田水利措施使黄河流域惨遭破坏的经济逐渐恢复，失去土地的农民又重新获得了土地，许多荒芜的农田也被开垦，积存了大量的粮食，不仅解决了军粮问题，而且还为曹操争取了大量的人口，为之后曹操统一北方打下了基础。

3.统一北方

建安元年（196年），曹操迎汉献帝入许都后，离许都最近的董卓旧部、豪强张绣，曾扬言要打进许都，劫走汉献帝，这对朝廷构成了巨大威胁。于是，曹操征讨张绣，开始了锄豪强、平天下的生涯。

曹操深知一支好的军队要有严明的军纪。在一次行军途中，曹操的军队经过一片麦田，他下令说，士卒不要弄坏了麦子，有违反的处死。没想到曹操自己的马竟然窜进了麦地。曹操以身作则坚持说："制法而自犯之，何以帅下？然孤为军帅，不可自杀，请自刑。"（《三国志·魏书·武帝纪》裴松之注引《曹瞒传》）他于是拿起剑来，割断头发投掷在地上。这个故事后来演变为"割发代首"四字典故，作为曹操严于律己的事迹而流传。

带着纪律严明的军队，曹操一路剿灭二袁、吕布、刘表、马超、韩遂等割据势力。建安十年（205年），曹操占领了冀、青、幽、并四州。袁绍之子袁谭被斩，袁尚、袁熙投奔乌桓（又作乌丸）。乌桓是中国古代北方游牧民族之一，混居在辽西、辽东、右北平三个郡，被称为"三郡乌桓"。曹操为了肃清袁氏残余势力，彻底解决三郡乌桓入塞为害的问题，决定北上征讨乌桓。

通过消灭割据势力，远征乌桓，曹操统一了中国北方，北方百姓得以安居乐业，北方经济社会秩序得到有效恢复和发展。

四、东吴孙权：广开言路惜民力

图3-7 孙权画像

（一）孙权其人

孙权，字仲谋，吴郡富春（今浙江富阳）人，三国时代东吴政权的建立者（图3-7）。建安五年（200年），兄长孙策遇刺身亡，孙权接手江东基业成汉末一方诸侯。黄武元年（222年），孙权被魏文帝曹丕封为吴王。黄龙元年（229年），孙权在武昌正式称帝，国号吴。

（二）孙权其事

1. 少年统业

孙权自小博览书传、善于骑射，可谓文武双全。15岁就被"郡察孝廉，州举茂才"。孙策平定江东时，孙权"常随从"，"每参同计谋，策甚奇之，自以为不及也"。每请会宾客，常顾权曰："此诸君，汝之将也。"（《三国志·吴书·吴主传》裴松之注引晋虞溥《江表传》）

建安五年（200年），孙策被许贡门客行刺，身受重伤。孙策故后，年仅18岁的孙权"哭未及息"。长史张昭见局势未稳，强制脱下孙权丧服，扶他上马，让他接见百官、巡视军队。年纪轻轻的孙权，就在这样的形势下成为江东之主。其后，孙权率军消灭"不肯事权，而多纳其亡叛"的庐江太守李术；解除堂兄、平南将军、交州刺史孙辅的兵权，遏制宗室谋权夺利欲望，阻止动乱；又灭山越，逐渐稳定了江南局势。

建安八年（203年）至建安十三年（208年），孙权三次出兵征江夏，最终将江夏太守黄祖击杀，世仇得报，抚慰先父之灵，完成了兄长遗愿。

2. 知人善任

据《三国志·吴书·吴主传》裴松之注引《辨亡论》记载，孙权不问门第、出身，对手下大臣一视同仁，同时对兄长孙策留下的文武骨干也倍加信任。他器重张昭和"江东四儒将"（周瑜、鲁肃、吕蒙、陆逊）。同时，孙权也四处招贤纳士，并借此任用、提拔了一批地方官和武将，破格擢用年轻人。

陈寿在《三国志·吴书·周瑜鲁肃吕蒙传》中评价道："周瑜、鲁肃建独断之明，出众人之表，实奇才也。吕蒙勇而有谋断，识军计……有国士之量，岂徒武将而已乎。"而在《三国志·吴书·陆逊传》的结尾，陈寿十分感慨地说："予既奇逊之谋略，又叹权之识才，所以济大事也。"由此可见，孙权器重他们确实是重"才"而非重"门第"，更非重"姻亲关系"。

孙权在"举"才的同时，还注重培养人才。孙权曾劝吕蒙学习，但吕蒙辩解说，不是他不读书，而是军中事情太多，没有时间。孙权说："我岂是要你研究儒家经典，去当教书匠？只不过希望你大略有个印象，知道历史就够了。如果说没有时间，谁能比我更忙，我还常常读书，自以为大有裨益。"吕蒙于是开始学习，有了很大进步。"士别三日，当刮目相看"的成语典故，便出于此（图3-8）。

图3-8 《孙权劝学》

3. 励精图治

为了稳固江东基业，孙权采取了一系列恢复农业生产和

图 3-9 如今的秦淮河

促进社会经济发展的措施，劝课农桑，实行屯田便是其中重要一项。

东吴屯田分军屯和民屯，设典农校尉、典农都尉、屯田都尉等职官管理。孙权曾亲自"授田"，将驾车用的牛改作耕牛，以示提倡农业生产，并下令禁止官吏在农忙时征调农民服徭役，以保证生产。

88

品味巴蜀

孙权也注意兴修水利，于黄龙二年（230年）筑东兴堤，以遏巢湖水；赤乌八年（245年），治理秦淮河，疏浚和扩大水道，开辟岗涍、东渠、潮沟等；赤乌十三年（250年），孙权又作堂邑涂塘（位于江苏），开凿运河。往后300余年间，这些运河在灌溉农田的同时，还是苏南地区主要内河运输干线，起到便利人员物资运输的作用（图3-9）。

孙权眼光不仅局限于江南之隅，为了发展经济、拓展疆土，他还将视线放在辽阔的海上。东吴发展出了当时世界上首屈一指的航海技术，船队可以北至辽东，南至夷洲（台湾）。据《三国志·吴书·吴主传》记载，黄龙二年（230年），孙权派将军卫温、诸葛直"将甲士万人，浮海求夷洲、亶洲"，开创了大陆最早航行到台湾，与台湾建立经济、文化联系的纪录。这是中原王朝首次以政府名义出航台湾，在台湾行使国家权力的最早证明。孙权组织的航海，比郑和下西洋（1405年）早1175年，比哥伦布发现美洲大陆（1492年）早1262年，堪称世界航海史上的一大壮举。

课堂讨论

说三国英雄

1. 结合课堂所学以及课前搜集整理的资料，分组交流，说说各自心目中最熟知的三国人物。

2. 每组选取一个最受欢迎的三国人物，并派一名代表漫谈本组选取的最受欢迎的三国人物。

任务三 领会三国蜀汉传统文化

一、两汉的儒家文化发展

（一）汉初儒家文化发展

汉朝初期，西汉政府主要奉行"与民休息，无为而治"的道家思想。随着社会的发展，道家"无为而治"的施政理念与中央集权的矛盾日益凸显。而儒家文化在汉初的休养生息之后，开始慢慢显示出特别的适应性，这一阶段的儒家学说，为了适应社会政治的发展，吸纳法家思想并糅合阴阳五行及神仙方术，历经多次丰富改变，已和孔孟时期的原始儒学略有不同，更接近于为专制政权服务的帝王之术。西汉初年，儒生陆贾就曾提醒高祖刘邦："居马上得之，宁可以马上治之乎？"陆贾认为，法令可以除恶，规范社会秩序，但是并不能劝人向善。所以主张读诗书、行仁义，效法先贤以儒术治国。

贾谊一篇《过秦论》更是将秦始皇的法家思想钉上耻辱柱，指责秦始皇废王道，酷刑法，焚书坑儒，注重诈力而忽略了仁义治国方略，总结嬴秦两朝而亡的教训在于仁义不施，主张以吸取多种成分的儒家学说，作为大一统帝国的统治思想。

【拓展阅读】

《过秦论》节选

始皇既没，余威震于殊俗。然陈涉瓮牖绳枢之子，氓隶之人，而迁徙之徒也；才能不及中人，非有仲尼、墨翟之贤，陶朱、猗顿之富；蹑足行伍之间，而崛起阡陌之中，率疲弊之卒，将数百之众，转而攻秦；斩木为兵，揭竿为旗，天下云集响应，赢粮而景从，山东豪俊遂并起而亡秦族矣。且夫天下非小弱也，雍州之地，崤函之固，自若也。陈涉之位，非尊于齐、楚、燕、赵、韩、魏、宋、卫、中山之君也，锄耰棘矜，非铦于钩戟长铩也，谪戍之众，非抗于九国之师也，深谋远虑，行军用兵之道，非及曩时之士也。然而成败异变，功业相反，何也？试使山东之国与陈涉度长絜大，比权量力，则不可同年而语矣。然秦以区区之地，致万乘之势，序八州而朝同列，百有余年矣。然后以六合为家，崤函为宫，一夫作难而七庙隳，身死人手，为天下笑者，何也？仁义不施而攻守之势异也。

（二）西汉巴蜀地区儒家文化发展

汉武帝时期，政治稳定、经济繁荣，一个大一统的帝国需要与之相适应的文化思想核心，树立大一统思想的时代要求显得更加紧迫。正当此际，有汉代孔子之称的董仲舒（图3-10），三次应诏上书成《天人三策》（又称《举贤良对策》）。对春秋战国以来的各诸子王权治乱之道以及天人关系做了系统梳理和阐述，并成功说服汉武帝"罢黜百家、独尊儒术"。独尊儒术的直接结果，便是儒家学说的经学化和神圣化。武帝建元五年(公元前136年)，罢黜原有的诸子传记博士，设立五经博士，各以家法传授弟子，研究儒家经典，贯通古今，顾问时政。元朔五年(公元前124年)，又在长安"兴太学，置明师，以养天下之士"。公卿士吏均须通

图 3-10 董仲舒像
（现藏于法国国家图书馆）

晓儒家经典，让儒学成为朝廷选任官员的重要标准，从而确立了儒学和儒家经典的无上权威，致使儒家以外的诸子学说因无晋升官权之路而日益衰微，对后世影响极为深远。

汉景帝时文翁治蜀，大兴水利，恢复农业生产的同时大力发展教育。文翁非常重视儒家文化的普及，一改巴蜀地区"蛮夷之风"。文翁兴办郡学，借助政权便利和政府资源，在成都修建著名的"文翁石室"，招收资质好的年轻学子，免除他们的徭役，学成之后选拔优秀的学生进入郡县担任官职。另外，他也选出一些通晓经书、品行端正的学生在自己身边做事，每次到各县巡视都会带着这些学生一起，让他们宣传教化和法律，日常在官府出入，使这些学子在社会上得到尊敬和荣耀。致使其他人争相进入"石室"求学，希望成为该校学生。经过长期的儒家教化，巴蜀民风得到很大改善，巴蜀人士到京城求学的人数和齐鲁之间的一样多。到汉武帝时期，朝廷还将文翁在地方兴办学校的办法推广到全国。文翁兴学之后陆续出现了如严君平、扬雄、张宽等众多文人才士。杜甫称赞道"诸葛蜀人爱，文翁儒化成"，陆游则歌颂"蚕丛角歌吹，石室盛书诗"。

（三）东汉巴蜀地区儒家文化发展

东汉光武帝刘秀曾在太学学习，深受儒家文化影响，也是一个好儒之人。刘秀建立东汉政权之后，通过察举、征辟、征召等方式建立起一个以儒家学说为核心的官僚体系。儒学也和国家政治深度捆绑，作为一种意识形态被统治阶级利用。其思想核心还是以"礼"为中心，但却上升到一种道德观念来作为普遍的社会规范。

1.建立教育体系，儒家文化普及人民大众

东汉基本继承西汉的教育体系，在中央设太学，地方设郡学，再设县学、乡学，形成从中央到地方的完整教育体系。自巴蜀文翁石室兴学以来，郡学被汉武帝全国推广，逐渐普及开来。光武帝、明帝期间继续扩大官学，建立县学、乡学，主要就是教授儒家经典。扩大地方办学的直接结果就是实现了儒家文化在全国的普及，让儒家文化不仅成为士人学说，还成为一般民众的社会道德规范。

除了官学体系以外，东汉私学也非常普遍，是一种与官学并行的教化方式。学者和退隐的名士在地方开办私塾，招收弟子讲经授学，传授自己擅长的学术体系。随着地方官学和私学并行，儒学文化研习者的势力和数量日益庞大，使得已经牢牢扎根于地方的儒家学说根系更为牢固。

2.延续选官制度，儒家经典成为官方显学

东汉基本延续西汉的官员选拔制度，按照贤良、方正、茂才、孝廉等分类，由官员体系中重要

的中央公卿或者地方郡守举荐，其中孝廉在东汉特别受重视。孝廉的"孝"是对父母长辈的忠孝，"廉"是品行端正的清廉。建武十二年（36年），东汉政府规定每年都必须推举"孝廉"，而后进一步规定各个郡国也要推举一定数量的孝廉，然后根据情况授予官职，一旦被推举为孝廉，就有希望成为朝廷命官。郑弘就从一个孝廉一直"累迁尚书令"，最后官至太尉 。民间普通士人看到了升迁的希望，纷纷行孝以求举荐，促使儒家文化中"忠""孝""仁"等核心思想成为社会一根无形的指挥棒，引导着民众的思想方向，同时也让儒家文化拥有了更广的群众基础。

同时，因为刘秀推崇谶纬之学，东汉以今文经学为主，带着浓厚的神秘主义色彩。巴蜀地区古蜀文化本来就崇尚巫术鬼神，二者很容易糅合交融，让巴蜀地区的谶纬学说更加流行，影响深远。到三国时期，刘焉牧蜀、刘备登基、刘禅亡国都被后人附会，深深烙上"天命"的谶纬之印。

3.皇帝内王外圣，儒家典范成为国家形态

东汉时期，皇帝借用儒家文化，不仅把天上"神权"和人间"皇权"相结合，形成皇帝称"天子"的"天人感应"学说，同时东汉皇帝还将自己包装成为儒家学者，开始亲自出面教授儒家文化。东汉光武帝末年，修建"明堂"，举行祭祀和教化。但儒家的国家形态并不是起于此，早在西汉甘露年间，政府就曾经召集儒生对五经经典进行校对修订，再由皇帝裁决文本的异同。经过皇帝的裁决和判断，皇帝本身就成为儒家文化及学说体系的圣人，拥有了学术体系建立权、学说见解裁定权，开始逐渐形成"内王外圣"的概念及观念。

东汉章帝建初四年（79年），群儒汇集于白虎观，进行了一次大范围且著名的讨论，分别对五经经典的异同进行了研讨和辩论，后由班固整理编纂为《白虎通义》（图3-11），成为汉代今文经学的集大成者。这次辩论的结果最后由汉章帝亲自裁决，成为当时儒家文化相当完备和至高无上的法典，这也能表现出皇帝在"内王外圣"的道路上迈上了一个重要的台阶，已经形成思想文化"大一统"国家形态的雏形。

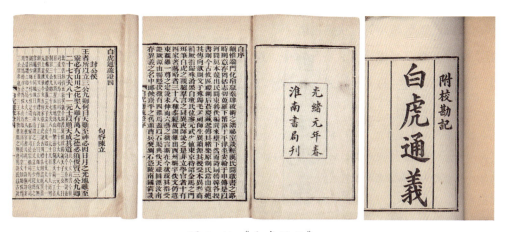

图 3-11 《白虎通义》

儒家文化的要旨是"礼"和"仁"，礼指宗法制度下的行为和规范。孔子要求人们以礼约束自己，"非礼勿视，非礼勿听，非礼勿言，非礼勿动"，要"克己复礼"。两汉时期，儒家学说经过董仲舒等人的阐释丰富，内法外儒，杂糅阴阳、谶纬，导致今文经学盛行，大一统、天人感应的思想深入人心，将儒家学说和中央集权捆绑，让"仁义礼智信"和忠孝文化贯穿汉民族伦理发展和民族性格形成。经过两汉的沉淀和延续，到三国时期，基本形成了汉民族的精神文化体系雏形，成为中国传统文化价值体系中的核心要素。

二、明君贤臣治国平天下

品
味
巴
蜀

（一）忠贤武侯

武侯的忠。孔子曰："言忠信，行敬笃""人而无信，不知其可"。在两汉时期，忠孝文化更是儒家倡导的社会核心价值观。到了三国，刘备兴复汉室、诸葛亮鞠躬尽瘁，都是忠孝文化的具体体现。孔明为臣，以忠为纲，上辅君王以稳社稷，下安黎庶以平天下。

诸葛亮身上的忠文化最为明显。在国人眼里，诸葛亮已经从一个历史人物上升到智慧的化身，像罗贯中这样的深度诸葛粉，连鲁迅都看不下去了，批罗氏《三国演义》"状诸葛多智而近妖"。

诸葛亮在《隆中对》中就明了天下大势，谋划了天下三分，说明诸葛亮其实是清楚汉室江山的倾颓，鲁肃也言"汉室不可复兴，曹操不可卒除。为将军计，惟有鼎足江东，以观天下之衅"（《三国志·吴书·周瑜鲁肃吕蒙传》）。可见当时能认清天下大势的人不在少数，诸葛亮为了三顾之义献出"三分天下，兴复汉室"的谋略，这是报答知遇之恩的一种表达，更是他决心辅佐刘备投身政治的忠心，刘备去世之后用后半生的身体力行去执行隆中对策，更是对刘备和蜀汉政权"忠诚"的体现。

刘备病逝，将家国大事均托付于诸葛亮，并且嘱咐"如其不才，君可自取"。诸葛亮集政权与地位于一身，位高权重，但从不僭越。哪怕刘禅明眼人都能看出不是一个明君，他却给刘禅一个很好的评价，"年方十八，天资仁敏，爱德下士"，依然鞠躬尽瘁，以至于后主有"政由葛氏，祭则寡人"的欣慰之语。

五次北伐，殚精竭虑，而后身死军中，这最能体现诸葛亮的"忠"。北伐之前，武侯给后主上了一篇天下闻名的《出师表》，拳拳忠心在其中表现得淋漓尽致。

出师表

先帝创业未半而中道崩殂，今天下三分，益州疲弊，此诚危急存亡之秋也。然侍卫之臣不懈于内，忠志之士忘身于外者，盖追先帝之殊遇，欲报之于陛下也。诚宜开张圣听，以光先帝遗德，恢弘志士之气，不宜妄自菲薄，引喻失义，以塞忠谏之路也。

宫中府中，俱为一体；陟罚臧否，不宜异同。若有作奸犯科及为忠善者，宜付有司论其刑赏，以昭陛下平明之理，不宜偏私，使内外异法也。

侍中、侍郎郭攸之、费祎、董允等，此皆良实，志虑忠纯，是以先帝简拔以遗陛下。愚以为宫中之事，事无大小，悉以咨之，然后施行，必能裨补阙漏，有所广益。

将军向宠，性行淑均，晓畅军事，试用于昔日，先帝称之曰能，是以众议举宠为督。愚以为营中之事，悉以咨之，必能使行阵和睦，优劣得所。

亲贤臣，远小人，此先汉所以兴隆也；亲小人，远贤臣，此后汉所以倾颓也。先帝在时，每与臣论此事，未尝不叹息痛恨于桓、灵也。侍中、尚书、长史、参军，此悉贞良死节之臣，愿陛下亲之信之，则汉室之隆，可计日而待也。

臣本布衣，躬耕于南阳，苟全性命于乱世，不求闻达于诸侯。先帝不以臣卑鄙，猥自枉屈，三顾臣于草庐之中，咨臣以当世之事，由是感激，遂许先帝以驱驰。后值倾覆，受任于败军之际，奉命于危难之间，尔来二十有一年矣。

先帝知臣谨慎，故临崩寄臣以大事也。受命以来，夙夜忧叹，恐托付不效，以伤先帝之明；故五月渡泸，深入不毛。今南方已定，兵甲已足，当奖率三军，北定中原，庶竭驽钝，攘除奸凶，兴复汉室，还于旧都。此臣所以报先帝而忠陛下之职分也。至于斟酌损益，进尽忠言，则攸之、祎、允之任也。

愿陛下托臣以讨贼兴复之效，不效，则治臣之罪，以告先帝之灵。若无兴德之言，则责攸之、祎、允等之慢，以彰其咎。陛下亦宜自谋，以咨诹善道，察纳雅言，深追先帝遗诏。臣不胜受恩感激。今当远离，临表涕零，不知所言。

诸葛亮在刘备去世之后，肩负蜀汉治理重任，却依然不忘先帝之遗愿，从建兴五年（227年）开始，历五次北伐，到建兴十二年（公元234年）病逝五丈原，几乎为复兴汉室耗尽了后半生的所有精力。

按常人所想，既然位高权重，又有托孤之请，还有巴蜀民众的拥戴，如若他想偏安一隅，不动兵戈北伐也无人责难，完全可以在平定南中之乱后，北守汉中，东固孙吴，共拒曹魏，甚至取刘禅而代之也不无可能。如此一来，蜀汉政权的延续不止几十年，甚至三国的历史都可能为之改写。但，这应该不是诸葛亮的意愿，也不是一个深受儒家"忠君"思想影响的士人心理，他要的是"今南方已定，兵甲已足，当奖率三军，北定中原，庶竭驽钝，攘除奸凶，兴复汉室，还于旧都"。这远远超过了以报先主知遇之恩的范畴，而是忠于刘备及其遗愿，忠于君臣二人"平定天下，匡扶社稷"的初心。"受命以来，夙夜忧叹，恐托付不效，以伤先帝之明"，所以在平定南中之后就开始五次北伐，履行"所以报先帝而忠陛下之职分也"，为的就是践行"鞠躬尽瘁，死而后已"的千金一诺。

通过诸葛亮的《出师表》及其具体行为，我们看到了历史上真实的诸葛亮，一个忠于知遇之恩、忠于临终之请、忠于"兴复汉室"完成一统大业初心的忠臣，甚至不惜夙兴夜寐、身死军中。在中华历史上这样的忠心确实独树一帜，因此诸葛武侯流芳百世。

（二）义勇关羽

1.身在曹营心在汉

关羽，字云长，河东解县（山西运城）人（图3-12）。在刘备起事时就开始追随，"桃园三结义"是罗贯中臆撰，但与先主"寝则同床，恩若兄弟"，也足见其君臣关系的融洽而胜似兄弟。在建安五年（200年），刘备战败投奔袁绍，曹操擒归关羽，礼之甚厚，拜为偏将军。待关羽于万军中直取颜良首级，解了白马之围，曹操更是对关羽赏识有加，"表封羽为汉寿亭侯"，但关羽对这份赏识却不为所动，直言"吾受刘将军厚恩，誓与共死，不可背之"。当其知晓刘备去处，关羽全部奉还曹操所赐，拜书告辞，投奔刘备于袁绍军中。

图 3-12 武侯祠关羽像

2.华容道义释曹操

华容道义释曹操为《三国演义》中一个著名故事，但《三国志》中并未提及，可能为罗贯中臆造，目的就是凸显关羽"忠义"形象。原文如下。

言未毕，一声炮响，两边五百校刀手摆开，为首大将关云长，提青龙刀，跨赤兔马，截住去路。操军见了，亡魂丧胆，面面相觑。操曰："既到此处，只得决一死战！"众将曰："人纵然不怯，马力已乏，安能复战？"程昱曰："某素知云长傲上而不忍下，欺强而不凌弱；恩怨分明，信义素著。丞相旧日有恩于彼，今只亲自告之，可脱此难。"操从其说，即纵马向前，欠身谓云长曰："将军别来无恙！"云长亦欠身答曰："关某奉军师将令，等候丞相多时。"操曰："曹操兵败势危，到此无路，望将军以昔日之情为重。"云长曰："昔日关某虽蒙丞相厚恩，然已斩颜良，诛文丑，解白马之围，以奉报矣。今日之事，岂敢以私废公？"操曰："五关斩将之时，还能记否？大丈夫以信义为重。将军深明《春秋》，岂不知庾公之斯追子濯孺子之事乎？"云长是个义重如山之人，想起当日曹操许多恩义，与后来五关斩将之事，如何不动心？又见曹军惶惶，皆欲垂泪，一发心中不忍。于是把马头勒回，谓众军曰："四散摆开。"这个分明是放曹操的意思。操见云长回马，便和众将一齐冲将过去。云长回身时，曹操已与众将过去了。云长大喝一声，众军皆下马，哭拜于地。云长愈加不忍。正犹豫间，张辽纵马而至。云长见了，又动故旧之情，长叹一声，并皆放去。后人有诗曰："曹瞒兵败走华容，正与关公狭路逢。只为当初恩义重，放开金锁走蛟龙。"

《三国志》裴松之注引《山阳公载记》，赤壁战败，曹操的确败走华容道，但是却没有关羽的义释之举。关羽义释曹操本为演义虚构故事，但却因《三国演义》的影响足够大，导致关羽的知恩图报、重情重义、义重如山的形象深入人心，乃至后世逐渐拔高其身份，美化其形象，关羽的身份变化就是最好的说明。

3.关羽成王成圣之路

三国之后，关羽仅为一个"万人之敌，为世虎臣"，还有"刚而自矜"的负面评价。但是自两宋之后，关羽从最初的一个武将慢慢演变成兵家供奉的武圣，商家供奉的财神，民间供奉的保护神，连儒释道三教都奉之为忠勇护法！

关羽忠义仁勇的形象，完全符合儒家文化实质要义，在中华文化漫长的发展过程中，逐渐形成了独特的关公文化，其形象逐渐被神化，被加封的称号越来越长。

从宋徽宗加封关羽为"忠惠公"开始，屡次加封，陆续有"崇宁真君""昭烈武安王"

品味巴蜀

和"义勇武安王"的称号；南宋孝宗加封"壮缪义勇武安英济王"；元文宗也对其敬爱有加，加晋封号"显灵义勇武安英济王"；明武宗赐"忠武庙"，配享祭祀；明神宗万历十年（1582年）封"协天大帝"，后累封，到万历四十二年（1614年）加封为"三界伏魔大帝神威远镇天尊关圣帝君"；清顺治帝封其为"忠义神武关圣大帝"，后雍正、乾隆、嘉庆均有册封，到咸丰时已是"忠义神武灵佑仁勇显威护国保民精诚绥靖关圣大帝"，到了光绪五年（1879年），封为"忠义神武灵佑仁勇显威护国保民精诚绥靖翊赞宣德关圣帝君"，已长达26字。

图 3-13　武侯祠"义薄云天"牌匾

　　三国不缺名将，更不缺勇将，如张飞、赵云、马超、吕布、许褚、张郃等将领都是大名鼎鼎，为什么却独有关羽能成王成圣？最重要的原因就是关羽最明显的形象标签——"义"。面对"表封羽为汉寿亭侯"、拜为偏将军、"重加赏赐"这样诱人的封赏，"羽尽封其所赐，拜书告辞，而奔先主于袁军"，这份忠诚大义，足可大书特书。

　　《礼记·中庸》谓："义者，宜也。"韩愈也说："行而宜之之谓义。"忠是儒家教化的官方标准，义则是汉民族形成后的民间准则和道德观念。上文罗列的历代封号中，"忠义"是其内容的重要表象，甚至可以概括"关公文化"的核心含义就是"义"，民族大义、兄弟情义、舍生取义、义无反顾、义不容辞、义薄云天等，都是这种"忠义"精神的体现。因而武侯祠关羽像前挂的就是"义薄云天"牌匾（图3-13），这是大众对关羽"忠义"文化的推崇和尊敬。关公之义成为中华传统优秀文化的价值符号而千古流传，影响了一代代为国家、为民族而舍生取义的仁人志士。

三、"大一统"思想

　　"大一统"，最早见于《春秋公羊传·隐公元年》。其中有"元年，春，王正月"。《公羊传》阐释：

　　元年者何？君之始年也。春者何？岁之始也。王者孰谓？谓文王也。曷为先言王而后言正月？王正月也。何言乎王正月？大一统也。

　　所谓大，就是尊重、重视。所谓一统，即万物之本皆归于一。本指诸侯、天下皆统一于周天子，后世经典解释也借指普天之下在政治、文化等各方面的同化一致，全国实现"六合同风，九州共贯"的"混一"格局。

《诗经·小雅·北山》："溥天之下，莫非王土；率土之滨，莫非王臣"，就是"大一统"思想的最好写照。汉初七国之乱平定后，中央政权为了巩固自己的统治地位，急需大一统的思想来维护国家政权统一和思想文化统一。于是董仲舒上书汉武帝《天人三策》，构建起天上神权和人间王权的感应模式，加上"罢黜百家，独尊儒术"，让儒家经典成为天下士人必须学习的典籍，让儒家文化成为天下人共同遵守的道德规范。

《三国演义》更是开篇就来，"话说天下大势，分久必合，合久必分"，也是"大一统"思想深入人心的最好明证。蜀汉政权虽困于西南一隅，但君臣却一直坚守"兴复汉室"的终极目标，特别是诸葛亮的后半生，明知蜀汉国弱，却依然为北伐曹魏统一中原鞠躬尽瘁，终其一生。另外，三国蜀汉的"大一统"还体现在平定南中、开发西南，为后来晋唐统一西南奠定了坚实的基础。

品味巴蜀

（一）七擒孟获，获得西南少数民族拥护

南中，大致在云贵高原一带，是众多少数民族聚居地，且山水纵横、交通不便，自汉武帝时勉强纳入中原王朝统治。随着两汉时期的人口迁徙，迁移过来的汉族人也为数不少，于是在南中地区，形成了汉族与少数族群杂居杂治的复杂格局。经过几百年的相互吸收融合，当地少数民族也吸收了许多汉人的思想与文化。因为远离中原，远离中央政府，所以南中地区的汉族大户和少数民族首领都对蜀汉政权并不是很顺服，一直叛乱不断。

平定南中叛乱，《三国演义》中精彩描述了诸葛亮对孟获的"七擒七纵"，使其最后归顺蜀汉政权。《三国志》并无此内容，在裴注《三国志》中引《汉晋春秋》记载，孟获并不是叛军首领，而是被"夷、汉所服"的将领。诸葛亮采用攻心策略，用兵败之，生擒再赦，再败之，来回七次，终获得孟获认可。可见蜀汉对南中的平叛最直接的影响就是让西南少数民族的认同和归附，使之慢慢融入蜀汉文化之中。

（二）设置云南郡，促进西南"大一统"

云南，古时称"滇"。云南作为地名，最早见于汉武帝时期设置的云南县。《三国志》中明确诸葛亮"南征四郡，四郡皆平。改益州郡为建宁郡，分建宁、永昌郡为云南郡，又分建宁、牂牁为兴古郡"，将云南单设一郡，目的是通过较多的行政区域划分，分散当地少数民族的势力，以便中央政府管辖，从政治上形成西南地区"大一统"归属感。

"云南"作为郡名和大地区名始于三国蜀汉，不仅加强了西南地区和中原政权之间的联系，也使其区位内涵大大加强，延伸至更广阔的范围。直到元朝忽必烈率兵统一大理，建立云南行省，全称"云南行中书"，"云南"二字才成为更大的省域代称。

同时，蜀汉迁南中地区劲卒青羌万余家于成都附近，划为五部，所向无前，号为飞军，并将飞军杂在蜀汉军中，利用袍泽之义让少数民族军人慢慢融入汉军，形成共同的民族家国

认同感，让西南地区少数民族从思想上形成"大一统"归属感。

再次，蜀汉非常重视南中地区的开发，兴修水利"诸葛渠"，兴山地农业，引进冶铁技术和先进的生产技术，加速了当地的生产，在经济上形成"大一统"归属感。

小结

中华文明上下五千年，源远流长，文化璀璨，三国历史虽短，却在中华历史中镌刻出一道道无法抹去的文化印记，故有"唐三千，宋八百，说不尽的三列国"这样的民间说法。

三国既是一个历史命题，也是一个文化命题，那些经典的历史故事和丰满的人物形象都蕴含着丰富的儒家文化思想，同时也体现着我们中华民族最核心的价值观和丰富的精神文化遗产。这些文化遗产是中华文明形成的根源之一，也是我们中华民族奉献给世界文化的瑰宝。作为华夏子孙，我们应当一起传承和发扬优秀的中华传统文化。

学以致用（课后作业）

1. 撰写一篇有关三国文化在中国历史上地位和影响的文章。
2. 制作一个三国蜀汉人物形象的展板。
3. 撰写一篇关于三国蜀汉文化的主题演讲稿。

模块四　巴蜀文学

学习目标：

知识目标——了解巴蜀地区各时期文学发展的基本情况。

能力目标——知晓巴蜀文学的著名文学家代表及其作品；加深对巴蜀文学悠久传统和主要特点的认知，提升审美能力。

素质目标——从巴蜀文学中提取文化元素，结合专业技能，活化巴蜀文化，助力巴蜀文化的传承发展；提高民族自豪感，增强文化自信，自觉弘扬中华优秀传统文化。

文化聚焦：巴蜀文学 诗仙 诗圣 三苏 巴金 李劼人 阿来

建议学时：4

巴蜀讲堂 ■

巴蜀文化是中华文明的重要组成部分，具有重要的历史地位。而源远流长的巴蜀文学作为巴蜀文化的丰富载体，是千百年来传播巴蜀文化的重要媒介，其在中国文学史上同样具有无可替代的重要地位。

本模块主要讲解巴蜀文学的发展脉络、著名文学家及其作品、巴蜀人文景观等。引导学习者在巴蜀文学代表人物的生平故事中感悟历史变迁，在经典作品中品读中文意蕴，以文学作品为载体，以文化景观为情境，畅快游历巴蜀大地，感悟巴蜀文化魅力。

任务一　仰望先秦双璧

先秦巴蜀文学发展概况

历史上将旧石器时代至公元前221年，即秦朝建立之前的历史阶段，称作先秦时期。先秦时期是中国古代文学的起源时期，古老的神话传说和原始歌谣，都在这一阶段逐渐孕育、生发。

先秦时期，古代文学呈现出蓬勃发展之势，被后世广为传诵的《诗经》《楚辞》，便产生于这一时期。《诗经》《楚辞》以其高妙的文学造诣，被称为中国先秦诗歌的双璧，成为中国古代文学光耀后世的两座高峰。《诗经》中有一些篇目所涉及的民歌民谣就与巴蜀之地相关，可以说先秦时期是巴蜀文学发展的奠基期。

任务二　品读汉赋文韵

一、秦代巴蜀文学发展概况

公元前221年，秦王嬴政先后灭韩、赵、魏、楚、燕、齐六国，完成了统一大业，建立了中国历史上第一个统一的封建王朝——秦朝。

早在秦朝建立的前95年，即公元前316年，秦惠文王灭掉了蜀国和巴国，逐步将巴蜀之地归入秦版图。而后，秦人开始迁徙中原士人进入巴蜀之地，巴蜀历史正式开始融入中原文化发展进程。秦朝建立之后，施行文化专制政策，极大地制约了文化的发展。巴蜀文学的发展也同样遭到了遏制，未取得显著成就。

二、汉代巴蜀文学发展概况

历经楚汉争霸，公元前202年，刘邦战胜项羽称帝，建立汉朝，定都长安，史称西汉。汉王朝是继秦朝之后的又一大一统王朝。西汉统治者总结了历史发展的前车之鉴，施行了一系列对后世产生积极影响的治理策略。在文化治理方面，相对于秦朝的文化专制政策而言，汉朝推行了更有利于文化发展的治理模式，巴蜀文学也迎来了崭新的发展机遇。

汉景帝末年，文翁（前187—前110年，名党，字仲翁）为蜀郡太守。历史记载，文翁不仅是一位饱含仁爱之心的儒士，更是一位政绩卓著的官员。

班固在《汉书》中记载："（文翁）见蜀地僻陋，有蛮夷风。"这段史料反映的是文翁来到蜀地之后，看见蜀地当时民风野蛮落后，深感忧虑，于是就决定在蜀地大兴教育，以引导和教化蜀中百姓。

文翁开办了蜀郡第一所官办学校。《汉书》对此记载："又修起学官（学官，学之官舍也）于成都市中。"《华阳国志·蜀志》中也有记载："始，文翁立文学精舍、讲堂，作石室。"文翁在成都南门修起学官，招收子弟入学，大兴教育教化之风。文翁办学的影响，一直惠及后世。文翁石室开办后的第17年，汉武帝决定效仿文翁成功办学的经验，下令天下郡国皆开办学官，这样的办学体制正是始于文翁。此外，文翁精心挑选了蜀中青年才俊，将其委派到长安学习儒家之术，学成归蜀，教授生徒。《汉书》对此记载："文翁欲诱进之，乃选郡县小吏开敏有材者张叔等十余人亲自饬厉，遣诣京师，受业博士，或学律令。……数岁，蜀生皆成就还归，文翁以为右职，用次察举，官有至郡守刺史者。"

文翁为蜀地带来的深远影响，历经时间的洗礼，经久不衰。正所谓"至今巴蜀好文雅，文翁之化也。"蜀地之人爱好文雅，就是得益于2000多年前文翁在蜀地施行教育教化。

人文景观——文翁石室

文翁石室，现位于成都市文庙前街93号，是连续办学2000多年未有中断、未曾迁址的学校，是中国第一所由地方政府开办的学校（图4-1）。千百年来，文翁石室培养了一大批杰出的人才，如扬雄、陈寿、李密、郭沫若、李劼人、何其芳、钟山、沙国河、陈懋章、李荫远等。

图 4-1 成都石室中学

品味巴蜀

三、著名文学家

课堂讨论	**课堂"猜盲盒"**：邀请学生根据教师给出的描述性提示，推测出盲盒内对应的巴蜀文学名人或文学作品。 **盲盒题面**：一曲凤求凰，千载文君酒。

（一）司马相如

司马相如（约前179—前118年），字长卿，一说蜀郡成都（今四川成都）人，一说巴郡安汉（今四川蓬安）人。为汉赋创作成就最高的作家，后人称之为"赋圣""辞宗"。其作品结构宏大，辞藻富丽，代表作有《子虚赋》《上林赋》。

司马相如年少时，好读书，喜击剑，曾在汉景帝当政时，担任武骑常侍的官职。可惜汉景帝不好辞赋，司马相如未得志。后来，梁孝王带领游说之士齐人邹阳、淮阴枚乘、吴庄忌夫子等人来朝，司马相如与之一见如故。于是称病，辞去官职，客游于梁，成为梁园文学群体中的一员。其代表作《子虚赋》便创作于梁国游历期间。

至梁孝王卒，司马相如无奈回到蜀地。家中甚贫，上无父母，也无兄弟妻室，处境甚是不佳。此后，司马相如前往临邛，投奔故旧临邛令王吉。来到临邛之后，司马相如与卓文君相遇相识，开启了一段爱情佳话。

《史记·司马相如列传》记载："及饮卓氏，弄琴，文君窃从户窥之，心悦而好之，恐不得当也。"邛崃富人卓王孙在家里置办酒席，宴请四方宾客。司马相如与王吉一同赴宴。酒宴期间，司马相如拨弄古琴，琴声悠扬婉转。卓王孙之女卓文君从窗户里悄悄窥视抚琴的司马相如，为琴声所动，钟情于相如。后来，卓文君乘机逃出家门，私会相如，二人连夜赶回了成都。到了成都之后，卓文君得知司马相如家徒四壁。

面对一贫如洗的生活窘境，卓文君百感交集，于是与司马相如商量尽快另谋生路。《史记·司马相如列传》记载："文君久之不乐，曰：'长卿第俱如临邛，从昆弟假贷犹足为生，何至自苦如此！'"卓文君提议，让司马相如与自己一道再回临邛，向卓氏一族的兄弟们借贷，便能维持生计，改变眼前的清苦境况。司马相如经过思考后，采纳了文君的建议。

"相如与俱之临邛，尽卖其车骑，买一酒舍酤酒，而令文君当炉。相如身自著犊鼻裈，与保庸杂作，涤器于市中。"回到临邛之后，司马相如变卖了车马，筹措资金买下一酒家。卓文君立于酒肆卖酒，司马相如则和佣人、酒保们一起洗涤酒器。这便是千古爱情佳话——"文君当炉"典故的由来。

汉武帝即位之后，广征天下贤良，在其周围形成了一个蔚为大观的文学群体。一次偶然的机会，司马相如早期游梁时所作《子虚赋》被汉武帝阅读到，汉武帝大为吃惊。正如《史记·司马相如列传》所记载："上读《子虚赋》而善之，曰：'朕独不得与此人同时哉！'得意曰：'臣邑人司马相如自言为此赋。'上惊，乃召问相如。"汉武帝感叹说："朕唯独不能与此人同在一时期。"于是，杨得意趁机引荐了司马相如。司马相如呈报汉武帝，《子虚赋》只是描绘了诸侯之事，不足观，他请求为汉武帝作天子游猎赋，于是写作了《上林赋》。武帝大悦，以相如为郎。

后来官吏唐蒙"行取夜郎、僰中"等地，滥用民力，百姓甚恐。汉武帝派遣司马相如前往蜀地，安抚百姓，平息事态。不久后，又赐司马相如中郎将的官职，建节往通西南少数民族诸部，西南诸部皆向中央王朝称臣。而司马相如却因被劾受贿，被罢免官职。"居岁余，复召为郎。"后来又官拜孝文园令。当时，他见汉武帝好神仙，于是写了《大人赋》。晚年因病免官，住在茂陵。

司马相如是汉赋创作成就最高的作家。《汉书·艺文志》著录司马相如赋29篇，今存5篇。

《子虚赋》《上林赋》是司马相如的代表作，也是汉赋中最优秀、影响最深远、具有典范意义的作品。作品虚构了子虚、乌有先生和亡是公三人互为问答，结撰成篇。《子虚赋》写楚国子虚先生出使齐国，齐王悉发境内车骑，与使者出猎。田猎完毕，子虚访问乌有先生，极力铺排楚国之广大、丰饶。乌有先生听过之后，深感不服，以齐国之大海名山、异方殊类，傲视子虚。《上林赋》紧承乌有先生的言论，亡是公对子虚、乌有进行了批评，指出"徒事争于游戏之乐，苑囿之大，欲以奢侈相胜，荒淫相越，此不可以扬名发誉，而适足以贬君自损也"。随后笔锋一转，极力描绘天子上林苑之巨丽。子虚、乌有先生、亡是公三人极具夸张的对话，层层递进，逐步攀升。最后以子虚、乌有先生俯首受教、态度转变，强化了对诸侯奢侈无度、僭越礼法行为的讽刺，以及对大一统观念的弘扬。

品味巴蜀

人文景观——琴台故径

琴台故径，现位于成都市通惠门路，全长900米，以汉唐仿古建筑群为依托，以司马相如和卓文君的爱情故事为主线，展示汉代礼仪、舞乐、宴饮等风土人情（图4-2）。

图 4-2 琴台故径

课堂讨论	课堂"猜盲盒"：学生根据教师给出的描述性提示，推测出盲盒内对应的巴蜀文学名人或文学作品。 "盲盒"题面：南阳诸葛庐，西蜀子云亭。孔子云：何陋之有？

（二）扬雄

扬雄（前53—18年），字子云，蜀郡成都（今四川成都）人，西汉辞赋家、文学家、思想家。扬雄，少年好学，博览群书，长于辞赋。虽口吃，却以文章名世。《长杨赋》《甘泉赋》《羽猎赋》《河东赋》是扬雄的代表作品，史称"四赋"。扬雄的作品用词、构思华丽壮阔，后世有"扬马"之称（"马"即司马相如）。他是继司马相如之后，对汉赋发展产生深远影响的又一汉赋大家。后世称扬雄为"西汉大儒"，对后来的刘勰、韩愈等人产生了极大的影响。

此外，扬雄还仿照语录体代表散文集《论语》，作了《法言》。仿《易经》作了《太玄》，提出了以玄作为宇宙万物根源的学说，强调如实地认识自然现象的必要。在社会伦理方面，扬雄批判老庄的"绝仁弃义"的观点，重视儒家学说。在语言学方面，作了《方言》，收集整理了西汉时期各地方言，为后世研究古代汉语提供了重要资料。

在《法言·学行》中，扬雄写道："朋而不心，面朋也；友而不心，面友也。""朋"即朋群（群体）。"心"为动词，意为交心。"面"即表面。意思是群体之间，如果不能彼此交心，就只是一个表面群体。同理，如果人与人之间的交往，不能真诚以待，就只能是泛泛之交的表面朋友。这则名言警示了人们需要建立正确的交友观。

（三）王褒

　　王褒（前90—前51年），字子渊，蜀郡资中（今四川资阳）人，西汉时期辞赋家，与扬雄并称"渊云"。

　　王褒代表作是《洞箫赋》，这是汉代独立成篇的乐器赋的奠基之作。《洞箫赋》从描写做箫的原材料——"竹"着笔，讲述了竹子生命能量积蓄历经艰辛的过程。又写了箫的制作过程和箫的吹奏者，接着描写箫声的万千变化及艺术感染力，最后再写箫声的余音绕梁。《洞箫赋》以铺陈为主要手法，集中对竹的生长环境和箫声的功能效应进行铺陈，全赋体现了当时"以悲为美"的风尚。

任务三　鉴赏唐诗宋词

一、唐代巴蜀文学发展概况

　　隋唐时期，成都是全国最繁华的大城市之一，有着"扬（扬州）一益（成都）二"的美誉。唐代时四川的经济极为繁荣，在安史之乱发生期间，唐玄宗李隆基率领臣工从剑门关入蜀避难。蜀地，在历史动荡中扮演了大后方的重要角色。由于这一时期经济的繁荣发展，巴蜀文学也出现了一个发展高潮。无论是出生于蜀地，还是成名于蜀地，众多文豪在这一时期名垂青史。

二、著名文学家

课堂讨论

课堂"猜盲盒"：学生根据教师给出的描述性提示，推测出盲盒内对应的巴蜀文学名人或文学作品。

"盲盒"题面：仰天大笑出门去，我辈岂是蓬蒿人。

品味巴蜀

（一）李白

李白（701—762年），字太白，号青莲居士，又号谪仙人，祖籍陇西成纪（今甘肃秦安），被后人誉为"诗仙"，与杜甫并称为"李杜"，著有《李太白集》传世，代表作有《望庐山瀑布》《行路难》《将进酒》《月下独酌》等。作为盛唐文学的代表，李白因周游神州的丰富经历和杂糅儒释道的独特思想，造就了一座唐代文学的标志性丰碑。

李白的家世和出生地至今仍是一个未解之谜。大约在他五岁时，随家从碎叶迁居至绵州昌隆县（今四川江油）。李白早期应该受过良好的教育，正如他在《上安州裴长史书》中所言："五岁诵六甲，十岁观百家。"少年时代，李白畅快游历于蜀地，无论是美丽的蜀山蜀水，还是青城山的神仙道教信仰，抑或是蜀地的任侠之风，都对李白产生了深远的影响。李白初离蜀地时，曾写下传世名作《峨眉山月歌》。

峨眉山月歌

峨眉山月半轮秋，影入平羌江水流。

夜发清溪向三峡，思君不见下渝州。

诗歌在明朗清新的诗境中，展现了峨眉山自然天成的美景。一轮半圆的秋月，掩映在峨眉山的巍峨之中。月影在清澈的青衣江水面幻化成倒影。诗人乘着月光，坐船驶蜀中。心中似有挂牵的故友，无奈难以相见，只能带着依依不舍的心情顺江去向渝州。

《蜀道难》是李白浪漫主义诗风的代表作品，其以咏叹调式的结构和真挚强烈的感情再现了入蜀之难。

蜀道难

噫吁嚱，危乎高哉！蜀道之难，难于上青天！蚕丛及鱼凫，开国何茫然！尔来四万八千岁，不与秦塞通人烟。西当太白有鸟道，可以横绝峨眉巅。地崩山摧壮士死，然后天梯石栈相钩连。上有六龙回日之高标，下有冲波逆折之回川。黄鹤之飞尚不得过，猿猱欲度愁攀援。青泥何盘盘，百步九折萦岩峦。扪参历井仰胁息，以手抚膺坐长叹。问君西游何时还？畏途巉岩不可攀。但见悲鸟号古木，雄飞雌从绕林间。又闻子规啼夜月，愁空山。蜀道之难，难于上青天，使人听此凋朱颜！连峰去天不盈尺，枯松倒挂倚绝壁。飞湍瀑流争喧豗，砯崖转石万壑雷。其险也如此，嗟尔远道之人胡为乎来哉！剑阁峥嵘而崔嵬，一夫当关，万夫莫开。所守或匪亲，化为狼与豺。朝避猛虎，夕避长蛇，磨牙吮血，杀人如麻。锦城虽云乐，不如早还家。蜀道之难，难于上青天，侧身西望长咨嗟！

"蜀道之难，难于上青天"在全诗中出现了三次，不仅诠释了原始蜀道的艰险，更成为笼罩全篇的感情基调，被后世广为流传。

李白还创作了许多与蜀地有关的作品。现在成都博物馆二楼的先秦厅在门厅处展示了李白的诗歌名句"九天开出一成都。"这句"九天开出一成都"正是出自李白在天宝年间创作的诗歌组诗《上皇西巡南京歌十首》。

上皇西巡南京歌十首·其二

九天开出一成都，万户千门入画图。

草树云山如锦绣，秦川得及此间无。

历史上，安史之乱是李唐王朝由盛转衰的重大转折点。天宝十五年（756年）六月，安禄山带兵攻破潼关，唐玄宗李隆基向西南避险，是谓"西巡"。同年七月，太子李亨在灵武即位，是为唐肃宗，改年号"至德"，遥尊唐玄宗为太上皇。至德二年（757年）十二月末，韦见素迎唐玄宗还长安。后以蜀都（成都）为南京，凤翔为西京，西京（长安）为中京。本诗歌题目中的"南京"即指成都。这首诗歌对成都进行了夸赞式的描写，认为锦绣天府为九天所开。"万户千门"则描绘了当时的成都人口众多、商业发达的繁茂之景，仿佛如图画一般美丽。此外，成都山清水秀、繁花似锦的自然风光，在诗仙李白看来，也比当时都城长安还要好出几许。

李白在二十五岁离开蜀地，开始漫游，足迹遍及半个中国。写下《金陵城西楼月下吟》《渡荆门送别》《襄阳歌》等作品。四十二岁奉诏入京供奉翰林，不到两年便被赐金放还，再度

人文景观——李白故里

李白故里，现位于四川省绵阳江油市青莲镇（图4-4）。

图 4-4 李白故里

开始漫游生活，创作了《行路难》《独坐敬亭山》等佳作。安史之乱中，李白隐居庐山屏风叠，后应邀入永王李璘幕府。李璘事败后，受累被判长流夜郎，后行至巫山遇赦。六十一岁仍往前线请缨杀敌，中途因病折回，次年卒于当涂（今安徽省当涂县）。

课堂讨论

课堂"猜盲盒"：学生根据教师给出的描述性提示，推测出盲盒内对应的巴蜀文学名人或文学作品。

"盲盒"题面：草堂留后世，诗圣著千秋。

（二）杜甫

杜甫（712—770年），字子美，出生于河南巩县，原籍湖北襄阳。唐代伟大的现实主义诗人，被后人誉为"诗圣"，与李白合称"李杜"，其代表作有《登高》《春望》《三吏》《三别》。

杜甫青少年时代正逢开元盛世，满怀忠君报国的思想，对自我才学、仕途前景都充满了无限信心。二十岁时，杜甫开始了十余年的"壮游"生活，足迹南至会稽、剡溪，北至齐赵，在这一时期与李白、高适结识。三十五岁时，杜甫来到长安，直到天宝十四年（755年），才得到一个右卫率府兵曹参军的低级官职。安史之乱初期，杜甫曾被叛军俘虏了八个多月。后来，被唐肃宗任命为左拾遗，但不久就因直言进谏而被贬斥。四十八岁后，杜甫及全家一直漂泊在西南地区，除在严武幕下出任过半年的检校工部员外郎外，基本未任官职。

杜甫在成都生活了四年，留下了诸多传世之作，如《茅屋为秋风所破歌》《春夜喜雨》《蜀相》《狂夫》等。

761年，安史之乱发生的第五年，杜甫刚定居于成都浣花溪畔，一夜，风雨大作，袭击了草堂的茅屋，杜甫作《茅屋为秋风所破歌》，借此表达蜀中生活的艰难。同时，诗歌也反映了作者推己及人的胸襟，以及将个人际遇与社会命运联系在一起，体现出忧国忧民的志士情怀。

茅屋为秋风所破歌

八月秋高风怒号，卷我屋上三重茅。茅飞渡江洒江郊，高者挂罥长林梢，下者飘转沉塘坳。南村群童欺我老无力，忍能对面为盗贼，公然抱茅入竹去。唇焦口燥呼不得，归来倚杖自叹息。俄顷风定云墨色，秋天漠漠向昏黑。布衾多年冷似铁，娇儿恶卧踏里裂。床头屋漏无干处，雨脚如麻未断绝。自经丧乱少睡眠，长夜沾湿何由彻！安得广厦千万间，大庇天下寒士俱欢颜，风雨不动安如山。呜呼！何时眼前突兀见此屋，吾庐独破受冻死亦足！

杜甫对于一代贤相诸葛亮无比崇敬。在成都生活期间，多次寻访诸葛亮的遗迹，其传世名篇《蜀相》，正是表达了杜甫对诸葛亮才智品德的崇敬和功业未遂的感慨。

蜀相

丞相祠堂何处寻，锦官城外柏森森。

映阶碧草自春色，隔叶黄鹂空好音。

三顾频烦天下计，两朝开济老臣心。

出师未捷身先死，长使英雄泪满襟。

杜甫寻寻觅觅，终在成都市南门找到了武侯祠。武侯祠门前，诗人看到一棵相传为诸葛亮手植的葱郁柏树。后两句写景，有些许寂寥之意。碧绿的青草照映在台阶上，自成春色；树枝上的黄鹂鸟隔空对唱，歌声悠扬。回首历史，诗人想起当年刘备为统一天下，三次造访草庐，邀诸葛亮出山。诸葛亮辅佐了两代君主，忠心耿耿，鞠躬尽瘁。无奈出师伐魏还没有取得最后的胜利，诸葛亮就与世长辞。每每感慨这段历史，后代英雄都泪湿衣襟。

杜甫客居成都时，还创作了一首风格独特的七言律诗《狂夫》。

狂夫

万里桥西一草堂，百花潭水即沧浪。

风含翠筱娟娟净，雨裛红蕖冉冉香。

厚禄故人书断绝，恒饥稚子色凄凉。

欲填沟壑唯疏放，自笑狂夫老更狂。

诗人从居住的地理位置着笔，介绍了自己的草堂位于万里桥的西面。与自己相伴的百花潭水，在诗人心中就好比清澈明净的沧浪之水。微风轻扫着秀美的翠竹，细雨滋润着充盈暗香的荷花。自言在流寓蜀中期间，做了大官的朋友们都与自己断绝了书信往来，长久饥肠辘辘的小儿子，面露凄凉之色，其是心疼不已。最后两句，诗人完美地诠释了"狂夫"的形象：如果因穷困潦倒而死，就把自己的骨头扔于沟壑。此时无官无钱，只剩狂放，于是大笑，当

人文景观——杜甫草堂

　　杜甫草堂是杜甫流寓成都时的故居，现位于四川省成都市青羊区青华路38号。杜甫先后在此居住近四年，创作诗歌240余首（图4-5）。

图 4-5　杜甫草堂

年的狂夫到老时更加狂放。杜甫曾写过不少描摹自然风光的佳作，也写过不少抒写潦倒穷愁中开愁遣闷的名篇。《狂夫》一诗的独特之处就在于，它将两种看似无法调和的情景成功地调和起来，风景的优美，积贫的潦倒，都在"狂夫"的形象中化作了一个完整的意境。"狂"作为杜甫诗歌创作的心理动力，也是杜甫性格的一个重要组成部分，贯穿他的一生。

图 4-6 万里桥

人文景观——万里桥

万里桥即今成都老南门大桥（图4-6）。三国时，诸葛亮曾在此设宴送费祎出使东吴，费祎叹曰："万里之行，始于此桥。"

图 4-7 浣花溪

人文景观——浣花溪

浣花溪是指从杜甫草堂至万里桥的这一段溪流，据宋《方舆胜览》记载："浣花溪在城西五里，一名百花潭。"后世苏轼、黄庭坚、陆游等人均到访过此处。如今杜甫草堂、浣花溪公园、百花潭公园连成一片，共同构成了浣花溪美景（图4-7）。

（三）薛涛

薛涛（约768—832年），字洪度，陕西长安人，与卓文君、花蕊夫人、黄娥并称蜀中四大才女。

薛涛一生创作了五百余首诗歌，但流传下来的并不多，只有明代人辑录她的诗歌集《薛涛诗》，共89首作品。

薛涛在造纸艺术方面的贡献大过于在文学方面的成就。当时，成都浣花之人多业造纸，但尺幅较大，不便写作小诗。于是，薛涛采木芙蓉皮作原料，加入芙蓉花汁，制成深红色精美的小彩笺，这便是后世流传的薛涛笺。

人文景观——薛涛井

薛涛井，现位于成都市望江楼公园内（图4-8）。井水清澈甘甜，是纪念薛涛的主要文物遗迹之一。据史料记载，明蜀藩王每年三月初三取此水制薛涛笺二十四幅，精选十六幅贡纳朝廷，余下自存，由此可见薛涛笺非常珍贵。

图 4-8 薛涛井

模块四 巴蜀文学

课堂讨论

课堂"猜盲盒"： 邀请学生根据教师给出的描述性提示，推测出盲盒内对应的巴蜀文学名人或文学作品。

"盲盒"题面： 前不见古人，后不见来者。

（四）陈子昂

陈子昂（约659—700年），字伯玉，梓州射洪（今四川遂宁射洪）人。唐代文学家、诗人，初唐诗文革新人物之一，有《陈子昂集》十卷。

陈子昂出身于富豪之家，早年有慕侠之心，怀济世之志，上《大周受命颂》及论政文字，为武则天所赏识，授麟台正字。后随乔知之出征西北，迁右拾遗。因直言进谏而入狱。出狱后又随建安王武攸宜征契丹，再因进谏而降职。武后圣历元年（698年），以父老辞官隐居。长安二年（702年），武三思指使射洪县令段简将陈子昂害死于狱中。

陈子昂的诗作内容深厚，风格刚健蕴藉，语言朴实。其代表作《登幽州台歌》后世广为流传，诗歌强烈地抒发了怀才不遇的感伤。

登幽州台歌

前不见古人，后不见来者。

念天地之悠悠，独怆然而涕下。

诗人登临蓟北楼，极目远望，将自己不遇知己的无奈，脱口而出。"前不见古人"一句中的"古人"即指前贤，如燕昭王、乐毅等人，抒发生不逢时的感慨。

三、宋代巴蜀文学发展概况

宋代是四川历史上文化事业最为兴盛和繁荣的时期，史称"人文之盛，莫盛于蜀。"有宋一代，推崇"文治"，上至宫廷，下至民间，都呈现出了浓郁的文雅之风。若论宋代巴蜀文学的杰出代表，首推"三苏"，即北宋散文家苏洵、其子苏轼、苏辙，"三苏"皆入列唐宋八大家。

四、著名文学家

品味巴蜀

课堂讨论	课堂"猜盲盒"：邀请学生根据教师给出的描述性提示，推测出盲盒内对应的巴蜀文学名人或文学作品。 "盲盒"题面：眉山生三苏，草木尽皆枯。

（一）苏洵

苏洵（1009—1066年），字明允，号老泉，眉州眉山（今四川省眉山市）人。北宋文学家，与其子苏轼、苏辙并称"三苏"，以文学著称于世。

嘉祐元年（1056年），苏洵携二子苏轼、苏辙重游京师，拜见欧阳修，献所为文，受到赞赏。嘉祐五年（1060年）任秘书省校书郎，六年（1061年）任霸州文安县主簿，留京参与编纂《太常因革礼》，书成而卒。

作为父亲，苏洵对二子的成长深表关切。在《名二子说》中，苏洵通过解读二子的字，解析了两个孩子的性格特征，并精准预言了二子的人生命运。

"轮辐盖轸，皆有职乎车，而轼独若无所为者。虽然，去轼则吾未见其为完车也。轼乎，吾惧汝之不外饰也。"提到苏轼的字"轼"时，苏洵说"吾惧汝之不外饰也"，鉴于苏轼从小表现出的天赋异禀，作为父亲既骄傲又担心，很担心苏轼不会掩饰锋芒，无法做到光而不耀。"天下之车，莫不由辙，而言车之功者，辙不与焉。虽然，车仆马毙，而患亦不及辙，是辙者，善处乎祸福之间也。辙乎，吾知免矣。"提到苏辙的字"辙"时，苏洵说"是辙者，善处乎祸福之间也。"由此可见，苏辙在性格上比苏轼更稳重，更淡泊，所以父亲更为放心一些。纵观苏轼、苏辙两兄弟的一生，正是因为弟弟的稳重，才能一路相伴哥哥，成为苏轼的好兄弟、好同僚、好朋友。于是才会让苏轼在遭遇乌台诗案，生死未卜时，写下"与君世世为兄弟，更结来生未了因"（《狱中寄子由》）的人生心愿。

（二）苏轼

苏轼（1037—1101年），字子瞻、和仲，号铁冠道人、东坡居士，眉州眉山（今四川省眉山市）人。北宋著名文学家、书法家、画家，"诗、词、文、书、画"五绝，被称为"全才式的艺术巨匠"。

苏轼历经宋仁宗、宋英宗、宋神宗、宋哲宗、宋徽宗五朝。在神宗当政期间，遭遇了多次风波。其中，"乌台诗案"是苏轼人生中的重大转折点。1079年，御史诬告苏轼的诗作有不臣之心，讥讽朝廷。神宗皇帝下令押解苏轼进京受审。正在湖州任上的苏轼突然被捕，在御史台（即乌台，因为院内有很多乌鸦在柏树上栖息，故又称"乌台"）关押了103天。因有众多人为苏轼求情，苏轼最终保留下了性命，虽死罪已免，但活罪难逃。"乌台诗案"之后，苏轼被贬官黄州，当时北宋地图上名不见经传的偏远黄州，成为苏轼人生的转折地。

苏轼在黄州度过了人生第一次被贬官的落寞、无奈、清寒。但也正是在这里，苏轼完成了人生的转变，迎来了自己的文学和艺术创作的高峰。在这里，苏轼创作了《前赤壁赋》《后赤壁赋》《念奴娇·赤壁怀古》《定风波》等传世佳作。同时，在艺术上，《黄州寒食诗帖》也成就了苏轼在书法艺术上的卓越地位（图4-9），被称为《兰亭集序》（王羲之）、《祭侄文稿》（颜真卿）之后的天下第三行书。

图 4-9　苏轼《黄州寒食诗帖》

苏轼的代表作《水调歌头》，被誉为中秋第一词。

水调歌头

丙辰中秋，欢饮达旦，大醉，作此篇，兼怀子由。

明月几时有？把酒问青天。不知天上宫阙，今夕是何年？我欲乘风归去，又恐琼楼玉宇，高处不胜寒。起舞弄清影，何似在人间？转朱阁，低绮户，照无眠。不应有恨，何事长向别时圆？人有悲欢离合，月有阴晴圆缺，此事古难全。但愿人长久，千里共婵娟。

熙宁九年（1076年），苏轼在山东密州，登临超然台饮酒赏月时，想到了五年未见的胞弟苏辙，思念之情对月而生。于是，苏轼写下了这首构想奇特的作品。在表达对弟弟的思念之情的同时，苏轼也联想到自己和弟弟宦海沉浮的人生际遇。此篇将写景、抒情、说理巧妙地融会贯通，让词作更加意味深长。

《临江仙·送王缄》是苏轼怀念家乡的一首词作。写作此词时，苏轼正在杭州担任通判，因妻弟王缄到钱塘看望自己，勾起了词人对亡妻和故乡的深切思念。

临江仙·送王缄

忘却成都来十载，因君未免思量。凭将清泪洒江阳。故山知好在，孤客自悲凉。

坐上别愁君未见，归来欲断无肠。殷勤且更尽离觞。此身如传舍，何处是吾乡。

苏轼自言，忘记成都大概已经有十来年了，因为妻弟王缄的到来，又勾起了词人的思念愁肠。对故乡的怀念无以寄托，今日送别，请将我的伤心之泪带回家乡，洒向江头一吊。自知家乡有多好，可身在异乡又无可奈何。人们都未能看到自己的悲凉愁绪，因为衷肠已断。今日的离歌宴上，只想与大家把酒言欢，尽兴而归。自己身体的躯壳就好像传舍一样辗转流离，究竟哪里才是故乡呢？

苏轼一生漂泊，用脚度量了半个中国版图。但无论身在何方，苏轼总是用他乐观旷达的心，悦纳一切外界的不如意。正如他曾说"此心安处是吾乡"（《定风波·南海归赠王定国侍人寓娘》），心安之处便是故乡，漂泊四海又何妨。

（三）苏辙

苏辙（1039—1112年），字子由，眉州眉山（今四川省眉山市）人。北宋时期著名文学家，"唐宋八大家"之一。苏辙以散文著称，擅长政论和史论，与父亲苏洵、兄长苏轼齐名，并称"三苏"。嘉祐二年（1057年）中进士，时年十九岁。因反对新法而屡遭贬谪。历任翰林学士、尚书右丞、门下侍郎。晚年退居颍川（今河南省许昌市），自号颍滨遗老。为文长于策论，委曲明畅而又有气度。著有《栾城集》。《宋史》卷三百三十九有传。

任务四 采撷元明风采

一、元明清巴蜀文学概况

元明时期，巴蜀文学出现了衰微的迹象，真正在全国享有盛名的著名文人不多。到了清代，开始逐步复兴。在这一时期产生了一批享誉文坛的作家：吕大器、吕潜父子，李善济、李调元、张问陶等。

二、著名文学家——杨慎

杨慎（1488—1559年），字用修，号月溪、升庵等。四川新都（今四川省成都市新都区）人。明代文学家，明代三才子之首，东阁大学士杨廷和之子。现存诗2 300余首，"思乡""怀归"的作品占很大比重，代表作有《宿金沙江》等。

《明史》本传称"明世记诵之博，著作之富，推慎为第一"。杨慎的诗歌"浓丽婉至"，在明"前后七子"之外独树一帜，雄视一代，流风远及清人。《临江仙·滚滚长江东逝水》是杨慎的代表作之一。

临江仙·滚滚长江东逝水

滚滚长江东逝水，浪花淘尽英雄。是非成败转头空。青山依旧在，几度夕阳红。

白发渔樵江渚上，惯看秋月春风。一壶浊酒喜相逢。古今多少事，都付笑谈中。

词人开篇便置大开大合之景。滚滚长江向东流去，历史上多少英雄人物都如浪花般翻飞消逝。有些人终其一生争夺名利，最后到头来不过是一场空。留存于世，唯有寂寂青山，日升日落。在江边的白发隐士，早已看惯了岁月的流转变迁。与朋友难得见面，痛快畅饮。古往今来的多少事，都付诸谈笑之中。词作表现了词人对世俗价值的鄙夷和对超旷洒脱的向往。

人文景观——杨升庵祠

　　杨升庵祠（图4-10），现位于四川省成都市新都区，是明代著名学者和文学家杨慎的故居。

图4-10 杨升庵祠

任务五　遁迹近现代文萃

一、近现代巴蜀文学概况

四川作家群在中国近现代文学史上占据着无可代替的位置。可以说，如果没有四川作家的涌现，没有四川作家在中国现代文学中发挥的支柱性作用和他们辛勤劳作创造出的光辉成果，就没有今天这样一部完整的中国近现代文学史。

四川作家群在中国近现代文学创作中，突出成就主要体现在涉及领域广、创作数量多；创作出了足以代表那个文学时代水平的一批名著；在文学流派、文学样式、表现技巧上勇于创新，丰富了现代文学的艺术形式。

二、著名文学家

（一）巴金

巴金(1904—2005)，原名李尧棠，字芾甘，四川成都人。巴金从小生活在一个官僚地主家庭，目睹了种种丑恶的旧社会现象。"五四"运动使他打开眼界，树立起反对封建制度，追求新的社会理想的信念。

巴金1927年赴法国学习，1929年写成第一部长篇小说《灭亡》。巴金的主要作品包括小说爱情三部曲《雾》《雨》《电》；激流三部曲《家》《春》《秋》；抗战三部曲《火》；小说《寒夜》《憩园》；散文《随想录》等，译作有长篇小说《父与子》《处女地》等。

（二）李劼人

李劼人（1891—1962），原名李家祥，生于四川成都，祖籍湖北黄陂，中国现代具有世界影响的文学大师之一，也是中国现代重要的法国文学翻译家，知名社会活动家、实业家。

1912年发表处女作《游园会》，1919年赴法国留学。23岁任《四川群报》主笔、编辑，《川报》总编辑。中华人民共和国成立后曾任成都市副市长、四川文联副主席等职。代表作有《死水微澜》《暴风雨前》《大波》。

（三）郭沫若

郭沫若（1892—1978），出生于四川省乐山市沙湾，本名郭开贞，字鼎堂，号尚武，中国现代作家、历史学家、考古学家。

1914年1月赴日本留学。1921年8月，诗集《女神》出版。1923年，完成历史剧《卓文君》、诗歌戏曲散文集《星空》。1924年，完成历史剧《王昭君》。1927年加入中国共产党。1931年，完成论著《甲骨文字研究》《殷周青铜器铭文研究》等。1937年，抗日战争爆发，郭沫若归国参加抗战。郭沫若的代表作有《棠棣之花》《孔雀胆》《凤凰涅槃》《星空》《反正前后》《新月与白云》等。

（四）阿来

阿来（1959—　），出生于四川省阿坝藏族羌族自治州马尔康市，中国当代作家，中国作家协会第十届全国委员会副主席。

1982年开始诗歌创作。20世纪80年代中后期，转向小说创作。1994年冬，完成首部长篇小说《尘埃落定》。2000年，凭借《尘埃落定》获得第五届茅盾文学奖。2018年，阿来凭借《蘑菇圈》获得第七届鲁迅文学奖中篇小说奖。2019年，《尘埃落定》入选"新中国70年70部长篇小说典藏"。现任四川省作家协会主席、中国作协副主席。

学以致用（课后作业）

1. 利用课余时间，自选李白、杜甫、苏轼、巴金、阿来等人的文学代表作进行阅读，并在学习小组内开展"读书分享"活动。
2. 任选一位巴蜀文学的代表人物，结合其作品，撰写一份"巴蜀印象"推介文稿。

模块五　蜀地非遗

学习目标：

知识目标——了解蜀地南丝路文化中民间非遗蜀锦、蜀绣两门代表性国家级非遗，蜀地非遗美食及传统节日的起源、发展；

能力目标——熟练掌握蜀地代表性非遗技艺蜀锦与蜀绣的基本知识，能够运用蜀地非遗代表性技艺蜀锦、蜀绣、非遗美食及非遗传统节日的非遗文化符号结合专业进行再设计与创作；

素质目标——建立对蜀地非遗的基本认知；欣赏蜀地民间非遗文化符号及其重要价值；热爱蜀地民间瑰宝，增加对传统文化的浸润、感知与共鸣；同时，拓展人文素养，拓宽专业视野。

文化聚焦： 蜀地非遗　蜀中锦绣　寸锦寸金　川式小吃

建议学时： 2

蜀中瑰宝

在素有"天府之国"美誉的蜀地，有一条在各个历史朝代对外的通道，即从成都平原出发，经云南进入缅甸、泰国达到印度和阿拉伯半岛的南方丝绸之路，简称"南丝路"。在这条南丝路上，由商贸来往建立起来的一条条驿道上，流通着数不清的由民间工匠亲手制作而成的商品，承载着数千年中国手工艺文化，而这些精湛的手工艺如蜀锦、蜀绣、荥经砂器、邛崃竹编等已被列入国家级非物质文化遗产名录，等待着新一代的传承与创作。

本模块将呈现以丝绸命名的这条商贸之路上极具代表性的两项蜀地民间非遗，被誉为"寸锦寸金"的巴蜀民间非遗蜀锦，以及被称为"衣上芳华"的巴蜀民间非遗蜀绣，解读一个个充满神秘色彩的"天上取样人间织"，探索以针代笔、以线晕色的"丝线绣韶华"，还原一个"织彩为文曰锦"（唐人颜师古《急就篇》）、"五彩备谓之绣"（《考工记》）的蜀地丝绸文化的代表。

同时，蜀地这个物产丰富的"天府之国"孕育了这一方水土之上的独特美食与民族风情，川菜、川菜制作技艺、古老的云朵上的民族羌族、东方狂欢节的彝族火把节，呈现出大好河山中独特的民族民间文化。

任务一　织彩为文蜀中锦

中国蚕桑丝绸之邦蜚声海内外。蜀地得天独厚的地理环境为发展蚕桑业提供了良好的条件，蚕桑文明在蜀地起源甚早，是中国丝绸文化的发祥地之一。古代蜀国的"蜀"字便是一棵弯曲的桑树与树下一只虫(蚕之虫)构成的（图5-1）。

古蜀第一位先王蚕丛，教民养蚕，使得蚕桑业逐渐发展，蚕丝织帛，不断提升的民间织造技艺，从而逐渐形成了蜀地的丝绸文化。早在春秋战国时期以前，蜀地的商人们便把蜀地的丝织物（蜀锦）通过南方丝绸之路销往国外。

寸锦寸金——蜀锦

蜀锦，是我国古代千年灿烂文明中的一颗璀璨明珠，兴于汉而盛于唐，有着两千多年的历史，其织造技艺是源自古蜀国优秀文化遗产中的一项独具特色的传统技艺。蜀锦与蜀锦织造技艺在历史长河中，相互依存、相互影响，其不可分割的联系在时代的发展中创造出极富地域特色的蜀地历史文化代表，其图案、色彩、技艺对我国织锦业产生了深远的影响。

（一）锦说

"织素为文曰绮，织彩为文曰锦"（《六书故》），锦是一种高级丝织物，由多色丝线经纬织造的显花多彩织物，其工艺复杂且要求极高，是我国古代高水平织造技艺的代表之一。

"蜀锦是四川成都所织造的花锦"（沈从文《蜀中锦》）。蜀锦的"锦"字是金字旁，右边由帛字组字，帛字为古代丝织物的称谓，故古人形容蜀锦"其价如金"，也是蜀锦"寸锦寸金"的由来。

1.蜀锦起源

蜀锦是我国特有的传统工艺品之一，蜀锦织造技艺在两千多年的历史长河中历经沧桑，在一代又一代的蜀锦匠人手中、在具有独特历史文化的人文地理环境中，传承至今。

我国是最早开始养蚕织丝绸的国家，从甲骨文上刻写蚕桑丝帛的字样、《诗经》中记录采桑养蚕纺织做衣裳，可以一窥。在蜀地，有着古蜀国第一代王蚕丛"教民蚕桑""蚕神"青衣神着青衣劝农桑、"蚕女吐丝成茧，衣被天下"的"马头娘"传说……

品味巴蜀

图 5-1　蜀字

据《史记》记载，春秋时代初期，蜀国已和外部有着商贸往来，其中有一类便是用蚕丝织成的帛。秦国统一天下后，在成都城南设立锦官城，设置锦官进行专人管理织锦的生产，加之移民入蜀，带来了中原地区的纺织技术，使得蜀地的织造有了进一步的发展。到汉代，有了丝织工厂与专门织锦的工匠，蜀地织锦业已具规模。从此，蜀地之锦的千年历程拉开帷幕。

这片美丽富饶的土地上，先民们认识自然、改造自然，并不断进行蜀锦织造技艺的更新，用双手创作出歌颂生活和祈福未来的蜀锦作品，绵绵不断、生生不息。

2.蜀锦与南方丝绸之路

《史记》中有记载"栈道千里，通于蜀汉"。而早在春秋战国时期，在蜀地的崇山峻岭之中，一条由蜀向外往来以商贸为主的栈道便已形成。蜀地周围都是陡峭的高山，蜀地栈道多为依山而建的栈道，曲折险峻。因其以交易丝绸织物为主，被称作"南方丝绸之路"。又因其在蜀地部分由成都起始，终至印度，古称"蜀身毒道"，分别由灵关道、五尺道、黔中古道及永昌道组成。

蜀锦与南方丝绸之路关系极为密切，蜀锦的精美绝伦使它作为南方丝绸之路上最有特色的重要商贸物资，大量远销国外，且久负盛名；而南方丝绸之路的拓展与繁荣为蜀锦的传播提供了便利的通道和有力的保障。也因而促成了蜀地南方丝绸之路古道上丝绸文化的传播，是我国古代被称为丝国的又一力证。

3.蜀锦与蜀地

蜀地是四川的古称。被汉朝辞赋家、思想家扬雄称为"若挥锦布绣，望芒分无幅"的蜀锦，便是这片土地上一张响当当的名片。

四川成都的别称为"锦城"，其中"锦"字的缘由便是蜀中织锦。自汉代起，官府在成都开设有管理织锦行业的机构并设置了专门的官职，这便是"锦官城"的由来；织锦工人们的住所被称为"锦里"；在成都的东南角，织锦业最为繁盛，买卖蜀锦为主的市场被称为"锦市"；而关于流经成都的"锦江"，据说在江中濯洗的锦，颜色特别好，不易掉色。

蜀锦匠人将一生投入织锦的创作中，蜀锦织造技艺与蜀地织锦的千年传承在蜀地这片热土上留下了丰富又独具特色的文化，值得我们去学习和探索；同时，这份在2006年被列入国家第一批非物质文化遗产保护名录中珍贵的丝织文化遗产，我们有责任将它更好地保护与传承下去。

（二）锦艺

蜀锦图案多样，色彩艳丽，其织造精致，巧夺天工，富有地方特色，是地域文化的特色载体。

1.天上取样人间织

蜀锦在几千年的发展与传承中，在蜀地的地理、人文环境的浸润中，在各个历史阶段，呈现出各具特色的集文化与审美于一体的经典图案纹样。曾有诗云："天上取样人间织"，用来形容蜀锦的图案纹样，恰当贴切。

蜀锦匠人们十分善于从日常生活、生产实践、神话传说中创作、提炼出有吉祥、如意、喜庆、长寿等美好寓意的图案纹样。

（1）先秦时期蜀锦纹样

图 5-2　舞人动物纹锦（战国）

此时期图案主要以抽象线条型为主，构图方式主要为对称式，内容为作为骨架结构的几何纹、填充结构的花草纹、抽象的龙凤纹及反映此时期生活场景的舞人纹，均为简单图样，但不失古朴风韵与灵动变化（图5-2）。反映出先秦时期文化自由、和谐、天地同乐的历史风貌。

（2）汉代蜀锦纹样

此时期蜀锦图案在先秦简单几何构图的基础上，向动态繁复发展。汉代蜀锦图案有了更多的灵动变幻，融入更多自然纹样如陡立的山形纹、流动的云气纹，反复组合出现，呈现出山岳云气绵延不绝的气势与艺术效果；奇花异草的动植物纹如茱萸纹，表达了佩戴茱萸消灾辟邪的寓意；以及带有神话色彩的如虎豹蛟龙万寿云集祥禽瑞兽纹，最为特别的是首次在图案中织入了有如预言般的如"五星出东方利中国"文字纹（图5-3）。

图 5-3　五星出东方利中国（汉）

（3）唐代蜀锦纹样

唐朝处于历史年代中繁盛的时期，以及自汉代以来我国通过"丝绸之路"贸易中东西方文化的交融，唐代蜀锦纹样呈现出前所未有的丰富（图5-4）。有以生活中生动的写实事物如花鸟图案为主要的题材，其中不少巧夺天工的精美作品，如唐中宗安乐公主出嫁时，用"细如发丝"的金线织成花鸟的"单丝碧罗笼裙"；被视作"异物"珍藏在皇宫的"兰亭序"文字锦等。其中影响最为深远的是益州工官窦师纶设计的"陵阳公样"，其特点为以团窠为主体，外圈饰以均匀分布的大小联珠纹，内饰以对称构图的对雉、翔凤、游麟、天马等，纹样整齐对称，既结合外来波斯王朝的文化精华，也融合我国的文化内涵进行创作，使此纹样成为唐代蜀锦的代表性纹样，窦师纶也因其设计的纹样被称为"陵阳公"。

图 5-4　四天王狩猎纹锦（唐）

品味巴蜀

图 5-5 灯笼锦（宋）

图 5-6 百子纹锦（明）

图 5-7 "成都印象"蜀锦（现代）

（4）宋元蜀锦纹样

此时期蜀锦图案受宋元时期的人文环境影响，蜀锦匠人们在继承唐代华丽风格的同时，创作出了写生图样与满地图样的新风格，其主要图案有继承唐代传统图样的折枝如意、凤穿牡丹等吉祥寓意的内容，构图方式在唐代团窠型基础上，增加新的几何外形，同时采用拼合、旋转等组合方式，将单个图案进行再组合，创作出锦上添花的新风格。此外，"灯笼锦"锦纹为宋代非常流行的一种组合图案。灯笼形悬结谷穗，周围饰以蜜蜂，意为"五谷丰（蜂）登（灯）"，若加以金鱼，又寓意"吉庆有余（鱼）"，相传有上百幅不同寓意的图案组合，一直流行到明末清初（图5-5）。

（5）明清蜀锦纹样

此时期蜀锦纹样继承了唐宋时期的如卷草、缠枝等经典图案，也产生了许多新的以律动的散花与连枝花图案为主要装饰的纹样，结合以谐音为吉祥寓意的百子、八宝、梅兰竹菊等锦样装饰图案为素材的如绿地富贵平安花缎等。其中，以晚清蜀锦三绝最具代表性。分别是"月华锦""雨丝锦""方方锦"，把传统的彩条变化为色彩的艺术，各式作为点元素的图案在丰富的色彩变幻中呈现出华丽又奇美的独特魅力（图5-6）。

（6）现代蜀锦纹样

现代蜀锦纹样的题材自然落在了发掘展示当代社会风貌的题材上，如记录蜀地民俗民艺的川剧变脸图案，写实蜀地景观的武侯祠、都江堰实景图案等（图5-7）。

两千多年来，蜀锦在图案纹样上形成了各具时代特色的经典风格。蜀锦的图案纹样，记载了蜀地从古至今历史文化中重要的一部分，其精妙的巧思、精巧的构图，其所蕴含的深厚寓意，传承着这一份宝贵的文化。

2.机杼之声盈于耳

"唧唧复唧唧，木兰当户织。"描绘了一幅古代织造的画面，蜀锦纹样精美，其织造的工具与技艺也同样不凡。

织锦机作为蜀锦织造的主要工具（图5-8），在蜀锦两千多年的织造过程中，经历了帘式提花机、纹棒编综提花机、原始水平踞织机、腰机、斜织机等机型，《天工开物》中所记载的"花楼机"便是传统蜀锦织造所采用的小花楼织锦机。

小花楼织锦机全机均是由木、竹等材料用传统木工工艺技术制作而成，主要构成有六个部分：机架、开口、投梭、打纬、送经、卷取组合而成（图5-9）。

蜀锦织造技艺

蜀锦有多色经丝显花的经锦，也有多色纬丝显花的纬锦，其技艺精妙，色彩丰富，纹样多变，是其他锦类无法比拟的。蜀锦的传统织造技艺由三大步骤组成，炼染工艺、纹制工艺及织造工艺。

其一，练染工艺分为练丝工艺与染色工艺。练丝工艺为将蜀地出产的桑蚕丝经过特有的缫丝工艺精练脱胶，产生柔软有弹性有着珠宝般光泽的熟丝；染色工艺主要是采用在古时就已成熟的植物染料染色来进行，采用中国传统五色（红、蓝、黄、紫、黑）作为常用的植物染料色系，取自茜草、红花、栀子、蓝草等当地植物，唐代时蜀地红花的产量已达全国第一，现存珍贵的唐代蜀锦，大部分都以红色作为底色。

其二，纹制工艺即纹样设计，绘制意匠图，按纵横格绘制及配色，完成后进行挑花结本（图5-10）。"凡工匠结花本者，心计最精巧。画师先画何等花色于纸上，结本者以丝线随画量度，

图 5-8 蜀锦织锦机

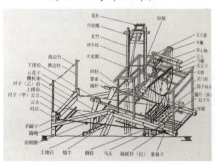

图 5-9 小花楼织锦机结构图

图 5-10 蜀锦织造挑花结本

算计分寸秒忽而结成之。"（明代宋应星《天工开物》）

图 5-11 蜀锦织造投梭

其三，织造工艺为难度最高的一个环节，讲究各方面工艺和操作的配合一致。完成挑花结本，整经牵经后，进行装机和织造，蜀锦织造工艺由一人执梭，一人在花楼上挽棕提花相互配合完成。执梭工进行投梭、打棕片的动作，挽花工按照画本上的组织程序，拉动起花的经线运动完成织造的全套上机工艺（图5-11）。用蜀锦老匠人的话来形容挽花工"上花犹如猴爬树，下花犹如鹰叼兔"，蜀锦的织造工艺体现了蜀锦匠人在日复一日织造中所习得的高超技艺及手心合一的匠人精神。

教学互动

请同学们选取一款心仪的蜀锦图案进行线描图临摹。（可在课后进行上色，完成有个人配色风格的蜀锦图案创作）

蜀锦图案临摹图

任务二　五彩皆备蜀中绣

蜀绣，是指以川西平原为主要产地的手工刺绣，是在丝绸或其他织物上采用蚕丝线绣出花纹图案的中国传统工艺，工艺精美，历史悠久。因在蜀地独特的地理与人文环境中孕育发展，又称"川绣"。蜀绣以其细腻精湛的针法技艺与清秀明丽的独特配色，形成了自身的独特风格，其与苏绣、湘绣及粤绣并称为中国四大名绣。

一、衣以纹绣

蜀绣是中国刺绣传承时间最长的绣种之一。蜀绣的历史最早可能上溯到与中原夏朝文明同时代的古蜀三星堆文明，青铜人着礼衣，其衣上的龙纹等纹样象征着无上的权利和身份地位（图5-12）。

图 5-12　三星堆龙纹礼衣复原图

《史记》记载，早在春秋时，蜀地已经开始对外开展丝织品、麻织品的商贸交易，因蜀地有着得天独厚宜农桑的地理环境，"蚕以蜀为盛"（段玉裁《荣县志》），刺绣为丝织品"锦上添花"，在春秋时期"衣以文绣"为尊盛行。至西汉时期，蜀绣的工艺已成熟，衍生文化兴起，"若挥锦布绣，望芒兮无幅。"据记载，汉代，蜀绣已经开始沿着蜀地的南方丝绸之路销往国外，到三国时期蜀绣为官府所管理，已成为蜀地特产。

随着丝绸之路的贸易往来，蜀绣在此情势下得以迅速发展，据东晋史学家记载，蜀绣为"蜀中之宝"，并列于金银珠碧锦之列。在隋唐时，颇受王公贵族、大小官吏的喜爱，从日用品到庆典礼品，"锦绣珠玉不断于胸前"，蜀绣的生产规模及价值达到历史高峰。在经济繁荣、商贸发达的宋代，由于书画水平提升而开拓出蜀绣在针法与题材上的新篇章，如仿绣书画、双面绣技法的出现。

在明朝战乱频繁的社会环境中，蜀绣传入蜀地民间，成为民俗中独特的风景线，"谁家女儿巧，刺绣见分晓"，使蜀绣得以生生不息，世代相传。至清代，大量移民来到四川，蜀绣业再次得到发展，专业刺绣人员和刺绣作坊如雨后春笋纷纷投入生产与创作。光绪年间设有立四川劝工总局，其内部专门设置刺绣科，为刺绣技艺和图案设计创造了更多的价值，使蜀绣技艺产生了质的飞跃。

在"保护、发展、提高工艺美术"的方针指导下，人们创作出独具当代社会风貌的蜀绣作品，如富有国画风格的蜀绣绣画，人民大会堂四川厅的巨幅蜀绣"芙蓉鲤鱼"等。同时，在许多重要活动中，蜀绣都作为国礼赠送给贵宾。至此，蜀绣的文化中融入了和平与友谊，蜀绣的艺术

品味巴蜀

有了更多更好的传播与交流。

2006年5月20日，蜀绣入选第一批中国国家级非物质文化遗产代表性项目名录，蜀绣的保护、传承与发展进入新的阶段（图5-13）。

二、绣美华章

蜀绣孕育在蜀地，是蜀地人民千百年实践中留下的宝贵非物质文化遗产，是中华优秀传统文化中的一颗璀璨明珠。

（一）纹中观彩绣

我国古代有着完备的染色技术，从而有了丰富多彩的蜀绣原材料，即各色的染色丝线。

1.彩绣之色

战国《周礼·考工记》中记载："东方谓之青，西方谓之白，南方谓之赤，北方谓之黑，天谓之玄，地谓之黄。"早期蜀绣的色彩主要沿承中国传统古色线为主，由黑白二色初分到五色观(黑、白、赤、黄、青)，而后形成包含间色的五色中国传统古色系统，即与五行相对应的黑白黄青红五色。

2.绣纹之图

有了丰富多彩的丝线创作原材料，蜀地历代的能工巧匠们"以针代笔，以线晕色"，以劳动实践、蜀地民俗以及创作美

图 5-13 非遗蜀绣

图 5-14 单面绣锦鲤图

好寓意的纹样为底图，以精湛的手艺技法，创作出独具蜀地人民智慧的、集实用性和装饰性一体的蜀绣图案纹样，既擅长绣制小幅细腻而生动的图像，如花鸟虫鱼等（图5-14），又善于绣制巨幅表现磅礴气势的图像，如山石水流，刻画人物形象也逼真传神。既体现出底图的意境，又呈现出比绘制图更加生动的图景。

（二）丝线绣韶华

小小绣花针在指尖翻转，五彩的丝线穿梭于锦缎之上，既优雅轻巧，又让人目不暇接，宛若指尖芭蕾。欣赏过精美的蜀绣藏品，让我们来一探作品背后的精湛技艺。

蜀绣以本地织造的丝织品及丝线为原料，各种刺绣针法交错使用。蜀绣施针严谨细腻光亮、构图疏朗，独具浑厚圆润、色彩明快的独特风格。

1.蜀绣技艺

蜀绣技艺以其针法见长，共包含有12大类，据不完全统计，具体针法多达122种。常用的针法有滚针、晕针、打籽针、锦纹针、交叠绣、铺针、抢针、沙针、接针、车拧针、盖针等。

2.蜀绣针法及作品赏析

（1）滚针：表现线性图案的针法，斜向走针的绣法，第一针斜短针，第二针回半针紧靠第

图 5-15 晕针

图 5-16 打籽针

图5-18 交叠绣

图 5-17 锦纹针

品味巴蜀

一针绣线往前半针，以此类推。一般用于草木茎干、叶脉藤蔓等绣制。

（2）晕针：通过换渐变色丝线呈现出层层晕色的效果（图5-15）。一层一层刺绣的蜀绣技法，前层和后层依层运针，又互相错开，蜀绣晕针的基本针法有：二二针、二三针、三三针、长短针。常用在作品中需要掺色、体现色彩自然过渡的地方，如花鸟、虫鱼、人物等。

（3）打籽针：表现点状颗粒，起到点缀作用，又适用于面的平铺，创作出立体感（图5-16）。绣法是在针出底面后一手拉住线，用针尖在线末端绕一圈，向原出针处（或就近）下针，再收紧线圈，便成一籽。常用于花蕊等部位点缀，代替铺针或晕针平铺绣制。

（4）锦纹针：蜀绣特色的一套针法。刺绣人物的服饰上装饰图案的自创针法，有上百余种，为蜀绣一大特色（图5-17）。绣法为设定好格线，在格线中灵活运用各种针法进行连续图案绣制。

（5）交叠绣：蜀绣特色的一套针法，使用长短线条灵活变化，交叉有序、叠而不堆，能与各种画派结合创作，多题材可使用，有横、竖、斜、旋双线交叉针法，三线、十字、凤爪交叉针法等（图5-18）。此套针法适用性广，最适宜当代生活及文化的体现。

教学互动

请选出图中你认为属于蜀绣的作品，并把序号填在对应横线上。

1

2

3

蜀绣：（　　　　　）

任务三　品味蜀地非遗美食

民以食为天。中国有着悠久的饮食文化，在"天府之国"的蜀地，盛产各类食材，为蜀地的饮食文化提供了极好的支撑，在《蜀都赋》中，便有"金罍中坐，肴隔四陈，觞以清酊，鲜以紫鳞"的古蜀地饮食场景描述。

一、川菜中的非遗

经历代的经验积累及吸收其他菜肴之长，蜀地的美食形成了调味多变、菜式多样、善用麻辣、别具一格的川菜体系，被誉为"食在中国，味在四川"。其川菜烹饪技艺入选第五批国家级非物质文化遗产代表性项目名录，被形容为史上"最香"的国家级非遗项目。

入选"非遗"的硬指标须由父子(家庭)，或师徒，或学堂等形式传承三代以上，传承时间超过100年，并且谱系清楚明确。入选国家级非遗的川菜既是本地食材本身，也是各种风味体现，更是承载了蜀地自古以来的饮食文化与民风民俗。

（一）揭秘川味——川菜调料

"丹椒（花椒）、辛姜、蘪芜、盐泉"，《蜀都赋》中记载着蜀地古时饮食的调味材料。川菜以其鲜明的个性，位列中国八大菜系，其最为典型的特色即在其独特的味型，可谓川菜的灵魂。让我们走进川菜的调料世界，解读川菜里的美味密码。

川菜素有"一菜一格，百菜百味"的美誉，经历代传承留下来24个味型，非常讲究。川菜的基础味型由咸、麻、辣、酸、甜五味组成，所谓"五味调和百味鲜""五味令人口爽"。川菜的经典味型由麻辣鲜香的麻辣味、醇酸微辣的酸辣味、咸甜酸辣的鱼香味、椒麻辛香的椒麻味以及特制红油味、陈皮味和怪味等组成。

在川菜的调料中，盐、醋、酱油等制作技艺有多项被列入国家级非遗项目，让我们来一探其渊源与文化。

1.自贡井盐深钻汲制技艺

四川省大英县卓筒井创始于北宋庆历年间，比西方要早800多年。《中国钻探技术史》《中国科学技术史》《中国井盐科技史》等皆称其为"世界石油钻井之父""开创了机械钻井的先河"。与之相比，自贡的井盐开采更规模宏大。

（1）自贡井盐深钻汲制技艺的历史渊源

早在战国末年，秦蜀郡太守李冰就已在成都平原开凿盐井，汲取浅层盐卤煎盐。直至北宋中期，川南地区卓筒井的出现，标志着我国古代深井钻凿工艺走向成熟。清道光十五年，四川自贡盐区钻出了世界历史上第一口超千米的深井——燊海井，井深1 001.42米，是一眼卤气可同采的高产井。

图 5-19 井盐制作场地图　　　　　　　　图 5-20 保宁醋酿造

品
味
巴
蜀

2006年5月20日，自贡井盐深钻汲制技艺被列入第一批国家级非物质文化遗产名录。2019年11月，自贡井盐深钻汲制技艺被列入国家级非物质文化遗产代表性项目名录。

（2）自贡井盐深钻汲制技艺

盐井钻井技术的发展经历了人工挖掘井、顿钻凿井和现代钻井三个时期。自贡井盐深钻汲制技艺工序繁杂，包括钻井设计程序、钻前准备、钻井、修治、打捞、气卤鉴别和钻井中气卤资源显示前兆等，最终形成一口深盐井（图5-19）。

自贡井盐汲制技艺传承千年，其流程保存完整，成为世界钻探深井的活化石。

2. 酿醋技艺（保宁醋传统酿造工艺）

保宁醋，中国四大名醋之一，是南充市阆中市保宁镇的国家级非物质文化遗产。因产于阆中（古称"保宁府"），故称之为"保宁醋"，传承千年，是中国四大名醋中的唯一药醋。

（1）保宁醋酿造技艺的历史渊源

保宁醋始于后唐长兴元年（936年）设保宁军治时，迄今已有1 000多年历史。保宁醋传统酿造工艺的核心是中药制曲、麦麸酿醋。保宁醋通过42道工序酿制而成，具有色泽红棕、酸味柔和、醇香回甜、久存不腐的特点。

（2）保宁醋酿造

保宁醋酿造技艺主要分为制曲、蒸头、发酵、淋醋、熬醋、陈醋6大部分共42道工序。沿袭至今的《保宁醋传统酿造技艺》仍保留严苛的标准工序，独到之处在于"顺其自然"。将酿造原料碾碎成粉状后，配以分量精准的白叩、杜仲、当归等20余味中药糅合，定型成发酵用的醋曲（图5-20）。再将醋曲放入发酵窖池中，60天的发酵周期里，每隔3天将醋醅翻炒，使之与空气充分接触发酵，产生醇厚酸味……

保宁醋以麸皮为主要原料，以名贵中药材制曲，取观音寺莹洁甘冽、沸而无沉的唐代古"松华井"的优质泉水，精酿而成；其色泽红棕，酸味柔和，醇香回甜，不仅是调味佳品，而且含有十八种人体必需的氨基酸，多种维生素和有益于健康的锌、铜、铁、磷、钾等十多种微量元素，具有开胃健脾、增进食欲的功能。

保宁醋已有调味型、保健型、饮料型等近100个品种，其销路也广销全国27个省市以及美、英、日、加等11个国家和地区，已成为向世界介绍四川、介绍中国的非遗美食及文化的一张名片，成为沟通中国味道与世界味道的桥梁。

3.酱油酿造技艺（先市酱油酿造技艺）

酱油酿造技艺（先市酱油酿造技艺）是四川省泸州市合江县的传统技艺，国家级非物质文化遗产之一。

（1）先市酱油酿造技艺的历史渊源

"韭菜嫩者，用姜丝、酱油、滴醋拌食。"南宋《山家清供》一书中最早记录了酱油一词，据历史资料记载，中国是世界上最早制造酱的国家。先市酱油酿造技艺"始于汉，兴于唐，盛于清"。

（2）先市酱油酿造技艺

先市酱油主要以黄豆为原料，采用大豆整粒蒸闷、多野生菌种制曲、长周期自然晒露等独家传统酿造工艺，具有"酱香浓郁，色泽棕红，体态澄清，味道鲜美，挂碗不沾碗，久储不变质"的优良特质（图5-21）。

图 5-21 先市酱油酿造

除此以外，先市酱油酿造厂的百年老厂房以及600多口百年晒露缸作为其制作技艺的重要载体，也是不可多见的非遗美食历史文化符号，记录了酱油酿造的技艺发展历史，也见证了蜀地社会饮食文化发展史。

4.豆瓣传统制作技艺（郫县豆瓣传统制作技艺）

郫县豆瓣是成都市郫都区的特产，中国顶尖调味料之一，是川味食谱中常用的调味佳品，有"川菜之魂"之称。其制作技艺被列入第二批国家级非物质文化遗产名录。

（1）郫县豆瓣传统制作技艺的历史渊源

关于郫县豆瓣的起源，民间流传着一个神奇的故事。清朝初年，湖广填四川时，有一个移民入蜀途中遇连日阴雨，当他赶到郫县时，袋内的蚕豆大部分已经霉变发酵了。由于条件艰苦，他不舍得将其丢弃，于是便把蚕豆放在太阳下晾晒。而后，又很偶然地把晾晒过的蚕豆和着鲜辣椒一起吃，竟然发现其鲜美无比、余味绵长。于是就开始试制出了"辣子豆瓣"，即豆瓣酱的雏形。

（2）郫县豆瓣制作技艺

传统豆瓣制作技艺分为辣椒制醅、蚕豆发酵、混合发酵、复水勾兑四个阶段。其生产工艺的基本特征是：①原料简单，以四川大量出产的辣椒、面粉、黄豆和蚕豆为原料。②用料讲究，选用上等的二荆条辣椒和二流瓣蚕豆。③制作工艺考究，蚕豆瓣子是自然发酵，瓣子要成形、酥脆，入口化渣；辣椒是自然卷曲；晾晒豆瓣的土陶缸要入地5寸，以便"吸地气"；一定要经过足够的生产时间（图5-22）。

郫县豆瓣通过长期翻、晒、露等传统工艺天然精酿发酵而成，这与当地特殊的地理自然环境、原料、气候、土壤、水质等密不可分。

时至今日，郫县豆瓣已经成为寻常百姓

图 5-22 郫县豆瓣酿造

家的常用酱料，其在选材与工艺上独树一帜，色泽油润，香味醇厚却未加一点香料，全靠精细的加工技术和优良的原料而达到色、香、味俱佳。郫县豆瓣早已成为川菜的一部分。有人说"不一定每道菜都要加郫县豆瓣，但加了郫县豆瓣的一定是川菜"。麻婆豆腐、水煮肉片、回锅肉、口水鸡等这些四川名菜里，都能找到郫县豆瓣这一"川菜之魂"的身影。

（二）寻味川香——正宗川菜

1.麻婆豆腐

麻婆豆腐可以说是川菜中最具知名度的菜肴之一。据说，在19世纪60年代，成都一座名为万福桥的桥头，一对年轻夫妇开了一家"陈兴盛饭铺"营生。桥头每天常有脚夫在休息、坐等买主。他们肚子饿时，便由几个脚夫合伙，出一点油、切一些肉，再去附近的王姓豆腐铺买几块豆腐，拿到陈兴盛饭铺，请陈家饭铺老板娘代工烧制。老板娘把猪肉切片，加上辣椒粉、花椒粉烧成麻辣鲜香的豆腐，让喜欢重口味、麻辣油香的脚夫们吃得大呼过瘾，这道菜也逐渐流传开来。据称老板娘因为脸上有麻子，被称作"陈麻婆"，而她烧出来的豆腐也就被称作"麻婆豆腐"。

麻婆豆腐色泽红亮、肉粒酥香，兼具辣、麻、烫、嫩等特点，极富川味特色，受人喜爱，后来又被传至世界各地，被誉为"世界级名菜"，其制作技艺被列入四川省非物质文化遗产名录（图5-23）。

2.周记棒棒鸡

棒棒鸡早在清朝末年间由荥经人周银发始创于荥经县西门富源店，是荥经地方名小吃之一。因在宰片时用木棒助力敲打而得名，又称"椒麻鸡""钵钵鸡"。荥经棒棒鸡选用优质放养土公鸡，整鸡煮熟后，用木棒敲打刀背助力切片，切片分明，刀刀见骨。全部切片后，按整鸡的形状盛入土陶盂钵，拌上熟油辣椒、花椒、食盐、鸡汤等佐料。

随着人们生活水平的提高，荥经周记棒棒鸡口味也从单一的椒麻鸡增加到山珍鸡、青椒鸡、白油鸡、怪味鸡等。2011年该项目被列入四川省第三批省级非物质文化遗产项目名录（图5-24）。

图 5-23 麻婆豆腐　　　　图 5-24 周记棒棒鸡

图 5-25 东坡肘子　　　　图 5-26 夫妻肺片

3.东坡肘子

东坡肘子是四川省眉山市家喻户晓的传统名菜。

苏东坡被贬黄州（今湖北黄冈市）时，看到当地猪肉价格便宜，老百姓不讲究吃法，便写了《猪肉颂》："黄州好猪肉，价贱如泥土。贵者不肯吃，贫者不解煮。"遂介绍自己故乡——四川眉山的炖膀方法："净洗铛（锅），少著水。柴头罨烟焰不起。待他自熟莫催他，火候足时他自美。"解决了"世间惟有猪肉好，可惜世人生吃了"的问题。从此，人们把用眉山民间传统方法炖制的猪膀肉称为"东坡肘子"。

东坡肘子的制作技艺历史悠久，从最初苏轼的文字记载演化出现实中的普通菜品，又从单一的菜品技法演化成民间食俗，如今它已不仅是一部"食俗史"，而是从深层次揭示了国人食俗文化的流变与演进，从另一个视角记录了一个普通菜品升华为一种文化现象的独特魅力，这对研究我国宋代猪前肘烹制技法以及对猪前肘的食俗文化现象，都具有十分重要的文献价值（图5-25）。

4.夫妻肺片

夫妻肺片是四川省的一道传统川菜系名菜，原名"夫妻废片"。

相传，清朝末年，成都街头巷尾有许多小贩挑担、提篮叫卖凉拌肺片。成本低廉的牛杂碎边角料，经清洗、卤煮后切片，佐以酱油、红油、辣椒、花椒面、芝麻等拌食，风味别致，价廉物美，特别受脚夫等穷苦百姓的喜爱。20世纪30年代，成都人郭朝华和妻子张田政一道以制售凉拌肺片为业，价格便宜、味道好，颇受欢迎。

1933年，郭氏夫妇在成都半边桥附近（今人民公园后门右侧）开店，店名为"夫妻肺片"，牌匾为金字黑底，由书法家赵蕴玉亲题。后来，他们发现牛肺的口感不好，便取消了牛肺。所以夫妻肺片中其实并不用肺，通常以牛头皮、牛心、牛舌、牛肚、牛肉为主料，进行卤制，而后切片，再配以辣椒油、花椒面等辅料，其制作精细，调味考究，色泽美观，质嫩味鲜，麻辣浓香，片大而薄，粑糯入味，非常适口，其制作技艺被列入四川省非物质文化遗产名录（图5-26）。

（三）舌尖故事——川式小吃

蜀地之中，有句老话"走川吃川，走县吃县"。在蜀地的各个城镇上，有着各式各样的地方特色美食和小吃，让我们一品川式小吃中的川式风情。

1. 钟水饺

饺子，对中国人来说，是辞旧迎新之际的代表性饮食，过春节吃饺子，代表着大吉大利，饺子的外形像元宝，因此也有包住财富的寓意。川式小吃 "钟水饺"始创于1893年，创始人钟少白，后来的厨师叫钟樊森，因开业之初店址在成都的荔枝巷，故又称"荔枝巷水饺"。该店最为著名的有红油水饺和清汤水饺两种。红油水饺味微辣、鲜香、咸中带甜，再配以该店特制的椒盐酥锅魁，别有一番风味，其制作技艺被列入四川省非物质文化遗产名录（图5-27）。

2. 龙抄手

抄手是四川人对馄饨的称呼。龙抄手是四川省著名小吃，因其鲜香味美，深受老百姓的喜爱。1941年"龙抄手"开设于成都的悦来场，20世纪50年代初迁往新集场，60年代后又

图 5-27 钟水饺

图 5-28 龙抄手

图 5-29 三大炮

图 5-30 宜宾燃面

迁至春熙路南段至今，迄今已有60余年的历史了。龙抄手皮薄、肉馅鲜，汤也调制得特别鲜。其制作技艺被列入四川省非物质文化遗产名录（图5-28）。

3. 三大炮

三大炮是最有声色的川式小吃。三大炮并不是真的与火药有关，而是表演型的特色美食。将煮好的糯米揉成团，用力摔向案板中央，糯米团弹跳跃入案板上方装有豆面的容器里，发出如炮声般的砰声，而后捡三个为一盘，浇上红糖，撒上芝麻，软糯、香甜的名小吃"三大炮"就在眼前。其制作技艺被列入四川省非物质文化遗产名录（图5-29）。

4. 宜宾燃面

宜宾燃面是四川省宜宾地区最具特色的汉族传统名小吃之一，原名"叙府燃面"（叙府是宜宾市的别称），旧称"油条面"，因其油重无水，点火即燃，故名"燃面"。据说宜宾燃面的绝好口感来自当地特有的水质，以及自制的香料油。这传说中点火可燃的面，干香爽口且重油无水，其制作技艺被列入四川省非物质文化遗产名录（图5-30）。

二、川茶中的非遗

（一）绿茶制作技艺（蒙山茶传统制作技艺）

"琴里知闻唯渌水，茶中故旧是蒙山。"这是白居易对蒙山茶的赞誉。蒙山，又名蒙顶山，以丘陵地貌为主，山峦叠翠，起伏连绵，因雨量充沛，终年云雾缭绕，素有"西蜀漏天"之誉。蒙山的土壤呈酸性且松厚，富含茶树生长所需的有机质。其得天独厚的地理、气候、土壤等自然条件，孕育出品质卓越的千年贡茶。

蒙山茶又称蒙顶山茶。蒙山茶传统制作技艺始于西汉，唐天宝元年开始入贡。清代成为皇室祭天祀祖专用茶。《本草纲目》记载："真茶性冷，惟雅州蒙山出者温而主疾"。蒙山茶集药用、饮品、贡品、祭品、商品五大功能于一体，在中国茶叶史上实属罕见。

蒙山茶在2000余年的发展过程中，历经从生煮羹饮到晒干收藏，从蒸青造型到龙团凤饼，从团饼茶到散叶茶，从蒸青到炒青等阶段。其中以"红锅杀青，三炒三揉"为技艺核心的"蒙顶甘露"，是全国茶叶中唯一多品类茶的制作技艺。以蒙顶甘露为代表，还包括蒙顶黄芽、蒙顶石花、万春银叶、玉叶长春五种代表性茶品的传统制作技艺。蒙山茶因其品质独特、工艺精湛、外形娟秀，载誉史册，是近代名茶烘炒结合、形质统一的典范，是中国名茶中的极品（图5-31）。

（二）黑茶制作技艺（南路边茶制作技艺）

"宁可三日无粮，不可一日无茶。"这是藏族同胞对南路边茶的喜爱和依赖，被称为"西北少数民族生命之茶"的黑茶的制作技艺（南路边茶制作技艺）于2008年被列入第二批国家级非物质文化遗产名录。

| 图 5-31 蒙山茶 | 图 5-32 南路边茶 |

南路边茶产于四川的雅安市，又称"乌茶""边销茶""南边茶""雅茶""藏茶"等，属黑茶一类，距今已有1300多年历史。清朝中期，"茶引制"改为"招商引岸制"，雅安及周边产茶县的口岸"批验所"设打箭炉(康定)，因成都到该口岸须出南门，遂称此路所产茶为"南路茶"，南路茶绝大多数边销，故又称"南路边茶"（图5-32）。

南路边茶以手工操作方式制作完成，其生产技艺具有重发酵、多次发酵、非酶促发酵、转色发酵等特点。南路边茶制作技艺无论是工艺流程还是工具器械等方面，都展示出了古代典籍文献中记载的制茶原貌，是中国制茶史上的活化石。

南路边茶制作技艺是茶文化遗产、农业非物质文化遗产的重要组成部分，其形成和演变经历了千年的历史，是在古老中华民族团结的大背景下，在政治、经济、宗教、文化等诸多因素的共同作用下产生的，因此具有历史传承价值，成为一种社会文化现象，是物质文明和精神文明的结合。它不仅是民族交流与团结的象征，为中国乃至世界的制茶史增添活态的例证，也对继承和弘扬地域文化与民族文化有重要意义。

任务四　乐享蜀地非遗传统节日

一、羌族非遗传统节日——羌年

羌年是羌族一年一度的传统节日，它是涵盖整个羌族地区的大型民族民间活动，俗称羌历新年，羌语叫"日美吉"（吉祥如意），也被称为"丰收节""过小年"。古代羌人以日、月、星、辰等计数，逢十进一，万物起一，认为阴历十月初一是最吉利的日子，于是将岁首定为羌历新年。有着独特传统文化的羌年入选联合国教科文组织非物质文化遗产名录（名册）项目。

羌年于每年阴历十月初一举行庆典，一般为3~5天，有的村寨要过到十月初十，十月初一之前，整个羌寨就充满了节日的喜庆气氛。

羌年主要以庆祝丰收和还愿为内容，人们庆祝丰收，祈神还愿，互祝新年诸事顺利，平安幸

图 5-33 羌年

福。节日期间，全寨子的村民都要来参加庆祝仪式，互道祝贺，相互迎请。人们上山祭祀还愿，祈求丰收，下山后各家进行敬神仪式，之后家人们一起吃团圆饭、跳锅庄、喝咂酒。咂酒由寨中德高望重的长者开坛。羌年反映的主要是羌族早期农耕文化的状况，但从表现方式中仍然显现出许多游牧、狩猎文化和万物有灵崇拜的遗存。作为一种节日景观，羌年集祭祀、歌舞、文学、服饰、餐饮、娱乐为一体。人们在节日中载歌载舞，将羌族的传统文化代代相传。

具体活动：

祭山会。祭山会分两季，春季祈祷风调雨顺，秋后则答谢天神赐予的五谷丰登，实际上是一种春祷秋酬的农事活动，更折射出远古神秘文化的光辉。

喝咂酒。饮前，主人叫主妇出来启封开坛，并端上一只盛满热水的盆或碗。人们以通节细竹就水中一吸，然后注入酒坛中，使酒不欠不溢。接着，主客轮流以细竹吸酒而饮。酒液将完时，须加水，直到酒味清淡为止。

奏乐器。在羌年活动中，也会演奏民间乐器，主要有羌笛、口弦、唢呐、锣、钹、响盘（铜铃）、羊皮鼓、指铃、肩铃等。

唱民歌。羌族人们擅长歌舞。他们虽然没有本民族文字，却有自己的语言。羌族方言多、土语杂，民歌原始古朴。在羌年活动中，人们常常唱歌跳舞。其中，最有名的舞蹈就是沙朗了。沙朗在羌族儿女心中的地位非常重要，沙朗之于羌族犹如盐巴之于腊肉。沙朗舞蹈具有强烈的艺术感染力和生命力，其舞风古朴典雅，粗犷优美。在2013年羌年活动中，北川万人跳沙朗，曾创造了吉尼斯世界纪录（图5-33）。

二、彝族非遗传统节日——火把节

火把节是彝族的传统节日，享有"中华民族风情第一节""东方狂欢夜"的美誉。节日期间，男女青年或点燃松木制成的火把，到村寨田间活动，边走边把松香撒向火把照天祈年，除秽求吉；或唱歌、跳舞、赛马、斗牛、摔跤；或举行盛大的篝火晚会，彻夜狂欢。火把节一般每年阴历六月二十四日举行，历时三天。

1. 火把节的庆祝活动

第一天：祭火。这一天，寨里家家户户都要在门前竖立若干火把。同时在村寨附近选择一块开阔地，在地中央竖立一根长10~20米的青松，青松顶端横放一根挂满红色纸花的木棒，沿青松四周用易燃柴草堆砌成一个宝塔形大火炬。傍晚，节日活动的主持人率领锣鼓队敲锣打鼓，寨中各家闻听锣鼓声即出门点燃火把，穿着盛装的男女老少举着火把向活动场所汇集。人们到齐之后，主持人一声号令，大家举火把向宝塔形火炬奔去，将其点燃。

第二天：传火（或玩火）。这一天，家家户户都聚在一起，举行各式各样的传统节日活动。小伙们赛马、摔跤、唱歌、斗牛、斗羊、斗鸡。姑娘们身着美丽的衣裳，撑起黄油伞，唱起"朵洛荷"，跳起达体舞。在这一天，最重要的活动莫过于彝家的选美了。年长的老人们要按照勤劳勇敢、俊秀英武和善良聪慧、美丽大方的标准从小伙和姑娘中选出一年一度的美男和美女。夜幕降临，一对对有情男女，在山间，在溪畔，在黄色的油伞下，拨动月琴，弹响口弦，互诉相思。故也有人将凉山彝族火把节称作是"东方的情人节"。

第三天：送火。这是整个凉山彝族火把节的高潮。夜幕降临时，人人都会手持火把，竞相奔走。最后，人们将手中的火把聚在一起，形成一堆堆巨大的篝火，欢乐的人们会聚在篝火四周尽情地歌唱、舞蹈，场面极其壮观（图5-34）。

图5-34 凉山彝族火把节

品味巴蜀

2. 彝族火把节的价值及传承保护

凉山彝族火把节被列入中国首批非物质文化遗产名录，是中国十大民俗节日和四川十大名节。并已被联合国教科文组织列入"2010年世界非物质文化遗产审批项目"。

如今，一年一度的凉山彝族火把节吸引了无数国内外游客。这一蜀地传统节日的对外开放，为蜀地非遗增添了新时代的风采，为文化交流与传播赋予了新的内涵。

学以致用（课后作业）

1. 蜀锦图案与蜀锦织造工艺的发展历史，有着生生不息的传承与创新，历朝历代的文人墨客创作了多首与织锦有关的诗词，请同学们赏析并相互分享。
2. 川菜以"麻辣鲜香"为主要特色，请同学们对家乡具有独特风味的美食进行了解和分享。
3. 请与组员一同完成"体验与传创"部分任务七。

模块六　巴地非遗

学习目标：

　　知识目标——了解巴地非物质文化遗产中川江号子、代表非遗饮食及传统节日的起源、发展；

　　能力目标——熟练掌握巴地代表性非遗文化遗产川江号子的基本知识，能够运用巴地川江号子、非遗美食及非遗传统节日的非遗文化符号结合专业进行再设计与创作；

　　素质目标——建立对巴地非物质文化遗产的基本认知；欣赏巴地民间非遗文化符号及其重要价值；热爱巴地民间瑰宝，增加对传统文化的浸润、感知；拓展人文素养和专业视野。

文化聚焦： 巴地非遗　铿锵热烈　川江号声　世界三大名腌菜　鬼城庙会

建议学时： 2

巴蜀讲堂 ■

铿锵热烈

　　"巴地"之称谓，民间相传是由地貌形势而生。据《巴县志》载："巴之得名以阆白二水曲折如巴字。"最初的"巴"既是地名，又是族名。远在两万多年前的旧石器时代，这片土地上就出现了人类的生息繁衍活动；巴人的祖先起源于湖南北部洞庭湖一带，以后迁往江汉平原，再西移至重庆地区和大巴山与汉水之间，今以重庆为巴文化的地域范围。正是这些最早的重庆居民，创造了巴地最古老的历史文明。

　　巴人勇武，《华阳国志》载："周武王伐纣，实得巴蜀之师，著乎《尚书》。巴师勇锐，歌舞以凌殷人。前徒倒戈。故世称之曰，'武王伐纣，前歌后舞'也。"这便是历史上有名的巴渝舞。诗圣杜甫也曾在巴地作诗一首，"风急天高猿啸哀，渚清沙白鸟飞回。无边落木萧萧下，不尽长江滚滚来。万里悲秋常作客，百年多病独登台。艰难苦恨繁霜鬓，潦倒新停浊酒杯"（《登高》），慷慨激昂、动人心弦。让我们一起走近这铿锵热烈的一方水土，一睹巴地非物质文化遗产的风貌。

任务一 唱响巴地川江号子

"大船之桡三十六，小船之桡二十四……上峡歌起丰都旁，下峡声激穷荆湘。推舵声悠磺声力，千声如咽三声长，上滩牵船纷聚蚁，万声噪杀鸟噪水。"清代川籍诗人张向安一首《桡歌行》，记录了川江航道上的一段历史，我们可以读到木船运输业的发达，川江上行船的艰难与川江船工震撼人心的号子。

一、川江之流——巴地水文化

"择水而栖、择江而居"，自古以来，有水流经的一方土地必会成为人们聚居之处。巴地中的山山水水，孕育出许多与水相生的文明，更因水而生，因水而聚，因水而兴，因水而美，繁衍出独特的巴地水文化。

（一）巴地水文化

巴地以山地与丘陵为主要地貌，故巴人的居住地多为山水之地。巴地处长江流域上游，依山傍水，因江而兴，因水而盛。其内有蜚声中外的长江，有以天险著称的乌江，有长江支流流域面积最大的嘉陵江，以及众多各有千秋的如大宁河、涪江、阿依河等支流，水系发达、河流纵横。

（二）川江水文化

长江的上游在四川省、重庆市、宜昌市境内，起于金沙江在四川省宜宾市与岷江汇合点，至湖北省宜昌市的南津关。川江，在古代又称大江、汉江，川江便是万里长江的开始段，巴地重庆以上的370千米为上川江，称"蜀江"；以下的660千米称为下川江，称"峡江"；其中，江津附近河道呈"几"字形，又称"几江"。下川江所流经的三峡地区，因两岸山峦夹峙，水流湍急，所以又有"峡江"之称。

川江水系穿越巴山，切开三峡，汹涌澎湃向东奔流。岷江、沱江、嘉陵江、乌江等构成川江水系的主要部分。川江流域，上段为物产丰富、被称为"天府之国"的四川盆地，下段为山峦夹峙、水流湍急、以"奇险"著称的长江三峡。

1.巴地最长的河流——长江

长江发源于"世界屋脊"——青藏高原的唐古拉山脉。干流流经青海、西藏、四川、云南、重庆、湖北、湖南、江西、安徽、江苏、上海11个省、自治区、直辖市，于崇明岛以东注入东海，全长约6 300千米，比黄河（约5 464千米）长800余千米，在世界大河中长度仅次于非洲的尼罗河和南美洲的亚马孙河，居世界第三位。但尼罗河流域跨非洲9国，亚马孙河流域跨南美洲7国，长江则为中国所独有。

2.巴地长江流量最大的支流——嘉陵江

嘉陵江是长江重庆段支流中流量最大的河流，是长江支流中流域面积最大的河流。嘉陵江发源于秦岭北麓的宝鸡市凤县，因凤县境内的嘉陵谷而得名。南流经蜀地南充市至巴地重庆市注入长江，全长1 345千米，流域面积近16万平方千米。

二、川江有号声

"巴水急如箭，巴船去若飞"，唐代大诗人李白过奉节出三峡，写下展现长江水势浩荡的诗句。川江河道宽窄相间，并以多峡谷和险滩著名，前者如猫儿峡、铜锣峡、明月峡及长江三峡。在这片长江流域上，在木船航运的年代，有一种民间艺术以其悠远的历史、音乐化的号令以及浓缩的情感世界，被称为川江上最为经典的音乐文化——川江号子，是中国传统音乐文化的重要组成，同时，作为国家级非物质文化遗产，亟待保护与传承。

（一）川江号子的由来与形成

任何一种艺术的起源与形成都来自人类的生活创作，与人类的生产劳动与生活密切相关。号子，人们在集体劳动协作中，为统一步调、减轻疲劳等所唱的歌，一般都是由一人领唱，其余人应和，如从事伐木工作的工人有伐木号子，进行挑抬扛捞的工人有搬运号子……在水上从事运输的船工所唱和的号子便是船工号子。

巴地之中，山峦重叠，江河纵横，故其以水路交通为主要形式，货物流通、客运往来，皆由木船载客运货，小型船配有几个船工，大型船配有二三十个船工，或者更多。据沿江两岸陆续发掘出土的考古实物，出土于新石器时期的"石锚"、东汉时期的"拉纤俑"等文物，都从不同的角度证实了川江航道上木船运输行业的久远历史以及川江船工这一职业的随之而生。号子随江而出现，自有船在川江上开航，便产生了川江号子，产生于川江船工们拉纤、摇橹、推桡等日常劳动中。

"一声号子我一身汗，一声号子我一身胆"，航道艰险、礁石林立的川江上，船行船停，闯滩斗水，都听从号工发号指挥；"蜀道愁述百八滩，滩滩险处觉心寒。骇人最是三峡石，乱掷金钱乱打宽"，船工们犹如山水间的勇士，与自然搏斗；最终形成川江流域独特的民间艺术形式——川江号子。船工们在艰险的环境和繁重的劳动中常借号子来集中力量、鼓舞干劲，以及消除疲劳、抒发感情，川江号子是川江船工们生活的写照，是组成他们生活的重要部分。川江船工们用血和汗唱成的生命之歌，历经千年，在世界水文化音乐体系中，散发出耀眼的光芒。

（二）川江号子的呈现形式、内容与特色

川江水系，由于其水急、弯多、滩险且地貌复杂，给行船造成许多困难，这也使得船工号子特别丰富。川江的各条主要河流及其每条支流水势复杂多变，在不同的河段、不同水域有着不同特色的船工号子。

1.川江号子的呈现形式

川江号子由上滩号子、下滩号子、见滩号子、平水号子和拼命号子等组成，各具特点。

品味巴蜀

船工们演唱川江号子一般是由号工领唱，众多船工应和。号工又叫"开口""号子头儿"，其职责是领喊号子，类似于一个乐队的指挥。在行船过程中，号工观察水情的变化，通过唱腔变化来指挥船工们的所有行动。因此号工极为重要。当然，对号工的选择条件也高，如嗓音洪亮，能持久演唱，记性要好，能背得多套歌词；也要熟悉具体河道的水况，能识别不同季节在不同的水系使用不同的号子，分门别类进行领唱引导船只安全前行；还要求有号子自编能力，比如能将民间故事或当地民俗编成唱词，能结合行船时水势及水路情况、或两岸的景物及地点的变换进行领唱，既能够审时度势，也能即兴发挥，一路领唱（图6-1）。

图 6-1 川江船工

在具体行船时的演唱过程中，根据当时的水势、水流速度的缓急、河滩的艰险度，船工劳动强度也有大小之别，故川江号子也有随情况而变换的"舒缓与激越、轻盈抒情与粗壮沉着的区别"。一般情况下，"劳动强度不大、动作舒缓的号子，其领唱的曲调旋律优美，具有浓厚的抒情色彩；比较紧张的动作，其号子则高昂激越；比较沉重的劳动，其号子则粗壮沉着"。

2.川江号子的内容

在过去，川江上船多、船工多，号子的内容也丰富多彩，涉及水路沿岸各地的民俗风情、当地民间流传的神话故事、名胜古迹的传说以及船工生活等方面。根据内容不同，川江号子可大致分为以下几类。

（1）地名类川江号子

顾名思义，此类别的川江号子包括川江主要水系及其各支流的地名、水文、地理等信息的唱词内容，是船工们长年航行途中对沿岸景象耳闻目睹或身临其境后实际经验的积累。由于船工号子作为民间艺术的一种形式，一般不被记载于正史当中，因此以口头唱演的形式出现，体现了各时期沿岸地理、人文的民间艺术。地名类川江号子的内容，有的是专门对某一沿岸地区的地名、水文、地理的描述，有的则是将一整个船程的所到之处联系起来，编成沿江走的山水风土号子，形式多样，是研究川江码头文化不可多得的资料信息，有着不可或缺的史料记录价值。

"船过西陵峡呀，人心寒，/最怕是崆岭呀，鬼门关！/一声的号子，我一身的汗！/一声的号子，我一身的胆！"（《船过西陵峡》）

（2）反映水系沿岸土特产品、民俗风物的川江号子

这类号子里表现出船夫们的见闻和感受，以民间普通百姓的视角，描述和记录了百姓喜闻乐见的沿岸风情。

> 好耍要算"重庆府"，卖不出的买得出；/"朝天门"坐船往下数，"长寿"进城爬陡坡；/"梁平"柚子"垫江"米，"涪陵"榨菜露酒出；/"石柱"黄连遍山种，"丰都"出名豆腐肉；/脆香原本"万县"做，其名又叫口里酥；/"夔府"柿饼甜如蜜，"巫山"雪梨赛"昭通"/"奉节"本叫夔州府，古迹"白帝"来托孤；/"臭盐碛"武侯显威武，河下摆了八阵图；/"石板峡"口水势猛，仁贵立桩征匈奴；/言归正传加把劲，再往下走是"两湖"。（《说江湖》）

（3）具体水路的川江号子，如嘉陵江号子

嘉陵江是川江的主要支流之一，主要由嘉陵江干流、涪江和渠江组成，在重庆朝天门注入川江，其航道曲折、水急滩多，船工们行船艰辛，在此产生的嘉陵江号子、船工号子有不少的名称。如在平静无险的河中推船时，沉闷中解乏的《下水数板号子》；在主流中逆水行船时统一船工行动的《逆水数板号子》等。也有表达船工们对丰衣足食的美好向往，将一路沿江地名与当地特色美食组合的号子。

> 嘉陵风光如锦绣，各家码头有好吃头。/"南充"河街的沙胡豆，"青居镇"出腊猪头。"龙女寺"的豆干香满口，川北凉粉拌麻油。/"沿口"蹄花分量够，划算还是帽儿头。/"三汇"橙糖看得透，"北碚"豆花第一流。/"土沱"卖的高粱酒，醇香无不在心头。/小麻花出在"磁器口"，惹得路人口水流。（《嘉陵号子》）

3.川江号子的特色

川江号子是川江上船工们的劳动之歌，有着生生不息的创造力和生命力。川江号子用唱的方式，在实际劳作中充分发挥了音乐的功能性，其音乐表现力、演唱方式都极具艺术性。

其中，"堂音"响亮而圆润，"旁音"高亢且清脆，"沙喉咙"粗犷有力，"大筒筒"则洪亮浑厚。在与险滩激流的搏斗中，号工以其雄浑有力原腔正调的呐喊鼓舞着船工的斗志，确保了船货一路平安；在漫长而乏味的平缓水域，号工还时而以其对川戏中昆、高、胡、弹等声腔的模仿，对生、旦、净、末、丑角色不同风格的演唱，以劳动者自己的诙谐与幽默方式，及时地调节船工的情绪、使之保持旺盛的精力，平稳行船并使沉闷的航程充满生气。

川江号子存在于船工们谋生的整个劳动过程当中，将生活中的劳作实践与音乐艺术创作融为一体，古往今来，这丰富多变、贯穿时空的川江号子，构成了川江水运文化中浓重的一笔。

三、川江活化石

（一）川江号子的文化内涵

"这是一种亘古未有的合唱，连绵的声乐套曲，令人震撼。这些天来听同一种歌声而不感

到厌倦，且不知就里，说明她的源远流长和无穷的魅力。"著名音乐家郑律成曾经满怀激情地评价道。被誉为长江的魂魄的川江号子，包含着千百年流传下来的川江流域传统文化。川江号子既有指挥调度激流险滩中行船、鼓舞船工的实用价值，又具有将戏曲、民歌、民俗文化等综合创作的审美，反映船工坚韧与沧桑的精神世界的艺术价值。

1.艺术文化内涵

古往今来，船工们以其高昂而粗犷的号子演绎着川江人的奔放与激情，在涛声如雷的江滩上，正是这此起彼伏、贯穿时空的号子声，构成了川江航运文化中最令人荡气回肠的一章。在船工们即兴创作的唱词中，我们可以感受到他们用独特的语言——川江号子，表达了自身的追求与向往，诉说了自己的艰辛与勇气。正是这样一种来自民间劳动者的文化，带我们步入了这些下里巴人豪放而又各有千秋的内心，充满了生活气息。

2.民族文化内涵

川江号子是劳动者的歌，它就产生在船工们为谋求生存的每一个劳动环节中，船工的精神、号子的文化，是我们回望那一段历史民间文化的条条思绪。川江号子是生活与心灵交织的歌，船工们把自己在生活中所感受到的一切喜怒与哀乐都融入里面，从而使之成为了充满激情与活力的生命的赞歌。它承载了千百年来川江流域沿江两岸的人文地理、风土人情。这便是川江号子文化最具生命力的内涵，使之成为川江上的民族文化瑰宝。

3.精神文化内涵

川江号子作为一种民间音乐形式，是川江水路运输史的见证。它的存在，从形式上延续并反映了千百年来川江运输业原始的状况，使今天的人们还能真实地感受到这种延续了无数代人的原始的劳动，更让人深深体会到，自古以来川江流域劳动人民面对险恶的自然环境时不屈不挠的抗争精神。

（二）川江号子的传承

那些让人难忘的号子声、那些让人敬畏的沿江拉纤的劳动者、那些让人震动的生命之歌，让人惊叹与震撼。一首首古老的号子，在滚滚长江之中、在巍巍三峡之巅流传着。假如你有幸到巴地旅游，假如你有幸站在澎湃激昂的西陵峡边，当你耳边传来铿锵有力、淳朴粗犷的《船工号子》时，你一定会为这饱满激情的古老神韵所深深地陶醉，甚至展开思想的翅膀，去追溯千百年来峡江船工苦难、悲壮的生活。（图6-2）

图6-2 川江船工

图 6-3 川江号子当代印记——雕塑记忆与情景演出

现如今，在川江航道上，行驶便捷的机动船已代替了人力驱动的木船，随着三峡大坝的落成，水位上涨，昔日里川江上那几人、几十人划船，十几人乃至上百人合力拉纤，号子声震撼河谷的场面已经看不见了，甚至连昔日的号工也余下无几。这古老的一幕幕、一声声逐步退出了历史舞台。

川江号子中所蕴含的坚韧不拔、团结协作、对外开放的精神成为当代人继承和弘扬的主题，这是一笔珍贵的精神财富和不朽的文化遗产，由非遗传承人以及社会大众传递，朝着记录性的表演艺术方向发展。我们可以去倾听一曲雄浑悲壮的川江号子，去感受川江号子生命的律动。目前，"川江号子"作为一项颇具地方特色的文化已经深深地融进了川江流域广袤的大地中（图6-3）。

教学互动

朗诵这首蔡其矫的《川江号子》，感受充满生命律动、荡气回肠的川江号子中的孤寂与悲壮，以及平凡中的强大生命意志。谈一谈你的感想。

你碎裂人心的呼号，
来自万丈断崖下，
来自飞箭般的船上。
你悲歌的回声在震荡，
从悬岩到悬岩，
从漩涡到漩涡。
你一阵吆喝，一声长啸，
有如生命最凶猛的浪潮
向我流来，流来。
我看见巨大的木船上有四支桨，

一支桨四个人；
我看见眼中的闪电，额上的雨点，
我看见川江舟子千年的血泪，
我看见终身搏斗在急流上的英雄，
宁做沥血歌唱的鸟，
不做沉默无声的鱼；
但是几千年来，
有谁来倾听你的呼声？
除了那悬挂在绝壁上的，
一片云，一棵树，一座野庙……

任务二　品味巴地非遗美食

一、巴地非遗特色美食

（一）太安鱼

太安鱼出自重庆潼南区太安镇，又因其出菜时的形呈坨状，俗称"坨坨鱼"（图6-4）。太安镇是巴蜀交通要道，嘉陵江鲢鱼是其特产。20世纪80年代末90年代初，太安鱼成为重庆一大名菜，其制作技艺被列入重庆市第二批非物质文化遗产代表性项目名录。

太安鱼以香辣鲜美滑嫩为特色，口味并不算辣，但味道更富有层次感，十分美味。具体的制作包括切块、过油、调汁、煨汤，一定要选鲢鱼做，其制作技艺的要点是宜用中小火使鱼肉既入味又不过火老掉、鱼肉过油时间不能过长方能保证鱼肉的细嫩、鱼块用滚烫热油烫烙增添脂香口感、调料麻辣而不躁火、勾芡适度见汁又见油。

"茅屋出公卿、民间出美味"，太安鱼作为重庆江湖菜中最美味的菜品之一，传递着巴地非遗特色美食文化。

（二）梁平张鸭子

在重庆梁平，有一味油而不腻的卤烤鸭——梁平张鸭子，是有名的卤烧工艺非遗美食（图6-5）。1972年2月，梁平一条国道边搭起了一个小作坊，张鸭子的祖传美食之路便拉开了帷幕，经三代祖传、反复实践，对活鸭选材、卤料配方、加工方法等数十道工序，最终形成了张鸭子独特的卤烤风味，以干、香、瘦特色闻名。

梁平张鸭子的美味密码有二，其一，选用瘦肉鸭源；其二，采用独家祖传制作技艺，先卤后烤，先烤后蒸。出炉后的鸭肉肉质细嫩松酥、油而不腻，拥有独特的口味。特别值得一提的是，梁平张鸭子的全鸭宴全部以鸭为主料烹制，鸭的全身上下除鸭毛之外均可入菜，鸭肠、鸭掌、鸭肝、鸭舌等，整个宴席呈现出物尽其用的饮食文化哲理。

（三）荣昌卤鹅

荣昌卤鹅是重庆一道传统的名菜。"卤鹅卤鹅，盯一眼走不脱。"这句荣昌城内的顺口溜老少皆知，因为每到中午、傍晚时分，大街小巷都是卤鹅飘香。色泽黄亮诱人，一整只鹅饱满健全，阵阵飘香，令人不禁驻足。荣昌卤鹅已经成为重庆最具代表性的非遗美食之一（图6-6）。

有关荣昌卤鹅历史起源的资料显示，湖广填四川时期，由于荣昌地处川渝交界，位置特殊，成了"填四川"道上的必经之路，再加上荣昌地域平坦，雨水丰沛，气候宜人，非常适于居住。于是便有大量从潮汕地区迁移来的客家人在此定居。卤鹅本是潮汕名菜，这些客家人便将卤鹅制作技艺带到了荣昌。外来美食众多，唯独卤鹅在荣昌拔得头筹，也有荣昌本地盛产白鹅的缘故。荣昌地区雨水丰沛，适宜养鹅，荣昌白鹅品种优良，羽翼白洁如玉，是荣昌一宝。

选取上好的荣昌白鹅，去毛去除内脏，浸入陈年老卤，加草果、老姜、胡椒、八角等香料，卤上一小时，这道传统名菜卤鹅便可出锅了。荣昌卤鹅的蘸料通常是重庆油辣子，加上卤水，再配以姜蒜水、葱花，看似简单，却有着画龙点睛的效果。蘸料也有两种吃法，一是将蘸料倒入一整盘鹅肉里，搅拌均匀，使每一块鹅肉浸入麻辣味；另一种则是用一单独蘸碟，食用荣昌卤鹅时可根据自己对麻辣的喜好程度选择所蘸麻辣佐料的多少，既能保持卤鹅的醇香，又能感受川香麻辣。

荣昌卤鹅注重用料选料、油而不腻，更有调味多变、醇浓并重、适应性强、麻辣浓郁的特点。荣昌卤鹅名满天下，实至名归。

（四）丰都麻辣鸡块

一说起丰都麻辣鸡块，在丰都是无人不知、无人不晓（图6-7）。丰都麻辣鸡块原本为丰都著名的传统小吃，类似白斩鸡，后经加工改造为重庆家喻户晓的名菜。据了解，当时因受江湖菜"水八块"的影响，在丰都民间腊月杀"年猪"时，有人在无意之间将水八块作料与鸡肉拌在一起食用，人们觉得蘸满红亮佐料的鸡肉吃起来味厚香浓、香辣味鲜，还带有回甜，特别美味，于是逐渐流传开来，很快成为丰都特色美食。

丰都麻辣鸡块选一年左右的散养土鸡，宰杀后加入老姜、花椒、桂皮、八角等同煮。起锅后凉透切片装盘，然后将调制好的佐料浇上拌匀即可。麻辣鸡块的佐料讲究三油三重，三油即油辣子、红油、香油；三重即辣椒重、花椒重、汤卤重，这样加工好的麻辣鸡，集色、香、味、形于一体，具有强烈的地域特色。重庆市第四批非物质文化遗产名录中，丰都麻辣鸡块传统制作技艺名列其中。

品味巴蜀

图 6-4 太安鱼

图 6-5 梁平张鸭子

图 6-6 荣昌卤鹅

图 6-7 丰都麻辣鸡块

二、巴地非遗风味美食

（一）世界三大名腌菜之一——涪陵榨菜

早在春秋时期，充满智慧的中国古人便将冬贮蔬菜进行腌渍来保存。早在清道光年间，《涪州志》中就有记载"青菜有包有苔，渍盐为菹，甚脆。""菹"字即为古时对腌菜的称呼。涪陵榨菜历史悠久，其产地重庆涪陵被誉为"世界榨菜之乡"，1898年世界上第一坛榨菜诞生于此。

涪陵榨菜的核心工艺是三清三洗、三腌三榨，每一份涪陵榨菜，至少经历13道工艺、28道工序，由时间和匠心孕育。其传统制作技艺被列入第二批国家级非物质文化遗产名录（图6-8）。

涪陵榨菜选用得天独厚的水土滋养之下，表皮青绿、肉质白而肥厚、质地既嫩又脆的青菜头，经独特的加工工艺制成脆、嫩、鲜、香的风味产品。其与法国酸黄瓜、德国甜酸甘蓝并称世界三大名腌菜，也是中国对外出口的三大名菜（榨菜、薇菜、竹笋）之一。

涪陵传统手工制作的榨菜鲜嫩爽口，风味独特，是传统手工腌菜的代表，其中有含量丰富的多种蛋白质、脂肪、糖类和维生素C，不仅是一种刺激味觉、增进食欲的调味小菜，也是一种营养丰富、有助消化的佐餐佳品，创造并带动了涪陵榨菜文化的诞生和发展，具有巨大的历史价值、文化价值、经济价值。

涪陵榨菜作为经典的佐餐小菜，常用来搭配白米饭、送粥、炒菜等，不仅深受国人的青睐，也受到外国人的喜爱。涪陵榨菜作为三明治、沙拉、寿司、意面等的配菜，远销50多个国家，传递着中国独具特色的饮食文化与自信。

（二）合川桃片

重庆合川区的传统点心合川桃片，是选用合川上等的糯米、核桃仁、川白糖、蜜玫瑰等为原料，在合川独特的三江交汇的温暖气候中，经过揎料、炒米、磨粉和回粉等精细考究的传统制作工序加工而成的片状糕点，其形呈厚度基本一致、仅几毫米的薄片，每公斤桃片都在120~160片，其传统制作技艺被列入重庆市市级非物质文化遗产项目名录（图6-9）。

合川桃片的历史可以追溯到一百多年前的清末。清光绪二十一年（1895年），位于重庆合川县城的一所糖果铺开始生产甜桃片。另一所糖果铺对它的桃片进行了研究和改进，初步生产出"合川桃片"的雏形，具有色白、离片、绵软等特点。随后，这种美味小吃被合川当地人作为合川特产，带至成都等地赠送给亲朋好友。后来，合川桃片这一让人垂涎的传统糕点渐渐相传开来。

合川桃片具有色泽洁白、软糯滋润、入口化渣、细腻香甜等特色，有浓郁口感的桃仁，以及清香爽口的玫瑰香。山水秀丽的合川孕育了桃片的美味，有着100多年历史的合川桃片成为巴地非遗美食不可或缺的一员。

（三）江津米花糖

发源于重庆江津的江津米花糖，可谓重庆小吃界的元老（图6-10）。江津米花糖始创于

图 6-8 涪陵榨菜

图 6-9 合川桃片

品
味
巴
蜀

图 6-10 江津米花糖

图 6-11 土沱麻饼

1910年，早期其主要原料为炒米花、白糖、饴糖等。早在20世纪30年代，"炒米糖开水"的叫卖声便时不时响起在巴地的街头巷尾。"炒米糖"便是最初的米花糖，酥脆香甜、物美价廉，是很多人儿时的甜蜜回忆。

江津米花糖的传统制作技艺包括从选米、主要原料阴米的加工制作，多种辅料花生仁、核桃仁等的选取制作，到经典辅料玫瑰花熬糖制作，最后成型包装。20世纪80年代的时候，江津米花糖是新年待客、走亲送礼的标配。这一项传统制作技艺被列入重庆市市级非物质文化遗产项目名录。

江津米花糖有着流传百年的甜蜜蜜、香喷喷、脆酥酥的口味与口感，不仅能直接吃，牙口不好的老人和小孩还可以用热水泡着吃，清香十足，又是另外一种风味。从始创的"玫瑰牌"米花糖，到近现代"玫瑰""荷花"等品牌，江津米花糖成为江津食品工业发展史的缩影和传承发展的主动力。

（四）土沱麻饼

在重庆市北碚区水土沱，一个曾经"白天千人躬首，夜晚万盏明灯"的繁华兴盛之地，有一种非遗美食土沱麻饼至今已流传80余年（图6-11）。这个鲜香扑鼻的小吃在嘉陵江沿岸贩卖，土沱麻饼因此家喻户晓，鼎盛时期日销量达十吨以上。

制作麻饼工序繁杂，要经过选料、制料、和面、分面、包油酥、包馅、揿饼、筛麻、烤制、出品等十项工序，每一道工艺都涵盖了其传统技艺。传承近百年的土沱麻饼制作技艺被列入重庆市非物质文化遗产。

土沱麻饼的主料为面粉、白糖和麻油；传统的辅料一般用核桃仁、花生仁、芝麻仁、冰糖。经独特烘烤工艺，麻饼饼型饱满，成品皮薄馅大，底面呈柔和的褐色，滋味甜香独特，口感松酥滋润。

任务三 乐享巴地非遗传统节日

一、秀山花灯

（一）秀山花灯来源

秀山花灯是重庆秀山土家族苗族自治县一门古老的民间非遗，秀山素称"花灯歌舞之乡"，其花灯戏源于汉族"灯儿戏"，后来融入了秀山土家族、苗族的歌舞表演技巧，以歌舞表演为主，集歌、舞、戏剧和民间吹打于一体，是一门综合性表演艺术（图6-12）。秀山花灯表演主要在每年春节期间进行，每年从正月初二开始，至正月十五结束，十六以后叫厚脸灯。

据《秀山县志》记载，秀山花灯起源于唐朝，兴盛于宋朝，发展于明代土司制度确立时期。元代以后叫跳团团。明代逐步传至周边县，并从黔北一带进入川南，最后到达云南。秀山建县后，清乾隆年间，吸收了外来音乐，后改称"花灯"。清末民初正式命名为"秀山花灯"。

在花灯《大闹红灯》中有这样的唱词："灯是灯，灯从何时起，灯自何时兴？灯自唐朝起，灯自宋朝兴。仁宗皇帝登龙位，国母娘娘瞎眼睛，许下红灯三千六百盏，传留两盏到如今。"这段唱词是对花灯的历史传承有力佐证。

（二）秀山花灯的表演形式

秀山花灯传统的表演形式有两种：其一，"耍灯"俗称"跳团团"。是由一旦（幺妹子）、一丑（花子）演唱民间小调的歌舞；有时增至三四人或六人穿插表演。其二，"单边灯"，又称"单边戏"。有一定的故事情节，有生、旦、丑简单的人物角色，演唱多首民间曲调的花灯小戏。

历经数百年的发展，在长时期的表演中，秀山花灯既丰富了民众文化生活，也形成了民族性、地域性的民俗音乐舞蹈艺术。2006年5月20日，该民俗经国务院批准列入第一批国家级非物质文化遗产名录，体现了民族文化观念、民族审美意识以及民族精神风貌的秀山花灯成为我国宝贵的民族民间音乐文化遗产。

二、丰都庙会

重庆丰都，古为"巴子别

图6-12 秀山花灯图

都"，是一座起源于汉代的历史文化名城，以鬼城文化而闻名，是一座民俗文化宝库，在这片神奇的土地上，在每个丰都人心里，有一份独特的地域文化——丰都庙会。

图6-13 丰都庙会

（一）丰都庙会来源

丰都曾经寺庙林立，庙会众多，全年多达几十次，成为当地人日常经济交往的重要形式。相传民间为了纪念阎罗天子和他的妻子天子娘娘的结婚纪念日，将丰都庙会定于每年的阴历三月初三举行。每到这天，各地游人、香客蜂拥而至，热闹非凡（图6-13）。

（二）丰都庙会体现形式

丰都庙会的特色内容主要体现在丰富多彩的民俗文化活动、民间技艺展示。而丰都城内外众多体现"鬼城"基本格局的庙宇，构成了一个号称"阴曹地府"的建筑体系，是丰都庙会的物理空间与物质载体。

丰都庙会的具体体现形式有以民间吹打中演绎民间传说、鬼神故事为主要内容的街头游乐短剧，如"阴天子娶亲""活捉秦桧""钟馗嫁妹"等；有丰富多样的当地原创舞蹈表演，如祈福驱邪的神鼓舞、响篙舞等，祈求风调雨顺的水龙舞、戏牛舞等；有各有所长的民间技艺展示，如鬼脸谱瓢画绘制、包鸾竹席编织等；以及来自民间的杂耍，也为庙会注入了淳朴的民间民俗文化气息。

玉皇殿门前有一块由著名书法家李半黎先生画押组字的石碑，碑上刻着"唯善呈和"四个挺拔刚劲的大字。"唯善呈和"意在劝人以善为本，多行善事，与人和善相待。丰都庙会正是继承了"唯善呈和"的教化寓意，引导民众存善念、积善德。

经过1 000多年的发展和积淀，丰都庙会已从单一的祈福香会，发展为以"唯善呈和"为主题，通过"千年庙会"这一古老的表现形式，让传统文化精髓代代相传的集文化、旅游、商贸等于一体的节日盛会。2014年，丰都庙会被列入国家级非物质文化遗产名录。

学以致用（课后作业）

1. 川江号子以其在艰险的川江水运航道上的重要作用为核心，以劳动实践中的真情实感和沿路的风土人情进行综合创作，请同学们以川江号子为范例，自选一种劳动中的号子为题，编写一篇以此劳动所在地的人文地理为主要内容的号子词。
2. 谈谈你对非遗民俗节日保护和传承的建议。

品味巴蜀

模块七　巴蜀豪杰

学习目标：

知识目标——掌握本模块所列巴蜀历史文化名人的生平事迹、杰出成就，以及他们对国家和社会各领域所做出的突出贡献。

能力目标——分析、认识本模块所列代表性巴蜀历史文化名人集中凸显的巴蜀人特立独行的精神特质、精神内核及精神风貌。

素质目标——养成在学习生活中善于关注巴蜀历史文化名人优秀事迹和感人故事的习惯，体悟区域文化与巴蜀历史文化名人气质品格相生相伴、相互促进、相互繁荣的共生关系，以及与中国传统文化精神、民族文化心理之间的联系。

文化聚焦： 巴蜀历史文化名人　前卫先锋　热血悍勇　包容开放　奇瑰磊落　现代表达

建议学时： 4

巴蜀讲堂 ■

巴风蜀韵

　　在漫长的历史长河中，巴蜀人民融贯各方文化，涌现出无数文化名人大家。这些文苑英华们构成了巴蜀文化大厦的一砖一瓦，形成了前卫先锋、热血悍勇、包容开放、奇瑰磊落的巴蜀人文精神特质，历经沧桑变迁，他们的光辉事迹从未磨灭。

教学互动	**"YES" or "NO"** 　　同学们按小组互问互答，回答"YES"则记1分，回答"NO"则不计分，游戏结束后看看哪位组员的积分最高呢！（答案请在后文验证）

问题	YES	NO
你会说方言吗？		
你知道谁是秦始皇的"女闺蜜"吗？		
你吃过"东坡肉"吗？		
你认识"罍"字吗？		
你知道桃花马是谁的坐骑吗？		
你知道谁是近代"中国船王"吗？		
你见过"春节老人"吗？		
你知道谁是"黄昏窃贼"吗？		
若要解密一段甲骨文的意思，需要请教谁呢？		
你知道《三国志》中巴郡守将严颜是因为谁被释放的吗？		

教学互动

任务一　朝觐先锋人杰

在群星璀璨的巴蜀历史文化名人中，有这样一群人物，他们勇于探索、敢为天下先，他们不墨守成规、不断追求变化和发展，他们的身上集中体现着巴蜀人前卫先锋的精神风貌。

一、远古的神——大禹

（一）大禹其人

禹，姓姒，名文命，传说为帝颛顼的孙子，父亲名鲧，母亲为有莘氏之女脩己，是夏后氏首领，生于四川省汶川县境内。

（二）大禹其事

大禹历来被称为与尧舜齐名的贤君，他卓著的功绩不仅在于治理洪水，发展国家生产，使人民安居乐业，更重要的是他结束了中国原始社会部落联盟的社会组织形态，创造了"国家"这一新型的社会政治形态。

1. 水的保护神

相传远古时期洪水泛滥、民不聊生，一位治水英雄的出现，彻底改变了人们东西漂流的生活状态，他就是我国水事活动的保护神——大禹。

大禹治水的故事见于不少典籍，包括《山海经·海内经》《尚书·虞书·益稷》《庄子·天下篇》《孟子·滕文公上》《吕氏春秋》《史记·夏本纪》《华阳国志·巴志》等。其中，以《山海经·海内经》中的描写最为奇幻。

根据太史公书，尧帝在世时，派大禹的父亲鲧治理水患。鲧使用"埋""障"这样水来土掩的"堵"法，治水九年终告失败。舜帝上位后，鲧被革职流放羽山。舜采纳四岳群臣意见，又命大禹子承父业，治理洪水。大禹决心弥补父亲的失职，在新婚第四天，就前往赴任。"禹居外十三年"（《史记·夏本纪》），左手持"准绳"，右手拿"规矩"，翻山越岭、淌河过川，量遍了中国的山山水水。他吸取父亲治水的经验教训，采用平整山路、疏通水脉的疏导治水法，带领民工逢山开山、遇洼筑堤，与部落百姓一起挖山掘石、同工同宿。最终大禹凭着勤勉苦干，造就了四境通达、沃土千里、众河之水奔流到海的景致，创造了万方朝宗于天子的统一繁荣的安定局面。

2. 治国分九州

除治水有功以外，大禹还是一位具有雄才大略的政治家。他将治水与治国养民结合起来，在治水的同时主动团结氏族部落酋长，指导百姓重建家园，恢复和发展农业生产。

为巩固夏王朝统治，"禹别九州，随山浚川，任土作贡。禹敷土，随山刊木，奠高山大川"。（《尚书·禹贡》）他根据地理把全国分为九州（冀州、青州、徐州、兖州、扬州、梁州、豫州、雍州、荆州）进行管理，并根据各地的地形、习俗、物产制定了各州的贡物品种和进贡路线。

3. 开创国家

大禹凭借公而忘私、为民造福的突出贡献，在民间树立了极高的威望，舜有意传位于他。但舜死后，禹守孝三年，仍按传统的禅让制将帝位让给舜的儿子商均，结果"天下诸侯皆去商均而朝禹"（《史记·夏本纪》），禹再即天子位。

禹继位后，即对不听教化、多次叛乱的苗族进行征伐，打败了苗军，将势力范围扩大到江淮流域。之后，"四方归之，辟土以王"（《随巢子》），中原各部落逐步形成了以夏族为中心的领导集团。为维护夏朝和诸侯国的统属关系，大禹还"南省方，济于江"（《淮南子·精神训》），举行了历史上著名的涂山大会，此次盛会标志天下太平，华夏团结。为纪念这次盛会，大禹命人将各方进献的青铜铸成代表九州统一、象征夏王朝政权的九尊鼎。至此，禹王统一华夏，建立夏朝，并"夏传子，家天下"（《三字经》），开创了家天下的奴隶制国家，华夏民族从野蛮社会进入到文明社会。

现大禹的出生地汶川县境内有"大禹故里"风景名胜区，每年这里都会举行禹王庙会，庆贺大禹诞辰。

二、春节老人——落下闳

（一）落下闳其人

落下闳（前156年—前87年），复姓落下，名闳，字长公，巴郡阆中(今四川阆中)人。西汉时期天文学家，是《太初历》的主要创立者，浑天说创始人之一。

（二）落下闳其事

教学互动

小组讨论

春节是中华民族最重要、最盛大的传统节日，其热闹程度与西方圣诞节不相上下。西方有"圣诞老人"，我们中国春节有"春节老人"吗？传说"圣诞老人"的家在北极，"春节老人"的家又在哪里呢？

在素有"中国春节文化之乡"美称的四川阆中古城，每到春节就有一群白发白须的老人，在街巷中给人送祝福，他们就是"春节老人"落下闳的化身。落下闳为何被称为"春节老人"？这要从春节习俗说起。

1. 创制《太初历》

自古以来，中国就以阴历纪年，每年第一个月叫元月（或正月）。但在不同朝代，元月日期不相同，商朝以腊月（十二月）为正月，秦朝以十月为正月。汉代沿用秦代历法——《颛顼历》，但到汉武帝时期该历误差已很明显，与农业生产严重不符。汉武帝便在元封年间主持改历，不拘一格从民间选拔人才，各方历改专家汇聚京城，落下闳也被阆中老观人谯隆推荐参加改历工作。各组历学家先后形成了18套不同的历法，经验证比较，汉武帝发现落下闳与邓平、唐都三人的历法优于其他17套，遂于公元前104年废除《颛顼历》，采用《太初历》，并称太初元年。

《太初历》是我国历史上第一部有完整文字记载的历法，在历史上有着极其重要的地位（图7-1）。在太初历中，落下闳依照春、夏、秋、冬顺序，第一次将24节气纳入历法，并改革了置闰方法，确立了一年以正月为岁首，至冬季阴历十二月底为岁终，把"迎接新年"与"迎接春天"统一起来，奠定了春节的基础。如此，节令、物候、月份与农事的顺序相吻合，有效提升了粮食产量，这对以农业为基的传统社会生产发展有重大意义。《太初历》采用的岁首和科学的置闰法，决定性地影响了中国的历法结构，并让中国的阴历一直沿用至今。

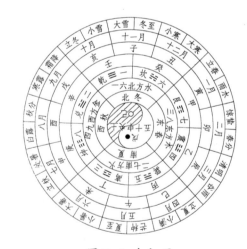

图 7-1 太初历

2. 提出浑天说

历改过程中，落下闳创新了中国古代宇宙起源学说，开拓性地提出了"浑天说"，奠定了我国古代先进的宇宙结构理论基础。至此，浑天说与盖天说、宣夜说一同构成了中国古代的宇宙学观。

在"浑天说"理论基础上，落下闳研制出了浑仪与浑象构成的赤道式天文观测仪器和形象的宇宙模型，在中国用了两千年（图7-2）。他通过长期观测和巨大的科学运算，用事实论证了浑天说理论和天体运行规律，并精确测定了"二十八宿"赤道距度，还在天文学史上首次准确推算出135月的"朔望之会"周期，与现今实测误差仅为0.05日。近代天文学史家朱文鑫评价："自汉落下闳作浑天仪，始立仪象之权舆。"

图7-2 落下闳式浑天仪

落下闳在改历工作中才华尽显，深受汉武帝青睐，招其为侍中。但他淡泊名利，醉心天文研究，"辞而未受"。回到家乡阆中，他在蟠龙山建立了我国最早的民间观星台。受落下闳的影响，阆中在汉唐时期成为我国天文研究的中心，这里诞生了天文学家任文孙、任文公、周舒、周群、周巨祖等人，唐代著名天文学家袁天罡、李淳风也慕名前来客居。不仅如此，落下闳在推动中国天文学的发展上也有承前启后的重要作用，后来的天文历法家如张衡、祖冲之取得的成就皆是在落下闳的基础上加以改进而来的。英国科技史学家李约瑟在《中华科学文明史》中盛赞他是"中国天文史上最灿烂的星座"。

3. 发明"通其率"

落下闳不仅上通天文，还是一个数学达人。为运算转历，他发明了"连分数（辗转相除）求渐进分数"的方法，定名为"通其率"，即现代学者所称"落下闳算法"，后代著名数学家祖冲之的《缀术》、秦九韶的《数书九章》中均包含其算法。"落下闳算法"影响了中国天文数学2000年，比采用类似方法的印度数学家阿里亚哈塔早600年，比提出连分数理论的意大利数学家邦贝利早1600年。

三、方言魁首——扬雄

（一）扬雄其人

扬雄（前53年—18年），字子云，蜀郡郫县（今四川省成都市郫都区）人。汉朝时期辞赋家、思想家、语言文字学家。

（二）扬雄其事

谈到扬雄，世人对他的印象大多是文采焕然、学问渊博，有名篇《河东赋》《甘泉赋》，是西汉末年最著名的辞赋家，但在精研哲学、钟情文学之外，却鲜有人知扬雄对语言学的贡献也是非凡卓异，可称是世界上研究方言第一人。

中国土地广袤，方言差异悬殊。汉应劭在《风俗通义序》提到："周秦常以岁八月，遣輶轩之使，求异代方言"，即秦朝以前，每年八月政府都会派遣乘坐轻车的使者到各地搜集整理、记录方言，但这些宝贵的语言材料后因战乱而散佚了。大汉帝国建立后，境内东南西北方言杂处。扬雄慧眼独具，体察到通语正音导致方言成为了匡谬正俗的对象问题，认为"典莫正于《尔雅》，故作《方言》"。（常璩《华阳国志》）他凭一己之力"独采集先代绝言、异国殊语"（刘歆《遗扬雄书》），以周秦残存的资料作为起点，亲自收集记录各地方言，前后耗费27年时间，写成《輶轩使者绝代语释别国方言》，这是中国乃至世界上第一部比较方言词汇的重要著作，又名《方言》。

扬雄的《方言》开辟了方言地理学之先河，被誉为中国方言学史上第一部"悬之日月而不刊"的著作，比中国第一部字典《说文解字》早一百多年，它的问世表明中国古代的汉语方言研究已由萌芽状态渐渐地发展起来。他在研究过程中保留了两千年前丰富的方言语料，开辟了重视实际语言调查研究和精密训诂的传统，为古音流变研究提供了有力的支撑。

品味巴蜀

四、方志鼻祖——常璩

（一）常璩其人

常璩（约291年—约361年），字道将，东晋蜀郡江原（今成都崇州市）人，是东晋史学家、地理学家，被称为中国地方志鼻祖。

（二）常璩其事

291年左右，常璩出生于当时的蜀中大族。因族人大多读书好文，常璩从小就耳濡目染，能文善墨。347年，东晋大将桓温伐蜀，蜀国的成汉政权受到牵连，官员们不得不归顺东晋，常璩也离开成都到建康给桓温当参军。但他在建康发现东晋朝廷重中原故族，轻蜀人。为反抗建康士流对蜀人的藐视，赞誉巴蜀文化悠远、人才济济，年过半百的常璩愤而埋头修史。他结合自己的生活经历和大量史籍资料，历时6年写出了《华阳国志》。无心插柳柳成荫，本为破除中原士族偏见的一本书，却成了中国现存最早、体制系统最完备的地方志著作。

《华阳国志》全书12卷约11万字，主要以编年体的形式详尽记录了巴蜀地区从远古到东晋穆帝永和三年（347年）期间的历史、地理、风俗、掌故、人物、科技等全方位的知识，以精丽的文笔展露了巴蜀地区独具特色的历史文化、风土人情和乡贤志士文人，是寻根巴蜀文明最翔实、最全面的历史资料。该书一并记载了云南、贵州以及陕西、甘肃等地的内容，展现了常璩开放包容的心态和难能可贵的国家观。他秉笔直书的良史态度，敢于创新的学者风范，维护统一的大局意识，资政育人的济世情怀都值得我们学习和尊崇。

《华阳国志》在中国文献学史及中国方志学史上享有很高声誉。它首次填补了在当时以《史记》为代表的正史中对巴蜀地区的记录空缺，在无法享受信息互联的古代，《华阳国志》成为史学家、文学家们考证西南地方和西南少数民族史，以及蜀汉、成汉史的重要史料。据传，北魏史学家崔鸿为撰写《十六国春秋》，花近30年四处托人访购此书，还未及仔细研读即病故，后世遗憾万千。也是自《华阳国志》以后，"方志"一名才正式确定，"方志"的性质也才由最初一方地理历史纲要之书，演变为记述一地区古今各种事物的百科全书，而地方志作为一种特殊体例的史书也逐渐受到地方政府的高度重视。蜀史巨擘常璩所开创的将地理志、编年史和人物传整合一体的志书编纂体例，影响了后世地方志编撰一千余年，常璩也被后人尊为"中国地方志的初祖"，其开创之功，彪炳千秋。

五、科学先驱——任鸿隽

（一）任鸿隽其人

任鸿隽（1886—1961年），字叔永，今重庆垫江人，辛亥革命元老，曾任孙中山秘书，著名学者、科学家、教育家和思想家，中国近代科学的奠基人之一（图7-3）。

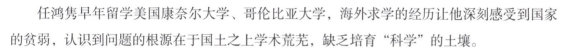

图 7-3 任鸿隽

（二）任鸿隽其事

1. 科普工作奠基人

任鸿隽早年留学美国康奈尔大学、哥伦比亚大学，海外求学的经历让他深刻感受到国家的贫弱，认识到问题的根源在于国土之上学术荒芜，缺乏培育"科学"的土壤。

1914年，任鸿隽在留学生中发起"科学救国"运动，提倡建立中国的"学界"，通过大力发展科学以铸强国家力量。在科学救国思想的指引下，任鸿隽在新文化运动惊雷乍响之前率先擎起了"民主"与"科学"的现代化旗帜，于1915年1月正式创办了《科学》杂志，并大声疾呼："继兹以往，代兴于神州学术之林，而为芸芸众生所托命者，其唯科学乎，其唯科学乎！"该杂志后来成为20世纪前半叶在中国影响最大的综合性科学刊物。同年，他凝聚了一批留学生的力量，成立了中国最早的综合性科学团体——中国科学社，以任鸿隽为首的具有远见卓识的知识分子们充当了科学救国的先锋队，在此后的几十年中，为促进中国现代科学事业的发展作出了重要贡献。

2. 探索实现中国科学体制化

回国后，任鸿隽曾在中华教育文化基金董事会任职。他秉持对科学事业的开拓精神，在十年任职期间，联合基金会的合作者们拨款建设北平图书馆（今国家图书馆前身），资助民国时期的中央研究院、地质调查所、青岛观象台、广东植物研究所、黄海化工研究社和若干大专院校的建设，成立社会调查所，组织编译委员会，开展土壤调查，在大学中设置"科学教席"、科学研究补助金，派遣大批有志于科学事业的青年出国深造等。他们主导的科学事业从后端到前端，遍布各领域、各区域，为20世纪30年代中国科学事业的繁荣，为几代科学人才的成长作出了极大的贡献。

任务二 致敬热血赤子

俗话说"无川不成军""巴出将，蜀出相"，在巴蜀群星中，有这样一些人，既有赤诚忠义、宁为玉碎的铮铮血性，又有以家国天下为己任、大善大爱的高尚情怀，他们身上集中体现着巴蜀人民热血悍勇的精神内核（图7-4）。

图7-4 重庆合川钓鱼城

一、忠信两全——巴蔓子

（一）巴蔓子其人

巴蔓子为古巴国忠州（今重庆市忠县）人，是东周末期（约战国中期）的巴国将军。

（二）巴蔓子其事

《三国志》中有这样一幕，巴郡守将严颜不敌蜀将张非被劝降，严颜却道："巴国自古以来只有断头将军，没有投降将军。"张飞深受感动，于是义释严颜。

严颜所言"断头将军"就是巴蔓子。相传古巴国由四大部落居守，其中一名部落首领白虎巴尤为勇猛，因助周武王伐纣有功被封为巴子国国君，却引来其他部落的不满与内斗，因兵力不足以平乱，巴王只得就近向楚国请求援助。巴蔓子主动请缨前去求兵，楚王却刁难道："我若助你，能得什么好处呢？不如割让三座城池与我。"巴蔓子心中清楚，这三座城是产盐重地，事关民生国安，只愿作口头允诺。但楚王斥其口说无凭，不愿出兵，巴蔓子遂道："我以人头作保，事成之后，定将三座城池悉数奉上。"楚王遂发兵协助平息了内乱。事毕，楚国使者前来讨要三城，巴蔓子道："城池是国家的领土，我无权处置一毫一寸。但人头是我自己的，我如今信守承诺，以头代城交予你们。"语毕取剑引颈谢罪。巴蔓子人头落地，魁梧的身躯却屹然不倒，使者携巴蔓子人头回报楚王，楚王深为所动："若楚国有巴蔓子这样的将军，何愁三座城池！"遂下令撤兵，以上等礼节厚葬巴蔓子人头，巴国也以上卿之礼厚葬其身躯。后唐太宗因感念巴将军的忠勇，于唐贞观八年改其故里"临州"为"忠州"。

现今，英雄巴蔓子之墓位于重庆渝中区七星岗。巴蔓子以身护国的忠勇故事、以行践言的诚信精神仍然感召着当今的巴蜀人民（图7-5）。英雄赞歌传颂千古，巴蔓子也成为巴蜀地区重义气、讲诚信，护国爱民、舍生取义传统道德风尚的人格代表，激励着世代巴蜀儿女。

图 7-5 巴蔓子墓

二、赤子初心——赵世炎

（一）赵世炎其人

赵世炎（1901年—1927年），字琴生，号国富，笔名施英，重庆市西阳土家族苗族自治县人。中国共产党创始人之一，中国共产党第五届中央委员（图7-6）。

（二）赵世炎其事

图 7-6 赵世炎

红遍大江南北的热播剧《觉醒年代》中有一位自我调侃的"黄昏之贼"，他在《我的法兰西岁月》中被称为"双子星"之一，他是那个年代所有奋起青年的缩影，他通英文、好音乐、善演说，"我认的主义一定是不变了，并且很坚决地要为他宣传奔走。"他的热情坚定、刚毅曾令无数人涕泪而下，他就是赵世炎。

1. 与辉光同行之青春

赵世炎出生于地主兼工商业主的家庭，虽然生活条件较为优渥，但自小就有侠义之心，立下了"为生民立命"的伟愿。他三岁进入传统私塾学习儒学经典，小学时期恰逢辛亥革命爆发，在二哥赵世钰的影响下，很快接受了新事物、新思想，开始研读《天演论》《社会契约论》《进化论》等艰深的民主科学著作，成为了学校里第一个剪掉辫子的学生。

1915年，赵世炎考入北京高等师范学校附中，成为《新青年》的忠实粉丝，并结识了改变他一生的师友——李大钊。在大钊先生"青年者，人生之王，人生之春，人生之华也"的感召下，14岁的他加入中国少年学会，成为最年轻的会员；创办《少年》半月刊，宣传新思想、批驳旧制度；从事反帝爱国运动，成为"五四运动"的领头人之一。

1920年，赵世炎放弃去北大深造的机会，告别毛泽东赴法国勤工俭学。在巴黎，每天八小时重体力活的生活体验让赵世炎逐渐贴近了工人群体，他在给友人的信中提到"我诚恳地希望我的朋友务必要从冷静处窥探人生，于千辛万苦中杀出一条血路"。1921年，赵世炎、周恩来和其他三位同志在巴黎成立了旅欧中国少年共产党，赵世炎成为组织的核心，被任命为书记，周恩来为宣传委员。1923年赵世炎与陈延年、陈乔年一同赴苏联东方大学学习，深入了解马克思主义，直接获取了俄国十月革命成功的经验。回国后，他成为李大钊的得力干将，与陈乔年等人共事。

2. 与信仰同行之战斗

1924年赵世炎先后被任命为中共北京地方执委会委员长、中共北方区委宣传部部长。谈起他，大家不无称赞与崇拜，李大钊"世炎极具才干，脑子转得又快，他提出的许多问题都对我深有启发"，他学习能力惊人，通英、法、德、俄、意五语，俨然成为党的"外交大臣"。1925年赵世炎筹建了我国第一所党中央创办的高级党校——北京党校，同时领导"首都革命"推翻了段祺瑞的北洋政府。1926年赵世炎任中共江浙区委组织部部长、中共上海区委组织部主任兼上海总工会党团书记、中共江苏省代理省委书记等职，在国内军阀混战的局面中，他坚持深入工厂、了解工人，组织领导工人运动。"三一八"惨案后，赵世炎先后组织了三次上海工人武装起义。第三次起义推翻了北洋军阀在上海的统治，成立了上海特别市临时市政府。与此同时，"四一二"反革命政变也悄然展开。1927年，陈延年遇害后，赵世炎接过他的职务，带领大家继续战斗。不久后身份暴露，被捕入狱，他把监狱法庭当作战场和讲坛，大义凛然地宣传党的主张和共产主义理想，在严刑拷打之下坚守秘密。1927年7月19日，赵世炎高呼着："志士不辞牺牲，革命种子已经布满大江南北，一定会茁壮成长起来，共产党最后必将取得胜利！"血溅上海龙华警备司令部枫林桥畔。

2009年，赵世炎被中央宣传部、中央组织部等11个部门评为"100位为新中国成立作出突出贡献的英雄模范人物"。

三、实业之魂——卢作孚

（一）卢作孚其人

卢作孚（1893—1952年），原名卢魁先，别名卢思，生于重庆市合川区（图7-7）。近代著名爱国实业家、教育家、社会活动家；民生公司创始人、中国航运业先驱，被誉为"中国船王""北碚之父"。

（二）卢作孚其事

1. 曲折的救国之路

卢作孚幼年家境贫寒，辍学后自学成才，在内忧外困的局面下，

图7-7 卢作孚

他立志救亡图存、振兴中华，虽在促进社会改革过程中经历了"革命救国""教育救国"到"实业救国"的艰难抉择，但他富国强兵之梦从未言弃。

1910年卢作孚加入中国同盟会，从事反清保路运动，后又投身辛亥革命。1913年袁世凯复辟宣告辛亥革命失败，眼看"革命救国"之路式微，他便返回合川，积极投身"五四"运动，转向"教育救国"。1921年在泸州永宁公署任教育科长时，他积极开展以民众为中心的通俗教育与新教育试验，影响全川，随之却在四川军阀混战中被迫夭折。他转而萌生了"实业救国"

品味巴蜀

的念头，经细致考量，他认为交通运输业为"各业之母"，索性弃教从商，靠着从亲友处东拼西凑来的8 000元资金，筹办了以轮船航运业为基础，兼办其他实业与教育的"民生实业股份有限公司"（简称"民生公司"）。

1925年的长江上游航道，都被"太古""怡和""日清"等英日轮船公司占据，中国企业几无一席之地。1930年，卢作孚为抵制外国轮船公司对长江上游航运的垄断，发起"化零为整"运动，5年时间陆续统一了川江航运，开辟了数千米的内河航线，拓展了港澳和东南亚航线，迫使外国航运势力退出长江上游。到1950年，民生公司总资产达到8.437亿元，拥有140多艘客货轮船，70多个独资或合资企业和附属设施，还资助建成了北川铁路、天府煤矿、三峡织布厂、中国西部科学院、乡村电话网络等公共设施，大力扶持国家学校、科技、工业发展。

2.惊险的宜昌大撤退

1938年秋，抗日救国战争如火如荼，武汉大会战失守后大批人流物流从华东、华北、华中地区涌入宜昌，因蜀道奇难，准备靠水路西迁逃难。此时，在"中国船王"卢作孚眼前的是即将沦陷的宜昌——"汉口陷落后，还有三万以上待运的人员，九万吨以上待运的器材，在宜昌拥塞着，全中国的兵工工业、航空工业、重工业、轻工业的生命完全交付在这里了。"

局势紧张，卢作孚顶住日本空军的狂轰滥炸，以及长江枯水期即将来临的巨大压力，亲临现场，指挥了惊心动魄的"宜昌大撤退"。在这场大撤退中，来自民生公司的20余艘货船和800余艘木船一面躲避空中的炸弹、一面奔波于险滩礁石密布的长江三峡中。为绝地求生，卢作孚想方设法分航段、开通夜航，经40天奋战完成了当时1年的运送量。抢运了聚集在宜昌的避难人员150万余人、物资100万余吨，高校数十所，上万吨军工以及其他工厂设备。而民生公司有16艘船只被炸毁炸沉，117名船工牺牲、76名伤残，他们以巨大的贡献和牺牲保存了当时中国的政治实体、经济命脉以及教育文化事业（图7-8）。

图7-8 宜昌大撤退中的逃难者

有历史学家将这次抢运誉为中国版的"敦刻尔克大撤退"。在第二次世界大战中，英国海军依靠军事指挥，举全国之力才完成敦刻尔克大撤退，而宜昌大撤退则依靠的是卢作孚和他的民生公司。那些抢运的工厂和设备在重庆恢复生产，构成了强大的军事工业基础（据统计，当时每月可造30万枚手榴弹，7万枚迫击炮弹，6 000枚飞机炸弹，20多万把十字镐），民生船舶又将这些武器弹药、军需物资运往前线。整个抗战期间，民生公司的船只运送出川的军队共计270.5万人，武器弹药等30多万吨，极大增强了军队战斗力，有力阻滞了日军的西进。

任务三　礼赞巾帼英雄

巴蜀之地山川奇绝秀美，孕育了一大批秀外慧中、才情并茂的女子，她们展现了巴蜀人海纳百川、兼容并包的精神特质。这些女子如苍劲骨韧之竹与山野艳丽之花，构成了巴蜀地区特有的女性文化，对中国女性文化史产生了巨大影响。

一、女企业家——巴清

（一）巴清其人

巴清（生卒年不详），名清，因历史未载其姓，取地名巴郡之意称为巴，为今重庆长寿区人，是战国时期的大工商业主，中国乃至世界上最早的女企业家，后秦始皇以贞妇客之。

（二）巴清其事

如果将长城与女性联系起来，我们脑海中第一个浮现的恐怕是哭倒长城的孟姜女，但孟姜女系民间传说，不一定真实存在，而曾捐助巨资帮助秦始皇修筑长城的巴清则被记录在《史记》《一统志》《括地志》《长寿县志》《华阳国志》等史料中。

据《史记·货殖列传》短短60余字载，巴清的家族在巴郡枳县，因发现丹砂矿，通过发展炼丹业在战国时期发家致富。巴清22岁那年丈夫早亡，因家族中无男丁，她挺身而出扛起了家业的重担。古人将丹砂称为长生之宝、不死之药，需求量极大，巴清用敏锐的商业头脑捕捉了这一机遇，她一方面改良祖传冶炼技术，提升产品质量，一方面合理安排生产布局规模，加强经营管理，同时注重品牌效应，提高经济效益，很快成为当时最大的丹砂业主，销售网络铺满全国，从而被近代史学家、经济学家称作"中国最早的企业家""中国最早的工商业主"。家业极盛时期，巴清家有仆人上千、工人及士兵上万（当时枳县总人口约四五万人），家财约合白银八亿万两及赤金五百八十万两，以至名显天下、富可敌国。

虽为富豪，但巴清并未倚仗雄厚的财力欺压一方，而是积极参与慈善事业，多捐善款救助老弱孤儿，被当地奉为"活神仙""社会贤达"。且在秦始皇举全国之力修筑长城时，她更是基于保卫国家人人有责的宏识倾囊相助。为匡饬异俗，秦始皇在她逝后专门下旨修筑"怀清台"以示褒扬和尊重。

2000多年前，封建农业社会重农抑商、重男轻女，而生活在偏远巴地的巴清却能以女性商人的身份在历史的卷轴上留下浓墨重彩的一笔，这是极其难能可贵的。

二、心比日月——武则天

（一）武则天其人

武曌（624—705年），即武则天，生于利州（今四川广元），唐朝至武周时期政治家，武周开国君主（690—705年在位），是中国历史上唯一的正统女皇帝。

（二）武则天其事

武则天富有政治才能，在近半个世纪的执政期间积极作为，开创了上承"贞观之治"，下启"开元盛世"的"贞观遗风"，对唐代乃至中国古代的历史发展产生了重要影响。

1.华丽的转身

武则天出身士族家庭，父亲武士彟是唐代开国功臣，母杨氏是隋朝皇室，家境殷实，受过良好教育。但因父亲早逝，自己与母亲受到原配二子排挤欺凌，生活艰难，不得已投奔母亲亲族。在生活的磨砺之下，她的性格果敢勇武。十四岁那年作为亲族拉拢皇室政权的棋子初入皇宫，因性格才情不讨喜，直到李世民去世武则天仍为五品才人，按规制被发配至感业寺出家，与青灯长伴。

但她并未就此沉沦一生，在感业寺，武则天写下了情诗《如意娘》："看朱成碧思纷纷，憔悴支离为忆君。不信比来长下泪，开箱验取石榴裙。"唐高宗李治阅之随即暗中接她重回宫中。武则天凭借自己过人的智略、进退有度的风仪，协助高宗与关陇集团斡旋斗柄，一步步稳固了朝政。在高宗的信任下，她也一步步从幕后走向台前，在31岁时登上后位，站在了政治权力的中心。她抓住当政者缺位的机遇，逐渐掌握了国家实权，最后挑战世俗、打破传统，凤临天下，成为中国历史上第一位女皇帝。

2.卓越的能力

武则天颇具才情、兼涉文史，《全唐诗·卷五》收录其诗共计46首，传著有《垂拱集》（已佚）。67岁正式称帝后，"政由己出，明察善断，故当时英贤亦竞为之用"（《资治通鉴》），展现了自己的识人之智、用人之术和容人之量。唐初四杰之一骆宾王曾参与扬州兵变讨伐武则天，撰《讨武曌檄》一文斥责她祸乱朝纲，而武则天阅毕却感叹骆宾王文采飞扬，责备宰相竟然让这样的稀世之才流落民间。她一方面打击门阀、扶植庶族，知人善任、广揽人才，开创了殿试、武举及试官制度，她选拔的姚崇、宋璟、张九龄后成为开元时期的名相。另一方面重农桑、兴水利，领导编写《兆人本业记》，且以地方农业优劣为指标评价地方官员政绩，鼓励将帅在边远地区屯田。在边患频仍的外部环境下，她调兵遣将、平息外患，收复了安西四镇，一度使后突厥归降。因此，武则天统治时期，社会整体安定富足，农业、手工业和商业都有了长足的发展，文化艺术繁荣昌盛，遗泽后世。她退位时，全国户口由高宗时期的380万户增长到615万户（《唐会要》），空前的增长速度为盛唐局面的出现奠定了坚实基础。但她任用酷吏、屠戮李唐宗室的行为也为人诟齿。最后，她的一生由一尊无字碑结束，功过是非留与后人评说。

三、成都卫士——浣花夫人

在纪念伟大诗圣杜甫的博物馆——成都杜甫草堂里，有一座祠堂名为"浣花祠"，而祠中又供奉着一名女子，这是为何呢？

（一）浣花夫人其人

浣花夫人（生卒年未有详细记载，约生活于唐朝中期），任氏，蜀郡成都人，喜弓马、善骑射，为唐代名将、使相，剑南西川节度使崔宁继室。

（二）浣花夫人其事

成都人家喻户晓的浣花夫人任氏也曾居住于现杜甫草堂处——"梵安寺乃杜甫旧宅，在浣花，去城十里，大历中，节度使崔宁妻任氏居之，后舍为寺"。（《蜀记》）

1. 蕙质兰心

浣花夫人之名缘何而来？宋熙宁年间吴中复于古碑上找到了答案："夫人微时，见一僧坠污渠，为濯其衣，百花涌出，因而名其潭。"相传任氏小时居住在浣花溪附近，一天在河边濯衣时，一位癞头和尚路过，不巧跌入了一旁的污水沟中，好容易爬上来，全身上下又脏又臭，浣纱女们纷纷掩鼻而逃，只有任氏主动上前，让和尚脱下僧衣，为他濯洗。袈裟甫一入水，水中立时开出朵朵五彩缤纷的莲花，有道是"看取莲花净，应知不染心"，这净水莲花就如任氏邻水照心。此后，任氏浣衣处便被世人称为"百花潭"，小河为"浣衣溪"，任氏为"浣花夫人"。

2. 舍命护城

浣花祠中有一副清代大学者俞樾所撰的楹联："新、旧书不详冀国崇封，但传奋臂一呼，为夫子守城，代小郎破贼；三、四月历数成都盛事，且先遨头大会，以流觞佳节，作设帨良辰。"原来唐代宗大历三年(768年)，任氏曾率兵破贼保城有功，护卫城内百姓免遭掠夺与屠戮。据《蜀中广记·宦游记》《旧唐书·崔宁列传》《唐书》及《资治通鉴》等书记载，唐德宗召崔宁入朝，守卫成都的重任便托付给了崔宁之弟崔宽。泸州刺史杨子琳曾被崔宁大败，积怨于心，眼看复仇的时机来了，即刻发动叛乱，率领数千精兵一路烧杀劫掠，崔宽屡战不敌，被杨子琳一举攻入成都，占据了城池。眼看成都人民被困在城内，生灵涂炭、形势危急，任氏魁伟果敢地散财募兵。她用十万家财招募了勇力千人，并亲自披挂、调训兵马，上阵冲锋、抵御顽敌。任氏的壮举使"子琳大惧"，加之"城内粮尽""乃拔城自溃"。事后，朝廷感念任氏以一弱女之躯舍命护城，"特赐"任氏为"冀国夫人"。任氏的义举让巴蜀一带在唐中后期内忧外患的种种祸乱中，仍然维持了相对的安宁。唐朝诗人岑参听闻其英勇事迹后，特作《冀国夫人歌辞七首》："甲士千群若阵云，一身能出定三军。仍将玉指调金镞，汉北巴东谁不闻。"宋民间文士马俌也曾吟《浣花溪》："浣花溪边濯锦衣，百花满潭溪水香。宝衣散尽有霜戟，草秣匹马不可当。"

图7-9 浣花祠

成都人为纪念这位既良善又勇武的女性，每年于其生辰（阴历四月十九）举行"浣花遨头"活动。而浣花夫人的护国气魄也融入了历代巴蜀女子的血液中，造就了川渝妹子的独特气质（图7-9）。

四、慧心爱才——卓文君

（一）卓文君其人

卓文君（前175年—前121年），原名卓文后，西汉时期蜀郡临邛(今四川省成都市邛崃市)人，因精音律、善抚琴、通文辞，被誉为中国古代四大才女之一、蜀中四大才女之一。

（二）卓文君其事

中国戏剧史中，有一则题材备受剧作家的青睐，那就是文君与相如的爱情佳话，卓文君以她"愿得一心人，白头不相离"（《白头吟》）的婚姻观、恋爱观赢得世人的称赞。

1. 美与勇

卓文君姿色娇美，晋葛洪《西京杂记》形容她"眉色如望远山"，而她的爱情则被扬雄解读为"司马长卿窃赀于卓氏"。（《解嘲》）据《史记》《汉书》《西京杂记》中载，文君出嫁后，十七岁即丧夫，返居娘家。恰巧爱才的梁孝王去世，司马相如在长安碌碌无名，再回成都已是落魄潦倒，只得到临邛投靠旧友县令王吉。虽是客居，但当地富豪有心结交这位风仪典雅的才子，卓文君的父亲卓王孙也专备酒席，宴请贵客。席间司马相如以琴曲助兴，一首《凤求凰》让两颗失落的心碰撞出了爱情的火花。文君倾慕相如，也敢于突破礼教、冒天下之大不韪，当夜即与相如私奔成都。面对家徒四壁的生活，一个出身"家僮八百人"的富家女子，一个抚琴弄墨的才女，甘愿放下身段当垆卖酒——"俱之临邛，尽卖其车骑，买一酒舍酤酒，而令文君当垆。相如身自着犊鼻裈，与保庸杂作，涤器于市中。"卓王孙得知后只觉脸面全无、满心愤懑，意欲解除父女关系，在亲友苦口相劝下不甘不愿地分给文君"僮百人、钱百万"。

2. 爱与慧

有了卓文君的支持和经营，司马相如潜心创作，事业如虎添翼。不久后汉武帝读到了他的《子虚赋》，大为赞赏，"得任为郎"。在文君身上，浪漫的爱情与"家国天下"并不矛盾，她自身颇有思想才干，也尊重人才、爱护人才、支持人才，相如的文韬武略都有她一份功劳。在相如"奉使巴蜀"之时，卓文君更是做好了贤内助的工作，积极争取蜀商支持，协助他成功招抚西南夷，将西南夷和平纳入了大汉版图，有效保障和促进了早期南方丝绸之路的畅通。虽然两人的婚姻后期也经历波澜，"相如作赋得黄金，丈夫好新多异心。一朝将聘茂陵女，文君因赠白头吟"（李白《白头吟二首》）。但卓文君用自己的智慧与情义捍卫了神圣的誓言，也让司马相如回心转意。司马相如辞世后，卓文君细心收藏保管其著作，让他的作品得以流传后世、发扬光大。

五、巾帼英雄——秦良玉

> **教学互动**
>
> 你认识哪些中国古代的巾帼英雄呢？能讲一讲关于她们的传奇故事吗？

（一）秦良玉其人

秦良玉（1574—1648年），字贞素，四川忠州（今重庆市忠县）人，明朝末期战功卓著的民族英雄、女将军、军事家、抗清名将。官至光禄大夫、忠贞侯、少保、太子太保、太子太傅、四川招讨使、中军都督府左都督、镇东将军、四川总兵、提督、一品诰命夫人（图7-10）。

（二）秦良玉其事

花木兰、穆桂英、樊梨花、梁红玉，杨门女将……虽然这些巾帼英雄的故事早已脍炙人口，忠勇侠义的形象更是深入人心，但她们几乎都来自文艺虚构，唯一一个被二十四史单独立传记载的女性名将的故事却鲜为人知。她让惜诗如金的崇祯皇帝为她赋诗四首——"蜀锦征袍自裁成，桃花马上请长缨。世间多少奇男子，谁肯沙场万里行。"她，就是秦良玉。

1. 何必将军是丈夫

秦良玉的父亲秦葵是岁贡生，在父亲"执干戈以卫社稷"的救世济民热情影响下，秦良玉自小就埋下了一颗掌军挂帅的雄心。她跟随父亲舞枪弄棍、熟读兵书、演习阵法，表现出了优秀的军事才能，这让秦良玉的三个兄弟也难望其项背。秦父对她颇为宠爱，曾说："惜不冠耳，汝兄弟皆不及也。"而她不仅"为人饶胆智，善骑射"，还"兼通词翰，仪度娴雅"（《明史·秦良玉传》），骑马射箭、诗词书画、女红刺绣皆精通，有文韬武略之才。

图7-10 秦良玉雕塑

秦良玉直到22岁仍未成婚，为择良婿，家里为她举办了一场比武招亲，石柱宣抚使马千乘应名前往，擂台一战抱得美人归。秦良玉当上土司夫人后，协助丈夫一同练出了一支威名远扬的"白杆兵"，同时，她也指导当地人发展农业生产，百姓安居乐业。万历二十七年贵州爆发战乱，朝廷派地方武力前去镇压，秦良玉夫妇应召率3 500名白杆精兵前往。秦良玉活用兵法、带头冲锋，一计引君入瓮，"首击败之，追入贼境，连破金筑等七寨"。一举歼灭了杨应龙和他的部队，"为南川路战功第一"。经此一役，秦良玉骁勇善战、所向披靡的"女将军"威名声震远近。

万历四十一年（1613），秦良玉的丈夫马千乘因被太监邱乘云诬告，被捕入狱后病死。夫妇俩的儿子马祥麟年纪尚幼，无法接任父亲的职务，秦良玉在悲痛中勇担石柱宣抚使的重任，训兵不怠、理民政事，保卫了一方的安谧昌平。也是在这之后，这位身披血红长袍、身跨桃花高马、手执白杆长枪的女将，成为风雨飘摇的明王朝后期唯一的一抹亮色。

2. 饮将鲜血代胭脂

明神宗万历末年，宦官专权、社会动荡、民变兵变频仍，沉溺于六朝金粉的软骨们醉眼迷蒙。虎视眈眈的清兵不断袭扰大明边境，朝廷连连失利，紧急重调全国兵马赴解辽东之危，四十六岁的秦良玉连同自己的哥哥、弟弟、儿子也在卫边之列。但几个月时间里君王接连崩逝，政权岌岌可危，清兵乘虚攻占了沈阳，秦良玉的哥哥为夺回山河，在浑河之战殉身，秦良玉含着眼泪，亲自率三千白杆兵日夜兼程，往山海关镇守要塞，将弟弟救出重围。国家危急时刻她挺身而出，成功抵御了清军的进攻，嘉宗被她忠勇双全的英雄气概感动，下诏赐予她二品官服，并封为诰命夫人。接着数年，秦良玉平定了永宁宣抚使奢崇明的叛乱、匪首安邦彦之乱。

天启七年，清兵再次来犯，京师形势危急，其他将领都作壁上观，只有她自备粮饷、驰援京师。56岁的秦良玉奋力拼杀、用兵如神，带领手下白杆精兵将清兵打得四散而逃，京城之围破解。崇祯帝即刻在殿外召见她，亲自为她披上龙凤袍（图7-11）。而后，年过花甲的秦良玉与起义军对抗，连战连捷，解除了太平之围，击败张献忠、罗汝才、东山虎等将。只是明王朝的颓势已不可挡，秦良玉在75岁时逝世，被南明王朝追谥为"忠贞侯"。回观40余年戎马倥偬的豪迈生涯，秦良玉的赫赫战功和她的赤色丹心成为那段史册中最为耀眼的光。史评："秦良玉一土舍妇人，提兵裹粮，崎岖转斗，其急公赴义有足多者。彼仗钺临戎，缩朒观望者，视此能无愧乎！"（《明史·秦良玉传》）

图 7-11 重庆三峡博物馆藏
秦良玉平金绣龙凤袍

任务四　传颂千古奇才

孙中山先生曾感言"唯蜀有才，奇瑰磊落"，巴蜀之地盛产个性张扬、坚毅乐观、叛逆激情的大才子，他们永远情感丰富，又崇尚自由、乐观豁达，在他们不屈于世的浪漫自我追求中，展现了巴蜀人奇瑰磊落的精神价值。

一、秉直磊落——陈子昂

（一）陈子昂其人

陈子昂（659—700年），字伯玉，四川射洪人。唐代文学家、诗人，初唐诗文革新人物之一，被誉为"诗骨""海内文宗"，对初唐以来的中国文学产生了深刻影响，官至右拾遗。

（二）陈子昂其事

1.开局不走寻常路

据《陈氏别传》（卢藏用）《太平广记》《龙文鞭影》《旧唐书·陈子昂传》等所载，唐高宗显庆四年（659年），陈子昂出生于一个门楣光耀的世家大族，祖上曾辅佐刘邦建立西汉政权。殷实优渥的生活环境让他染上"以豪家子，驰侠使气"的习气，好赌、贪玩、任性、斗殴，以至于"至年十七八未知书"。机缘巧合之下陈子昂"从博徒入乡学"，那些寒窗苦读的学子们给了他心灵一记重击，或许舞刀弄剑的少年意气并不能于世有用，但发愤读书、成就功名或能为国驱使。所谓浪子回头金不换，他解散了昔日一众狐朋狗友，开始潜心钻研经史。天资聪颖的他几年便"经史百家，罔不赅览"。唐高宗调露元年（679年），20岁的陈子昂与当时怀有远大抱负的文人们一样，满怀激情地奔向大唐王朝的政治、文化中心长安，进入最高学府国子监学习，以求获得出人头地的机会。但在二次科举考试中，陈子昂均未及第。

原来那时科考前，考生们都要结交名宦府第，拉拢靠山、打出名号。而自巴蜀偏狭之地初闯关中的陈子昂，不被中原氏族看重，才学籍籍无名。逗留长安之际，陈子昂一日在街头见有胡人出售一把胡琴，要价一千缗，引来众人围观。他计上心来，挤出人群，连价也不还便买下了。围观群众哗然，争相一睹千金之琴的风采。陈子昂便与大家约定第二日在长安最气派的酒楼开胡琴演奏会。陈子昂一掷千金的事迅速蹿升长安城热搜第一，第二天城中民众、名流士子们蜂拥而至，陈子昂却高呼"蜀人陈子昂，有文百轴，不为人知，此乐贱工之乐，岂宜留心"举琴一摔，顷刻间千金之琴化为碎片。一片惊疑声中，陈子昂拿出自己的百十轴行卷分送众人，京兆司功王适阅毕惊叹"此人必为海内文宗矣！"

世人终于知道了这位来自蜀地文采飞扬的才子，唐睿宗文明元年（684年），陈子昂进士及第，并因一篇《大周受命颂》得到武则天重视，被授麟台正字，又升迁右拾遗等职。在职期间，陈子昂直言敢谏、不避权贵，在指陈时政、议论民生中展现出了卓越的政治见识和政治才能。但他也因多次指出信用酷吏、滥杀无辜、起兵伐羌等弊政，得罪了权贵，一度被归为反对武后的"逆党"而株连下狱。

品味巴蜀

2.结局留憾人唏嘘

垂拱二年（686年）与万岁通天元年（696年），陈子昂随武攸宜北征契丹，担任军中参谋。武攸宜骄横轻率、刚愎自用，兵败危急之时从不采纳陈子昂的策谋，还将之降为军曹。曾经那个喜武好侠的少年眼看报国宏愿将幻泡影，痛登蓟北楼，将自己仕途艰难、壮志难酬、生不逢时、知音难觅的愤懑和孤独悲吟而出。虽有言人与人之间的悲欢并不相通，但陈子昂却做到了用悲怆而震撼的审美让人类的命运在这一刻相通——浩渺的空间与时间中人类既渺小又孤独，每一个人都在陌生的时代与环境中挣扎融入而又格格不入。

武则天圣历元年（698年），38岁的陈子昂心灰意冷，请求解官回乡照看父亲。权臣武三思、武攸宜仍追加迫害打压陈子昂，在他父亲病死居丧期间，唆使射洪县令段简罗织罪名，加以陷害。段简"闻其家有财，乃附会文法"，子昂家人唯恐得罪官府，送了20万缗钱给段简以求息事宁人，随即段简以行贿之罪将子昂下狱。陈子昂投诉无门，两年后，在狱中含冤而死，当地百姓听闻后自发罢市三日。昔人虽已去，但唐中兴时期的伟大诗人李白、杜甫等无不仰慕其为人为学，多有吟咏慨叹。

二、不老少年——李白

（一）李白其人

李白（701—762年），绵州昌隆人（今四川绵阳江油），武昭王李暠九世孙（《新唐书》），字太白，号青莲居士，又号"谪仙人"，唐代伟大的浪漫主义诗人。李白为人爽朗大方，爱饮酒作诗，喜交友，被后人誉为"诗仙"（图7-12）。

图7-12 李白画像

（二）李白其事

1.得意时的仗剑去国

李白幼时随父亲居四川绵州青莲乡，雄秀奇绝的山水滋养了李白热情豪放、傲岸不羁、天真烂漫的个性。李白的父亲虽是个商人，却颇重视文化修养，时常亲自指点其读书，并让他跟随赵蕤学习帝王纵横之术。李白天分奇佳又博览兼收，少年时期已经显露出非凡的才华。他概览中国的历史、地理、诸子百家、儒道典籍，"五岁诵六甲，十岁观百家""十五观奇书，作赋凌相如"；他多才多艺，练得一手狂草，书体艺术风格卓著独异，擅长音律、能鼓琴；他精于剑术、能骑善射，剑成了他"杀人红尘中"的武器、寄托一生壮志豪情的伴侣。在人生的前25年里，李白过的是"结发未识事，所交尽豪雄"的任侠尚义、不事产业的孟浪生活。开元十四年（726年），李白幡悟久约盆地桎梏是无法实现男儿万里之志的，以慨然的气魄"辞亲远游"。"蜀道之难，难于上青天"是李白对巴蜀地形四塞、通勤困难的感叹，更是对盛世时期难以突破重重社会政治屏障跻身历史主流舞台的婉叹。但蜀人李白怀着治国平天下的远大抱负，身负长剑、一叶轻舟，于壮观的三峡中破浪而出，向世界宣告他的到访，他的少年意气震山荡谷，他的豪壮吟啸贯古彻今。

2.困顿中的自我觉醒

李白从不对自己热烈的功名之心稍加掩饰，出蜀后不断寻找时机，以求施展抱负。期间他不改自己饮酒任侠之性，四处饱览祖国的大好山河，慷慨救助怀才不遇的有识之士。27岁，经孟浩然介绍，李白在湖北与故宰相许圉师的孙女结亲，期间三年，他广为交游，先后向韩长史、裴长史等州官毛遂自荐、陈述胸怀，希望能得到援引，却未有下文。那个恃才傲物、对前途一片信心的巴蜀少年，此时觉出了晦暗不明的政路，生出了"出门悲路穷"的愤意，继而登泰山、游洞庭、探幽谷、来到黄河之滨、立马蓟北平原……他在不停与山水的对话中完成了对自我的体认，也见证了开元盛世政局稳定、国力荣盛之下，征役劳伤、妻离子散、苦怨沸腾的民间，勾连结伙、妒贤嫉能、贪污弄权的官场，更吸引了李邕、孟浩然、吴筠、贺知章、杜甫、高适、宋若思、郭子仪、汪伦等一众追随者。

误解与嘲笑难掩李白诗名卓著、名播海内，蜀人李白的名字，在他42岁那年，由玉真公主、吴筠、贺知章等人传入了唐玄宗耳里，圣上属意宣召李白。李白告别妻儿，著鞭跨马直奔长安，他此时踌躇满志、振奋不已，满心以为将一展辅国济民的宏图。来到皇宫贵胄身边，李白以凝练盛唐的时代气度，与帝王将相们谈笑风生、纵饮无怯，也对玄宗提出"以仁德折服万邦，以礼乐教化蛮夷"的德治仁政。但当朝权贵们看不起他是一介布衣、商贾子弟，玄宗让他专掌钦命文书，也不过属意他点缀太平之文辞。或许是受道家追求逍遥无碍思想的影响，他深知自己不能稍改本性，更不愿在人前卑躬屈膝、假意奉承。在理性追求与本性驱使的矛盾中，李白昂扬的自我觉醒了，他以力士脱靴、贵妃研磨、让皇帝亲手调羹汤喂食的行为来向诋毁欺压他的力量宣战。"众草凌孤芳"的处境，诽谤污蔑、恶意攻讦的构陷最终让他被放逐出京。解开羁绊放还山林，李白再次开始漂泊无定的困窘生活，虽是岁月蹉跎、事业无就的落魄形象，他的诗文却成为时代流光溢彩的华章妙句。

安史之乱的乱离景象，再次激起了李白"苍生竟何罪"的济民之心。他投奔永王李璘麾下，却遭到肃宗谋逆之罪的绞杀，逃亡途中被捕入狱，流放贵州夜郎。759年，关中旱荒，肃宗大赦天下，李白获释得以朝辞白帝，后辗转漂泊于湖南、湖北、苏皖等地，体世情冷暖、国事危急。761年，李白意欲追随李光弼平叛，却于第二年在当涂因病辞世,结束了"生事如转蓬"的一生（图7-13）。

图 7-13 江油市大型幻景人文诗舞剧
——《李白归来》

李白是一个诗人，也是一个时代的精魂，更是一个独立的人格在文化中的自我浮现、自我表达和自我屹立，他生就一副傲骨，当真"纵死侠骨香，不惭世上英"。

三、人间宝藏——苏轼

（一）苏轼其人

苏轼（1037—1101年），字子瞻，号铁冠道人、东坡居士，世称苏东坡、苏仙、坡仙，四川省眉山人，北宋政治家、文学家、书法家、画家、美食家、发明创造家，历史治水名人（图7-14）。

图 7-14 苏轼画像

（二）苏轼其事

苏子瞻除了文采冠绝古今，最打动人的，还是他卓尔不群的才艺、救世济民的热心和那个有趣的灵魂。

1. 旷世奇才

苏轼可谓是文化界中的全能选手，诗、词、散文、书法、绘画无一不晓、样样精通。文章，好友黄庭坚赞"东坡文章天下妙"，文坛领袖欧阳修阅毕评"不觉汗出"，宋仁宗叹"奇才"。书法，被尊为苏、黄、米、蔡"宋四家"之首，他的行书代表了宋人"尚意"的书风特色，被贬黄州第三年寒食节的感伤随笔《寒食帖》，笔法线条随情感自由变幻、富韵律节奏，被誉为天下第三行书。绘画，他秉"诗画本一律，天工与清新"的理念，将诗词中的创作技法融入绘画艺术，重视意境美甚于形式表现，大胆开创了文人写意画的潮流（图7-15）。

图 7-15 苏轼画作《潇湘竹石图》局部

2. 爱民如子

苏轼一生心系百姓福祉。水利、医学、盐业、教育、民俗……官至一处，苏轼即解民生的痛点与症结：任凤翔府签判，疏浚东湖，默《简要济众方》五卷，解当地缺医少药之难；任徐州太守，危情之下身先士卒治理黄河决堤，获皇帝亲笔嘉赞；仅任五日登州知州，接连上奏《乞罢登州榷盐状》《登州召还议水军状》，罢废当地榷盐政策、加强边防，保国计民生之安宁；任杭州知府，整饬西湖内涝，造就"苏堤春晓""三潭印月"胜景，设公私合营医院"安乐坊"便民求医问诊；任密州知州，治蝗灾，保民足食；贬黜黄州，向眉山神医求方撰《圣散子方》以解瘟疫之急，后即整理各种验方写成《苏学士方》，供当地百姓防病治病；下放惠州，造桥、种药、打造饮水工程利民生活，引入"秧马"发展农业；流放海南儋州，食无肉、病无药、居无室、出无友，却不妨他走进群众研究百姓生活，专著《书海南风土》，举办儋州文教，以帝王之师的身份亲自给汉黎子弟讲学，培养出海南历史上第一个举人姜唐佐。

3.灵魂有趣

苏轼完美地诠释了面对人生时一个人所具备的坚韧性、丰富性、可能性。纵观苏轼一生，春风得意过，死里逃生有过，但失意占多数。他出道即巅峰，年仅二十一岁就以科考第二名的成绩名震京师，预定了下届宰相之位。但人生的困境、绝境却接踵而至，生活上遭受丧母、丧妻、丧父、丧子、丧师、丧门生之痛，事业上始终陷于党争的夹缝，出离中央、历任四州、乌台受审、贬谪黄州、连放惠州儋州，历经三起三落，最后病死他乡也未能实现忠君报国、富国强兵的夙愿。但无论居庙堂之高还是躬耕东坡，无论身处云端还是与尘泥为伴，他面对生活的态度直让人忍俊不禁。生活家的他是醉酒后放飞自我高唱大江东去、日啖荔枝三百颗后上火生痔、山穷水尽后提笔挥就"天涯海角"、同行皆狼狈后的余独不觉，是创造东坡肉、东坡饼、东坡羹、烤羊蝎子、烤生蚝等美食的高级美食家、带货小能手。段子手的他是自称"石压蛤蟆体""满肚子的不合时宜""则众狗不悦矣""我生涉世本为口"的自嘲，是与损友黄山谷、佛印的谐趣抬杠。发明达人的他是"呵呵"、失笑喷饭、河东狮吼等潮流用语的首创者，是东坡笠、提梁壶等时尚单品的设计师。

与李白被称为"仙中人"不同，苏轼身上含容三教的气质、入乎其内又出乎其外的生活法制、既有生气又有高致的思想境界、以出世之心做入世之事的永恒智慧，让他更似"人中仙"。2000年，苏轼入选法国《世界报》评选的千年英雄，大抵因他既集中体现了中国传统文化的核心人格要素、人性光辉，又昭示了人类对抗命运中的荒谬与无意义时西西弗斯式的开解与宽悟，是巴蜀人文精神的世界典范。

四、倔骨学士——杨慎

（一）杨慎其人

杨慎（1488—1559年），字用修，号升庵，别号博南山人，明代三才子之首，文学家、学者，今四川省成都市新都人（图7-16）。

（二）杨慎其事

《三国演义》开篇一曲《临江仙》道尽了时代的风云沧桑，也是杨慎晚年回望自己一生大起大落的通透感言，他有特立独行、倔强傲骨的传奇人生，也有在中华文化和西南边陲地区文化中留下的浓墨重彩。

图7-16 杨慎画像

1.仗义死节是天性

杨慎家门显赫，族人五世为官，官至宰相，出了一个贡生、一个举人、六个进士、一个状元，世人称颂"科第甲全川"，是实实在在的名门望族。其父杨廷和更是在12岁时中举，19岁时中进士（图7-17）。有这样的父亲悉心培养，杨慎很难不成大器，年仅11岁，"小神童"的名号早在京城流传开来，被李东阳收

图7-17 新都杨升庵祠桂园

入门下。虽在第一次科考中试卷被烛火燎毁，但杨慎24岁即以殿试第一的成绩登上状元宝座，授官翰林院修撰，朝堂中重臣宿儒对他"枕藉乎经史，博涉乎百家"的才智也是心悦诚服。杨慎上任后协助身为内阁首辅的父亲整治朝纲、革新弊政、铲除奸臣，推动了"弘治中兴"盛世的形成。28岁，被任命为经筵讲官，为武宗讲史论经。作为帝傅的杨慎见武宗好逸乐纵情，不理国务，密奏《丁丑封事》劝谏武宗应心系天下苍生百姓，以政事为重，武宗却将他气辞归乡。不久武宗薨逝，且未留有子嗣，群臣商议后决定按《皇明祖训》"兄终弟及"的规定，由武宗旁支藩王朱祐杭的次子朱厚熜入继正统，嗣位嘉靖帝。嘉靖以小宗入嗣大宗，权位不稳，欲巩固个人权威和家支势力独断朝野，以"继统不继嗣"为由，于嘉靖三年提出史上有名的"大礼议"，伺机打压芟除先朝阁臣和言官。随即，杨廷和被勒令辞官，削籍为民。杨慎不避斧钺、犯颜直谏，带领二百多名文武大臣长跪左顺门，疾呼"国家养士百五十年，仗节死义，正在今日！"嘉靖怒不可遏，派锦衣卫捉拿杨慎等人下狱，并施以廷杖之刑，十八人当场杖死，杨慎两度受刑，被罚"永远流放"边地云南永昌卫。

2.壮志不息成大家

倔强、刚直是杨慎这样的封建文人的致命伤，"大礼议"让杨慎从昔日状元郎、堂堂朝廷命官成为一个沦落天涯的戍卒。而抵达戍地，也历经九死一生："挽舟由潞河而南，值先年被革挟怨诸人，慕恶少随以伺害，公知而备之，至临清，始散去。"（简绍芳《杨文宪升庵先生年谱》）不幸中的万幸，永昌严时泰敬慕大名鼎鼎的才士杨慎已久，对他优待有加，为他绝域荒外的戍途平添了一抹暖色。发配滇南三十年，杨慎矢志弥坚，开启了文化苦旅的修行，他博览群书、考古察今，从游讲学、著书立说，活成了一部大百科全书。他在阿迷学馆、碧峣精舍、云峰书院等学堂讲学布道，为蛮荒闭塞的边地启蒙，培育了滇云文坛"杨门七子"；他热衷诗文、经学、史地、书画、音乐、戏剧、金石、训诂、天文、医学等领域的创作研究，著书达298种（四川省图书馆《杨升庵著述目录》），后人辑为《升庵集》，被评"明世记诵之博，著作之富，推慎第一"（《明史·杨慎传》）；他继程朱理学、王阳心学后"于明代独立门户"，提出朴素唯物主义哲学论和性情说，成为思想解放的先驱；他在嘉靖皇帝加

紧对边疆人民的搜刮之时，多次为民请命，还身披战甲，"率僮奴及步卒百余"，协助镇守木密，平息了寻甸土司安铨、武定土司凤朝文叛乱。后嘉靖大赦天下六次，杨慎一直未被放还，死于戍地。

五、跨界大师——郭沫若

（一）郭沫若其人

郭沫若（1892—1978年），原名郭开贞，字鼎堂，号尚武，中国现代作家、历史学家、考古学家，新诗奠基人之一、中国科学院首任院长、苏联科学院外籍院士（图7-18）。

图7-18 郭沫若

（二）郭沫若其事

1. 一身铁骨

郭沫若生于地主家庭，从小早慧，在家塾接受了良好的传统文化启蒙教育，立下了以家国天下为己任的志向。他在小学、中学期间展现出过人的才智，但因参加学潮两度被学校开除。后赴日考入九州帝国大学医科，结识了郁达夫、成仿吾等好友，三人在五四运动爆发后创立了"创造社"，成为新文化运动的战士。1923年郭沫若回国后积极投身国民革命，在国共合作北伐中任国民革命军总政治部秘书长、副主任等职，亲身经历了工农运动和反帝斗争，也敏锐地察觉到了国民党右派愈演愈烈的分裂危机。"四·一二"反革命政变爆发前夕，在得到蒋介石高度信任和前途一片光明的情况下，他以笔为枪，撰写了《请看今日之蒋介石》的战斗檄文，第一个跳出来揭露蒋介石背叛工农革命的暴行，招来国民党中央对他的通缉追捕。后在中共党员被大肆清洗的白色恐怖阴云之下，郭沫若经周恩来、李一氓介绍，于南昌起义期间秘密入党。1928年郭沫若被迫流亡日本，又于"七七事变"发生后回国擎起抗战宣传大旗，以中共秘密党员的身份创办《救亡日报》，在抗战一线组织了声势浩大的抗战文化运动，团结各界抗战，促进了国共合作。1941年，第二次反共高潮来临，郭沫若在险恶的环境中再次举起"革命文学"的旗帜，用"六大历史剧"揭露国民党顽固派的卖国投降行径，吹响团结广大人民抗日卫国的战斗号角。

2. 才华横溢

郭沫若学术造诣很高，过去很难能有同时在历史学、考古学、古文字学、古器物学、文学、艺术等方面都做出突出贡献的学者。1919年，郭沫若开始从事外国文学翻译，留下了30部、500多万字的译作，开创了至今仍在被沿用的翻译范式；1921年，郭沫若发表第一本新诗集《女神》，成为我国新诗重要奠基人之一；1928年，郭沫若开始研究甲骨文、商周青铜器铭文，著有《甲骨文字研究》《殷周青铜器铭文研究》等，成为与王国维、罗振玉、董作宾齐名的"甲骨四堂"之一；1930年，郭沫若结合历史文献资料与马克思主义关于人类社会学发展规律的论断，撰写《中国古代社会研究》，成为我国唯物史观派的开山鼻祖；1938年起，郭沫若创

品味巴蜀

作了大量历史剧作如《卓文君》《棠棣之花》《屈原》《蔡文姬》《武则天》等，为历史剧突出"古为今用"的现实意义和社会效能开辟了新路径；郭沫若《青铜时代》《甲申三百年祭》《出土文物二三事》等学术论作又奠定了他在考古历史学中的地位。

1. 请补充一位本模块未介绍的巴蜀历史文化名人，并追寻他（她）身上契合巴蜀人文精神特质的事迹。

2. 你认为巴蜀文化精神特质的现代特征是什么（以关键词形式填入下图）？能举出有趣的事例吗？

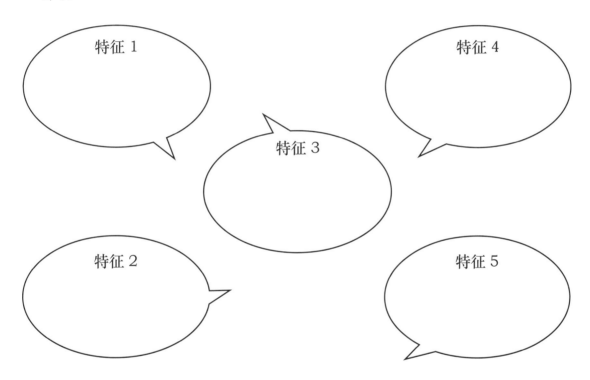

3. 请与组员一同完成"体验与传创"部分任务八。

模块八 蜀韵川腔

学习目标：

    知识目标——了解四川现存剧种、川剧艺术起源、流派、声腔、行当、技法、脸谱等基础知识。

    能力目标——运用川剧基础知识欣赏川剧表演，体会川剧艺术魅力，感悟川剧人执着专注、精益求精、一丝不苟、追求卓越的"工匠精神"。

    素质目标——感知博大精深的巴蜀传统戏曲文化，增强文化底蕴和文化自信。

文化聚焦： 历史溯源 艺术特色 剧目概述 保护传承

建议学时： 2

巴蜀讲堂 ■

    四川艺术品类群生、博大精深、驰骋古今，宛如一颗璀璨夺目的明珠，不仅在时光流变中积淀独有的内涵与魅力，更承载着观照生活、舒展性情、传递良善的文化精神。戏曲艺术是四川优秀传统文化中的重要组成部分，川剧又是最能代表四川戏曲艺术特色的优秀地方剧种。

教学互动

    邀请同学们一起来做游戏吧！每位同学伸出双拳，根据下表问题一起互问互答，回答"YES"则伸直一根手指，回答"NO"则保持握拳，游戏结束后数数谁伸出的手指多吧！（答案请在后文验证）

问题	YES	NO
你看过川剧吗？		
你知道在四川除川剧以外的其他剧种吗？		
你知道川剧的流派吗？		
你知道川剧的五种声腔吗？		
你知道川剧的五种行当吗？		
你知道川剧"变脸"吗？		
你能说出除"变脸"以外的其他川剧特技吗？		
你了解川剧脸谱有什么意义吗？		
你能说出一部（折）川剧剧目名称吗？		
你知道"振兴川剧"口号吗？		

任务一　追溯川剧历史

四川，北依秦岭山脉，南接云贵高原，西邻青藏高原，东连大巴山脉，既有锦绣绮丽、山水纵横的风物美景，又有古朴厚重、多姿多彩的文化美卷。在漫长的历史岁月中，四川形成了风情独特的民族民间文化，孕育了璀璨夺目的蜀工蜀艺，为"天府之国"盛誉增色添彩。

一、现存剧种

戏曲是中华文化艺术领域中独树一帜的艺术瑰宝，在四川这片文化多元交织的热土上，由本土剧种和跨省（外来）剧种共同构成了四川戏曲剧种，历史上曾流行（传）过昆腔、弋阳腔、梆子戏、皮簧戏、灯戏、傩戏等戏曲声腔及形态，逐渐形成了生生不息的戏曲剧种。

随着时光流变，为满足人民群众日益多元的文化需求，不断赋予自身时代属性与价值属性，四川戏曲在时代发展浪潮中历经起伏变革。四川戏曲剧种现有11个，含川剧、四川灯戏、德格藏戏、康巴藏戏、安多藏戏、嘉绒藏戏、四川傩戏、四川曲剧等本土剧种8个，以及京剧、豫剧、汉剧等跨省（外来）剧种3个。而川剧是四川现存覆盖最广、体量最大、影响最深的代表性地方剧种。

二、起源概述

物华天宝、钟灵毓秀的巴山蜀水孕育了川剧这一源远流长、底蕴深厚的优秀地方剧种。川剧具有悠久的文化传统、精妙的技艺技法、完备的声腔体制、丰硕的剧目资源，是巴蜀传统文化中具有代表性的艺术形式，在姹紫嫣红的中华梨园中具有光辉而卓越的地位与价值。2006年，川剧入选国务院公布的第一批国家级非物质文化遗产名录，也是除昆曲之外，我国唯一两次作为备选项目，推荐参加联合国"人类口头和非物质文化遗产代表作"评审的地方戏曲剧种。

川剧，俗称"川戏"，是流行于中国西南川渝云贵四省市汉族地区的传统剧种。早在《尚书》《汉书》《后汉书》《华阳国志》等史志中就有关于巴渝戏、巴渝舞记载，"出土于四川各地的战国宴乐渔猎攻战纹壶、汉代说唱俑、女舞俑和镌绘有舞乐、百戏、角抵、假面、象人的画像砖，表明在周、秦、汉时期，巴蜀地区已经有了较成熟的歌、舞、乐等艺术形式，它们为后来四川戏曲的形成积淀了丰富的养料。"从三国时蜀优"忿争"表演，到唐宋时期四川歌舞杂戏，四川可谓是滋养戏曲艺术发展的沃土。由于唐朝时期巴蜀杂剧、歌舞、杂技、曲艺以及民间社火等遍及城乡，戏曲史家任半塘还曾在《唐戏弄》中赋予了"蜀戏冠天下"的评赞。

至于"川戏"这一具体的剧种称谓，则是在明代时期出现的。明代"乐王"、散曲大家陈铎在其小令《朝天子·川戏》和套曲《北耍孩儿·嘲川戏》中，详细记录了川戏的语言、唱腔、装饰、艺人情况，为溯源川剧起源提供了宝贵依据。依据现存史料文献梳理，川剧成于明清时期、兴于清末民初、辉煌于中华人民共和国成立之后。目前，在四川境内，川剧主要分布于成都、遂宁、巴中、达州、德阳、广安、广元、泸州、攀枝花、宜宾、资阳、自贡等地市。

任务二 感悟川剧特色

一、川剧流派

与京剧流派以人的姓氏定派不同，川剧的艺术流派则与"河""道"有着密不可分的联系。古时"蜀道之难，难于上青天"的四川地区山高险峻、交通崎岖，但发达的水系交通却为四川广大群众连接外部世界提供了天然的便捷条件。山依水、水傍山，四川境内长江、岷江、沱江、金沙江、嘉陵江等1 400余条大小江河纵横交错，汇聚成"千河之省"，四通八达的陆路大道则将各地连为一体。伴随水道、陆道的成网连域而逐渐发展起来的河运经济，形成的场镇，客观上使人们在生产生活之余产生了对戏曲文化的消费需求，也为川剧艺人提供了赖以生存的广阔空间。川剧艺人就以江河流域为依托组建各式各样的戏班，沿着水路（陆）码头一定区域内流动演出，逐步形成该流域范围内较有代表性的表演风格。

到了清代晚期，川剧逐步形成以川西坝、下川东、资阳河、川北河为代表的"上下南北"四大河道传播区域。"上"是上坝，即以岷江水系贯连的地域为主，以成都为中心的川西平原广大地区，以胡琴为主；"下"是下川东，即以重庆为中心的川江流域，声腔艺术多元，戏路较为复杂；"南"是资阳河，即川南的沱江和岷江流域，以高腔为主；"北"是川北河，即嘉陵江、涪江、渠江流域，主要演唱弹戏。

由于各个河道受到不同人文、风俗、方言等地域文化和师承关系的影响，具有各自擅长的声腔、剧目、打击乐，呈现出异彩纷呈的川剧艺术表演风格，逐渐演变为各具特色的"四大流派"，俗称"四大河道"。

二、川剧声腔

川剧主要有昆腔、高腔、胡琴、弹戏、灯调五种声腔，各大声腔以锣鼓为媒介，历经上百年磨合过程，逐渐形成"五腔共和"的多声腔体制，不断增强川剧艺术舞台表现力。

昆腔，源于江苏昆山腔，早在明清时期昆曲传入四川地区，苏昆艺人入川坐唱昆曲，形成表演班社团体，逐渐与四川方言相结合，形成特色"川昆"，其曲调婉转、节奏缓慢，川剧艺人选取昆腔中的某些曲牌和部分唱段，与高腔有机融合，增强川剧高腔艺术表现力。

高腔，川剧主要声腔形式，源于江西弋阳腔，受到青阳腔、辰河高腔等弋阳腔系剧种影响，吸收川江号子、民间秧歌、四川曲艺等曲调因素，融合四川方言语音特点，行腔流畅、节奏灵活、叙事抒情，包括唱、讲、咏、叹等多种形式，常不需要弦乐伴奏，只需用一副拍板（俗称"提手"）调整节奏，有时加上几点锣鼓烘托气氛。尤其有时会根据情节需要，在演唱中穿插"帮腔"，不仅丰富整体音乐表现力，更起到烘托人物性格、推动剧情发展的重要作用，成为川剧高腔音乐显著特点。高腔剧目在川剧剧目中约占60%以上。

胡琴，又称"丝弦子"或"皮黄"（西皮与二黄合称），继承湖北汉调和安徽徽调传统，吸收陕西汉中二黄和四川扬琴（曲艺）成分，逐渐形成具有四川地方特色的一大声腔，或凄凉沉郁、或缠绵婉转、或雄壮激昂、或活泼明快，演唱剧目多以列国、三国、瓦岗寨、精忠说岳、杨家将、包公案等历史故事为主，有《霸王别姬》《受禅台》《烧绵山》《隋朝乱》《空城计》《长生殿》《八阵图》等剧目。

弹戏，又称"盖板子"，源于陕西的秦腔和河南的梆子腔，因以梆子作击节乐器和以盖板胡琴（板胡）为主要伴奏乐器而得名，分为甜皮、苦皮两大类，演唱弹戏的剧目十分丰富，有《杀妻惊狗》《做文章》《大盘山》《乔子口》等剧目。

灯调，源于四川民间灯戏，不少取材于四川本地及省外流行的民歌小调，其声腔多以唢呐伴奏，旋律轻快，多表现诙谐幽默、活泼欢快的情绪，相比而言，剧目较少，以小戏为主，如《滚灯》《拜新年》《九流相公》《请长年》等。

三、川剧行当

行当是戏曲演员专业分工的类别，是根据角色划分的，是演员塑造角色的基础。按扮演剧中人物分角色行当，是中国戏曲特有的表演体制。每个行当是一个形象系统，也会形成一个与之对应的表演程式系统。

生、旦、净、末、丑是中国戏曲的五大行当。在川剧行当中，旦、净、丑基本保持旧制，生行分为了小生、须生，末行归入须生，形成了目前小生、须生、旦角、花脸、丑角五个基本类别。在川剧这五种行当类别中，即便属于同一行当，也会因剧中人物造型、性格、年龄、身份、扮相等呈现千姿百态的差异，划分出同一行当中的不同角色。

小生，扮演戏中的青年男性角色，细分出文小生、武小生等。文小生斯文儒雅、潇洒倜傥，多有书卷气，常在剧中扮演青年文人雅士、帝王公卿（图8-1）。武小生英武俊秀，常在剧中扮演有武艺的青年男子，舞台上翻腾跳跃、英姿飒爽，武小生也可再按装扮细分，如靠甲武生、龙箭武生、短打武生、袍子武生等（图8-2）。

图 8-1　文小生　　　　　图 8-2　武小生　　　　　图 8-3　老生

须生，扮演中老年男性角色，可以按衣着细分角色，也可按口条细分角色，最常见的是以角色的年龄、性格特点细分出正生、老生（图8-3）、红生。正生多扮演中年和将近老年的男性，老生扮演老年角色，红生因面部涂赤色又称红净，主要扮演三国戏中的关云长。

图8-4 正旦

图8-5 青衣旦

图8-6 闺门旦

图8-7 奴旦

图8-8 刀马旦

图8-9 武旦

图8-10 鬼狐旦

图8-11 花旦

旦角，戏中女性统称旦角，素有"无旦不成戏""有生缺旦，戏班要散"的说法，足见旦角的重要地位。旦角可细分出正旦、青衣旦、闺门旦、花旦、奴旦、武旦、鬼狐旦、泼辣旦、老旦、摇旦等。正旦扮演端庄贤淑的后妃、夫人等，青衣旦又称"青衣"，扮演身世坎坷凄苦的角色；闺门旦扮演官家未婚的青春少女、大家闺秀；花旦扮演性格直爽、热情明快的女性；奴旦扮演伶俐乖巧、天真活泼的丫头；武旦扮演擅长

图8-12 老旦

图8-13 摇旦

品味巴蜀

图 8-14 靠甲花脸

图 8-15 袍带花脸

图 8-16 草鞋花脸

图 8-17 猫儿花脸

图 8-18 袍带丑

图 8-19 褶子丑

图 8-20 官衣丑

图 8-21 襟襟丑

武艺的妇女；鬼狐旦专演剧中鬼狐化身的女性角色；泼辣旦扮演性格凶悍、举止乖张、内心险恶的妇女；老旦扮演老年妇女；摇旦则是川剧中独特的类别，其扮演人物较广，如贵妇人、普通妇女、媒婆、老鸨等，人物形象多有诙谐幽默、滑稽可笑的成分（图8-4至图8-13）。

花脸，即净角，人物面部有明显的勾画脸谱，有文武之分，扮演剧中性格豪放或粗鲁的男性人物，细分出靠甲花脸、袍

图 8-22 武丑

图 8-23 婆子丑
（左）

带花脸、草鞋花脸、猫儿花脸等角色类型。靠甲花脸常扮演武将；袍带花脸多扮演文官；草鞋花脸多扮演草莽英雄或性格直爽、粗犷、暴躁、风趣的人物；猫儿花脸则扮演剧中爪牙、强盗之类的小人（图8-14至8-17）。

丑角，又称小花脸，但与花脸不同的是，演员用白粉在鼻梁眼窝间勾勒脸谱，细分出袍带

丑、官衣丑、褶子丑、龙箭丑、方巾丑、襟襟丑、婆子丑等。袍带丑多扮演王侯将相、显要官员；官衣丑多扮演公卿大夫、文职官员；褶子丑多扮演纨绔子弟、豪商巨贾；龙箭丑多扮演无道昏君；方巾丑多扮演谋士、书吏、方士等人物；襟襟丑扮演穷苦百姓、乞丐、落魄子弟、义盗等，婆子丑扮演富有喜剧性的妇女，或善良风趣或粗鄙刁钻（图8–18至图8–23）。

四、川剧技法

"四功五法"是演员扮演角色的技术基础。四功指唱、念、做、打的四项基本功，包括唱功、念功（讲功）、做功、武功。五法是指手、眼、身、法、步的五种技术方法，包括手势、眼神、身段、须发、台步。

台上一分钟，台下十年功。要想成为一名优秀的川剧演员，必须长期训练并为此付出艰辛的努力。例如，练好唱功，则需要学好川剧"高昆胡弹灯"五种声腔，除从小刻苦训练发音、唱腔等基本功，还须知晓审音协律，分清"平上去入"四声、"宫商角徵羽"五音，明白唱词中"十三个半韵"等音律概念。又如，为在舞台上传神塑造人物形象，演员需要掌握快步、慢步、柔步、方步、半步、踹步、轻盈步、膝步、醉步、跪步以及白鹤探鱼、鳊鱼上水、鬼从风影等多种步法。再如，手法功讲求的是通过手势动作变化呈现不同内容，仅仅旦角的手法就有兰花手、佛手、剑指、荷叶掌、凤头拳、凉棚手、擦掌、托腮手、拍掌手、合掌、大小指、针线手、一至十指手法，曾有专家学者将川剧演员的手法规划为手法"百字韵"，运用"手势语"表现自然景观、兵器道具、动物形象等。还如，眼睛是心灵的窗户，练好眼法是川剧演员的必修课，仅此一项就需要掌握表现喜、怒、哀、乐、忧、惊、恐、恨、悔、羞、骄、媚、病、醉等数十种眼神情态。

图8–24 腿功　　　　图8–25 把子功　　　　图8–26 椅子功　　　　图8–27 毯子功

除"四功五法"基础功法外，川剧中还有更具技艺性的专用功法，如翎子功、水发功、髯口功、绫子功、褶子功、水袖功、扇子功、矮子功、踩跷功、椅子功等（图8–24至图8–27），更有独树一帜的特技绝活。川剧绝活是为塑造人物、推动剧情发展的，主要包括变脸、耍獠牙、耍烛火、耍纸火、打粉火、吐火、踢慧眼、耍帽翅、耍翎子、变髯口、飘褶子、大刀走路、踢藏刀、打叉滚叉、走四方绳、吊毛辫、上高竿、软锁钩吊、飞椅子、蹬剑出鞘、顶灯、梭台口、飞台口、倒硬人、木偶身法、灯影身法等（图8-28至图8-37）。多年以来，被大众所熟知的"变脸"其实属于川剧特技绝活一类，"变脸"这一类绝技又可细分为扯线变脸、抹彩变脸、涂画变脸、踢贴变脸、吹粉变脸，我们日常看到的"变脸"，往往是扯线变脸，是在表演中用拉

图8-28 倒硬人

图8-29 水袖

线方式逐次揭去叠压在演员面部的薄绸面具，迅速改变人物容貌的表演特技。其他抹彩变脸、涂画变脸、踢贴变脸、吹粉变脸等"变脸"形式多在剧目演出中出现。

图8-30 飞褶子

图8-31 耍翎子

图8-32 变脸

图8-33 吐火

图8-34 滚灯

图8-35 藏刀

图8-36 靴尖蹬剑

图8-37 钻火圈

五、川剧脸谱

戏曲人物的面部化妆分为洁面化妆和涂面化妆。洁面化妆，又称"俊扮"，是用粉彩将演员的面庞美化，呈现古典韵味，显著特点是脸谱不变形。涂画化妆，川剧称为"开脸"，是用多种色彩在面部用毛笔辅以手掌和指头画上演员所扮演角色的脸谱。

川剧脸谱主要用于净角、丑角。当然，在个别旦角、小生、须生等形象中也会根据剧情、人物造型使用脸谱。绘制一张川剧脸谱，首先是色彩运用，在早期除了红、黑、白、蓝、黄等基础色彩，脸谱色彩还使用白色（铅粉）、蓝色（石青）、绿色（石绿）、大红色（银朱）、棕红色（朱砂）、黄丹、烟黑、金粉等多种色彩，不同材质的色彩还要用水、菜油、酒等作为媒介进行调和。随着技术进步，现在多使用更便捷、更丰富的戏剧化妆油彩，提升了川剧脸谱色彩之美、构图之美、人物之美。

川剧脸谱分为通用脸谱和专用脸谱。通用脸谱可用于各行当，细分为三类，第一类以基本色调分，如红脸、黑脸、蓝脸、白脸、金脸、五彩脸等；第二类以图案组合来分，如歪脸、鸳鸯脸等；第三类以描摹的物像来分，如三块瓦、猪腰子脸、豆腐干脸、鞋底板脸、元宝脸、猴子脸、青蛙脸、木偶脸等（图8-38）。这些脸谱符合人物外貌特征、身份、年龄、气质、性格，通过不同色块和色彩融合而成。专用脸谱是指剧中某一人物的独用脸谱，如包公脸、张飞脸、关公脸、李逵脸、霸王脸等（图8-39），当然，同一人物在不同年龄段也会有两张或两张以上的脸谱。

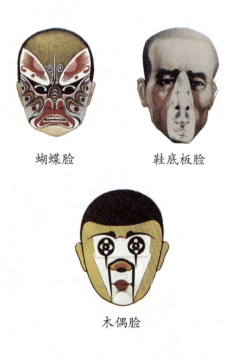
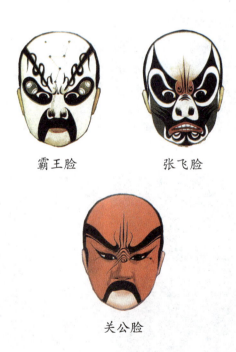

蝴蝶脸　　　　鞋底板脸　　　　　　　霸王脸　　　　张飞脸

木偶脸　　　　　　　　　　　　　关公脸

图 8-38 通用脸谱示例　　　　　　　图 8-39 专用脸谱示例

川剧艺术博大精深，短短篇幅实难呈现其全貌，其导演艺术、服饰艺术、道具装置、景物造型等同样在川剧艺术整体格局中占据着十分重要的地位。多年来，致力于从事川剧表演、川剧教育、川剧研究、川剧传播、川剧管理的名家、艺术工作者及广大学者承前启后、耕耘不辍，为新时代川剧事业发展做出了积极贡献。

任务三　了解川剧剧目

川剧剧目卷帙浩繁、不胜枚举，有"唐三千，宋八百，演不完的三列国"之说。在1962年四川省戏曲研究院《川剧传统剧目目录》中收藏传统剧本目录1500余个，2000年出版的《川剧剧目辞典》中收录可查剧目4000余个，这些剧目历史悠久、来源广泛，有的是宋元南戏、北曲，有的是明清的传奇，有的是明清入川的多种声腔和本土的灯戏，有的是巴蜀文人写作，有的是川剧艺人编创，是中国戏曲剧目之集大成者。特别是晚清以来巴蜀文人改编创作和新中国成立之后推陈出新的优秀剧目更被世人所推崇。

川剧剧目大体分为传统古装戏、新编古装戏、现代戏，每个分类下又可再细分小类，其历史发展、艺术特色、思想内容各有侧重。同学们可以在了解一定的川剧常识基础上，逐渐认知川剧、欣赏川剧、喜爱川剧，不断感知以川剧为代表的巴蜀文化的价值与魅力。

传统古装戏是指中华人民共和国成立之前在川剧舞台演出的古代题材剧目，有《柳荫记》（图8-40）《琵琶记》《绣襦记》《焚香记》（图8-41）《荆钗记》《红梅记》《御河桥》《拉郎配》《黄金印》《刀笔误》《芙蓉花仙》等全本戏，又有《放裴》《战袁林》《文武打》《凤仪亭》《单刀会》《八阵图》《三祭江》《拷红》《五台会兄》《活捉三郎》《情探》《别洞观景》《问病逼宫》《思凡》《乔子口》《皮金滚灯》等折子戏。

新编古装戏是指中华人民共和国成立之后创作演出的古代题材剧目，如《望娘滩》《燕燕》《易胆大》（图8-42）《巴山秀才》（图8-43）《夕照祁山》《死水微澜》（图8-44）《窃符救赵》《孔雀胆》《夫妻桥》《和亲记》《王熙凤》《古琴案》《点状元》《卧虎令》《史外英烈》《草莽英雄》《田姐与庄周》《四川好人》（图8-45）《大佛传奇》《中国公主杜兰朵》（图8-46）《刘光第》等。

图8-40 川剧《柳荫记》　　图8-41 川剧《焚香记》　　图8-42 川剧《易胆大》

图 8-43 川剧《巴山秀才》

图 8-44 川剧《死水微澜》

图 8-45 川剧《四川好人》

图 8-46 川剧《中国公主杜兰朵》

　　现代戏是指中华人民共和国成立之后创作演出的现代题材剧目，如川剧《变脸》（图 8-47）《金子》（图 8-48）《红岩》《江姐》《烈火中永生》（图 8-49）《许云峰》《四姑娘》《山杠爷》《黄继光》《丁佑君》《宜宾白毛女》《金沙江畔》（图 8-50）《急浪丹心》《巴河渡口》《岁岁重阳》

图 8-47 川剧《变脸》

图 8-48 川剧《金子》

图 8-49 川剧《烈火中永生》

图 8-50 川剧《金沙江畔》

《张大千》《杨汉秀》《人迹秋霜》《走向光明》《攀枝花传奇》《杏花二月天》《燕儿窝之夜》等。

在川剧宝库中，既有艺术再现民风民俗的经典场景，又有缥缈多姿、富于遐想的传奇故事，既有纵横历史的时空交织，又有岁月变迁的生动写照，既有甘洒热血前赴后继的英雄人物，又有形象丰满形态各异的人物群像。川剧剧目不仅是川剧艺术的综合载体，更是走进民族历史、感悟博大精深优秀民族文化的资源宝库，其艺术价值备受关注与肯定，川剧《变脸》《易胆大》《巴山秀才》《死水微澜》《欲海狂潮》（图8-51）《金子》《草鞋县令》（图8-52）等优秀剧目在"五个一工程"、文华奖、国家舞台艺术精品工程等标志性成果中榜上有名，成为不断保护传承川剧艺术的靓丽缩影。

图 8-51 川剧《欲海狂潮》　　　　图 8-52 川剧《草鞋县令》

任务四　领会传承意义

岁月涤荡，艺无止境。在时代发展和多元文化浪潮中，川剧艺术虽历经辉煌、低潮、新生的发展历程，但其丰富的艺术内容、完整的舞台表现、独特的艺术创造，使其拥有了超越历史时空和巴蜀地域的艺术成就与文化价值，成为中华民族文化宝库的璀璨明珠。

在中华人民共和国成立之初，川剧艺术得到新生，尤其是20世纪50年代，川剧艺术在思想内容、艺术形式上得到长足发展，一度出现川剧史上的"黄金时期"。不过，由于文化消费市场环境变化等种种原因，20世纪80年代川剧事业曾面临观众数量减少、演出剧目减少、剧团数量减少、后继人才减少等局面。

为继承弘扬优秀民族文化、不断满足人民群众日益增长的精神文化生活需要，1982年，中共四川省委、四川省人民政府响亮发出"振兴川剧"口号，提出"抢救、继承、改革、发展"八字方针，更在2002年积极响应中共中央关于创新理论和国家非物质文化遗产保护战略，根据当时川剧发展状况提出"保护、继承、改革、创新"新八字方针，持续指导全省"振兴川剧"事业发展，积极出台《四川省振兴川剧五年行动计划》，加强川剧学历教育、川剧理论研究、川剧院团人事制度改革、民营剧团发展等方面的扶持力度。

近年来，我省持续出台《关于支持戏曲传承发展的实施意见》《关于传承发展中华优秀传统文化的实施意见》《四川省戏曲进校园实施方案》《四川省振兴川剧和曲艺工程实施方案》等相关促进政策，从剧目创作、理论研究、人才队伍、传播渠道等方面持续给予大力支持，涌现了一批叫好又叫座的优秀作品嘉惠广大观众。内涵丰富的主题、鲜明多样的题材、层次分明的演绎、现代技术的加持，都使得这些作品焕发出新时代的生机与活力，成为当代传承和弘扬川剧艺术的代表。由四川艺术职业学院、四川省川剧院联合打造的川剧《草鞋县令》，以根治什邡水旱为主线，讲述了清嘉庆年间四川什邡县令纪大奎，面对灾情从容不迫、坚守本心、排除万难、为民至上，最终解决民生难题的故事，成功塑造了清廉朴实、仁德亲民、践行践诺、勇于担当、有爱有畏的"草鞋县令"形象，生动诠释了"离微不二把心修，不负天地载魂舟"的深邃主题。悠扬婉转的高腔与帮腔，间离、陌生化的形式创新，瑰丽奇绝的舞美设计，将巴蜀特色与人物塑造完美结合。由成都市川剧研究院打造的川剧《烈火中永生》，讲述了在解放前夕，江姐接受党的指派前往华蓥山区开展工作，在丈夫彭松涛牺牲后，强忍悲痛参加武装斗争。由于叛徒甫志高的出卖，许云峰与她双双被捕。江姐被押往重庆，敌人妄想在江姐身上打开缺口，却一无所获。在监狱中，她和许云峰带领难友们，同敌人展开了英勇不屈的斗争，反映了中国共产党人大无畏精神和为人民谋幸福的初心使命。

此外，川剧学历教育层次大力提升，四川艺术基金支持川剧项目，四川艺术节展示川剧文化，精品川剧复排工程再现经典剧目，青年川剧演员大赛力推新人新秀，中小学川剧传习展演活动播撒校园种子，省级媒体开办栏目培育观众群体，数字化川剧加速文化传播等，已呈现出川剧事业适应新形势发展的良好态势，为繁荣发展川剧艺术提供了强有力保障，广大川剧人也必将在新的赶考之路呈上更加令人满意的时代答卷。

品味巴蜀

模块九　曲苑芬芳

学习目标：

知识目标——了解四川曲艺的发展历史、基本情况、发展现状，理解四川曲艺对巴蜀文艺传承发展的重要意义。

能力目标——掌握四川曲艺中不同曲种的艺术特色、表演特色、音乐特色等艺术内涵，形成对常见曲种的艺术鉴赏力。

素质目标——体会四川曲艺作品中展现的时代脉动、百姓生活、社会风貌等，提升文化感知，坚定文化自信，拓展文化创新。

文化聚焦： 曲艺　四川清音　四川扬琴　四川竹琴　四川金钱板
建议学时： 2

蜀风艺韵

　　我国曲艺文化历史悠久，异彩纷呈。早在先秦，就有曲艺流传，至唐宋时期，曲艺已逐渐繁盛。各民族各地区创造的具有地方特色和民族风格的说唱艺术，积累了难以数计的书目、曲目，形成了独具生命力的艺术流派。曲艺作为民族民间文艺，是中华文化璀璨长河中的耀眼明珠，与人民大众思想、情感的密切联系，对我国文学、戏曲、音乐等艺术也有重要的影响。四川曲艺历史悠久，品种繁多。许多曲种如清音、扬琴、竹琴、金钱板、评书、相书、谐剧等，一字一句、一腔一韵、温润心灵、别具趣味，受到广泛喜爱与赞誉。四川曲艺是中华民族民间文化遗产不可或缺的重要部分，也是巴蜀文化的艺术瑰宝。

趣味"说唱"

流行音乐中有说唱音乐，甚至有方言特色的流行说唱。那么你知道中国传统的"说唱"艺术吗？认识图9-1的文物吗？

图中文物为东汉击鼓说唱陶俑，1957年四川省成都市天回山出土，现藏中国国家博物馆。陶俑表现的是一个东汉俳优正在说唱的形象，他左臂抱鼓，右手举槌欲击，嘴巴大张，动作夸张，笑容极具诙谐幽默的感染力。此类陶俑在四川省成都市郫都区等地均有发现，证实说唱艺人在汉代的四川已经非常流行。

图 9-1 欢笑千年
——说唱陶俑

任务一　探索四川曲艺古今传承

曲艺是巴蜀文化中的艺术瑰宝。在巴蜀大地千年的历史发展中，曲艺一直作为重要的文化载体和娱乐方式，与四川方言、音乐、戏剧等多种艺术形式联系密切。

一、曲艺艺术特点

曲艺是一种说唱艺术，是一门用口头语言进行说唱叙事的表演艺术。它能说透人情，唱尽世态，或激人奋发，或催人泪下；它是诙谐幽默的，是情节曲折、生动感人的；它能塑造忠奸善恶分明的人物，能讲述承载历史文化内涵的故事。曲艺艺术虽与文学、音乐、戏剧等艺术门类关系密切，但因其"说唱"式的叙述性表演，兼具音乐性与文学性，口头语言的艺术表达，体现地域性和民族性，艺术特色鲜明、艺术魅力强烈，对社会历史和文化思想有温润人心的重要影响。

作为独具艺术个性和审美特征的中国说唱艺术，曲艺有悠久的历史。中国古代的说笑话、讲故事和滑稽表演中都具备曲艺的表演要素。汉代已有说唱艺术流行，唐代说话伎艺、歌唱伎艺的兴盛，使曲艺开始成为一门独立的艺术形式。至宋代，诸宫调、唱赚、鼓子词等演唱形式极其流行，开始出现了职业艺人。明清时期，新的曲目和品种不断涌现，曲艺表演日臻成熟。曲艺来自人民，是人民大众的艺术，如今仍然活跃在民间的曲艺品种大概有400多个，这些曲种特色鲜明、各有所长，形成百花争艳之势。它们都是随中华文化不断发展成熟的艺术表演形式，长久以来丰盈着人们的文化生活。

二、四川曲艺溯源

早在远古时期,四川已有原石状石磬、石埙、陶响器等原始乐器,传递着这片土地上人类最早的音乐信息。先秦时期,古蜀族以成都平原为中心,古巴族居住在涪江流域,共同创立了独立的本土文化,即为古巴蜀文化的发端。

距今4500年至2900年的广汉三星堆遗址出土的文物举世罕见,其中数十枚铜铃、上百枚铜牌形响器、海贝串铃形器、面具等,都是原始艺术的珍迹。《华阳国志·蜀志》记载,蜀王九世有开明帝,"始立宗庙,以酒曰礼,乐曰荆"。始立礼乐制度。春秋战国时期,中原文化、古楚文化传入四川,与古巴蜀文化相互融合,进一步丰富了巴蜀文化。

两汉时期,四川经济文化繁盛发展,已有说唱艺术广泛流行。桓宽《盐铁论·散不足》云:"今富者祈名岳、望山川。椎牛击鼓,戏倡儛像。"四川汉墓中出土的大批艺术图像,真实反映了汉代说唱艺术的流行盛况。四川出土的汉代画像砖石、说唱俑中,可以看见一些身材粗短、上身赤裸和动作滑稽的表演者,或击小鼓,或拍大腹,多作张口说唱状,有的仰首挥臂,似正值讲唱精彩之处。这些表演者是为"俳优",他们以调谑、滑稽、讽刺的表演为主,表演时一般边击鼓边歌唱。俳优往往是宫廷宴会的灵魂人物,以幽默的话语、诙谐的表演或博人欢笑、或进行讽谏。

唐宋时期,四川经济文化大发展。成都等繁华都市,成为民间曲艺表演的中心。唐代已知的曲艺说唱形式有"市人小说"、俗讲、变文等。唐代的剑南道(今四川)经济繁荣,民间说唱艺术发展成熟,已有职业性的小说艺人。唐代说话艺术发展,形成一定的演出场所,话本的结构和体制趋于定型,民间语言流畅生动、韵散错落,通过"说书式"的叙述和艺术描绘,成为一门独立的艺术形式。

宋南迁后,文风南盛,南北文化交融,文化艺术繁荣发展,四川曲艺在此背景下,出现了"唱赚"这种更为成熟的表演形式,成都等大城市已有瓦肆勾栏、茶楼酒肆等卖唱艺人常演出的场所。四川地区的少数民族曲艺在这一时期也有相应发展。

明清时期,四川曲艺主要曲种逐渐形成。明代四川的弹词等各类演出十分流行。说书艺人已有流派之分,出现以专讲某一历史故事的艺人,如专讲东周列国故事的"盛春秋",专讲桃园结义的"叶三国"等。清代四川曲艺有了新的发展。清初,四川经历了多年战争的破坏,经济凋敝、田亩荒芜,曲艺艺人云游四方,多在沿江码头卖艺求生。在康熙、雍正、乾隆、嘉庆朝的100多年间,四川曲艺伴随着经济的恢复发展日趋活跃,曲艺艺人逐渐在城镇落脚,进入茶馆酒肆坐场卖艺。清代的移民入川政策,使得四川人口迅速增长,同时加强了四川与其他地区的文化交往,湖广、陕西、江西、广东等地的乡音小曲、说唱表演传入四川,与四川本土的方音结合,极大促进了四川曲艺的丰富性和多样化。四川典型的曲种,如四川清音、四川扬琴等发展迅速,唱腔、音乐、表演技巧日臻成熟。四川曲艺还与地方戏剧川剧相互借鉴、兼收并蓄,形成了金钱板、荷叶、四川花鼓等新的曲种。清末，四川曲艺在前期发展基础上，各大曲种经过长期演出实践及完善，已完全成熟，唱腔和演唱程式定型，艺术流派形成。清代末期，绵竹年画艺人黄瑞鹄独创的写实年画《迎春图》（图9-2），真实记录了四川民俗文化盛况，是四川的戏剧集成、民乐集成，从中可找到清末说唱艺人表演的切实证据。

在漫长的封建社会里，各种说唱艺术给广大劳动人民带来了艺术和欢乐，传播了知识和智慧，深受人民大众的喜爱。中华人民共和国成立后，说说唱唱诸多文艺形式，有了统一的称呼——曲艺。1949年全国第一次文学艺术工作者代表大会期间，说唱艺人成立了"中华全国曲艺改进会筹备委员会"，"曲艺"这个名词开始使用，成了全国诸多说唱品种的总称。

图 9-2 清代绵阳年画《迎春图》局部

三、四川曲艺发展现状

一曲川腔韵悠长。四川清音、扬琴、竹琴、金钱板等曲艺艺术贯穿了四川文明千年的发展，讲述了一个又一个有趣的故事，浸润了一代又一代川人的审美情趣，四川曲艺用风格不同的音乐、简洁有力的唱词，融合四川方言独特的腔调与魅力，展现出四川人民机智、聪明、幽默、爽朗的性格，至今依然烙印在四川曲艺的茶香琴韵中，贯穿在川人的生活中。

这些曲艺曲种有说的、唱的，有又说又唱的，五花八门、种类繁多。《四川曲艺概述》按照审美创造的功能特点，将曲艺品种依据说唱语言的叙事、抒情、说理这三个功能，分为说书（唱故事、讲故事）、唱曲、谐谑（逗乐）三大类。

目前，仍在四川民间进行曲艺演出活动的曲种，计有:说书类十一种，唱曲类十二种，谐谑类十种，还有少数民族曲艺九种，外来曲种十三种。其中有五种已自然消亡，减去在分类中重复的六个，实有五十三个曲种。

（一）说书类

①说的：评书、新故事

②唱的：竹琴、扬琴、灯调

③又说又唱：金钱板、荷叶

④ 似说似唱：四川快书、有韵评书、方言诗、朗诵

（二）唱曲类

① 板腔体：竹琴、扬琴、金钱板、荷叶

② 曲牌体：清音、花鼓、车灯、莲箫、盘子

③ 杂曲体：南坪弹唱、琵琶弹唱、板子弹唱

（三）谐谑类

① 单口：单口相声(明相书)、相书、谐剧、散打评书

② 对口：方言相声、双簧

③ 似说似唱：快板、方言诗、三句半、对口词

（四）已消亡曲种

圣谕(含善书)、说春、傩戏、薅草锣鼓、西洋镜

（五）少数民族曲艺

藏族：格萨尔仲、折嘎、喇嘛玛尼、仲谐

彝族：克哲、月琴调子、彝语相声

（六）外来曲种

京韵大鼓、北京单弦、河南坠子、山东快书、陕西快书、天津快板、天津时调、广西渔鼓、山东琴书、上海滑稽、普通话相声、东北二人转、北方评书。

这些曲种紧随时代发展，改革创新，交流互鉴，说新、唱新，活跃在各类演出中，受到人民大众的深切喜爱，传统曲目与反映时代精神的新曲目，极大丰富了地方文艺生活。四川曲艺艺术在繁荣文艺创作、活跃舞台演出、精进理论研究、开发文化产业等方面进展明显，还申报多个国家级非物质文化遗产曲种和省级非物质文化遗产曲种，对优秀传统文化进行传承保护。

任务二　品味灵动的四川清音

"非必丝与竹，山水有清音。"四川清音是四川曲艺的一个音乐演唱曲种，也是国家级非物质文化遗产。

一、四川清音溯源

四川清音流布于四川汉族地区，"清音"是指声音清亮，悦耳动听，"清"是清雅、清爽、自然之意。四川清音以唱为主，能唱慷慨激昂之歌，能谱清丽婉转之曲，表现轻快活泼之情。它的曲牌丰富、曲调优美、音乐性强。"清音"承袭明代的小唱，又称"小曲"或"小调"。按伴奏乐器而称为"唱琵琶"或"唱月琴"，两百多年前清音就已在巴蜀大地上广为流传。

四川清音源于明末清初，在乾隆、嘉庆年间极为繁盛。明末清初文人吴好山有诗云："名

都真个极繁华，不仅炊烟廿万家。四百余条街整饬，吹弹夜夜乱如麻。"清康熙年间绵竹县令陆箕永作有《绵州竹枝词》："窄袖宽衣裤褶长，绿云新鲜窈娘妆。筵前唱彻回波曲，乞取青蚨作打厢。"诗人何锡璠咏泸州："余甘渡下月笼沙，两岸人家水一涯。何异秦淮三五夜，荡舟处处听琵琶。"

四川清音由外来曲调及本地民歌、小曲、戏曲综合繁衍。清代大量的外地移民迁居四川，也带来了各地的民歌小曲，逐渐被本地语言和欣赏习惯融合同化，形成了风格各异的音乐曲牌，艺人们通过不断的艺术实践、总结、提炼和归类，根据唱词内容和曲调风格的不同，逐步形成了四川清音大调、小调的音乐形式，由此四川清音开始走向成熟和繁荣。经两百多年的成长，形成了自己的风格。

"五四"运动以后,受新文化思潮的影响,四川清音中出现了一批如《佃客苦》《双探妹》《送郎》《妈妈好糊涂》《十想》《小丈夫》等反剥削、反压迫、反封建争自由的曲目,反映了一定的时代气息。民国十九年(1930年)前后，重庆、成都相继成立了"清音歌曲改进会""清音职业工会"等艺人的行会组织，遂将这一曲种统称作"清音"，中华人民共和国成立后，四川各地也都约定俗成称之为"四川清音"。

特别值得一提的是，抗日战争时期四川的清音艺人还积极投入抗日救亡运动，创演了《五更叹国情》《上海大战》《枪毙李服膺》《吊姚营长》《送郎去当兵》等许多"抗战小调"。《长城谣》《九一八》《流亡曲》等抗日歌曲，也被四川清音艺人吸收演唱。他们广泛宣传，揭露日寇的凶残、汉奸的卑鄙，歌颂抗日将士的英勇，动员全民抗日，他们的爱国之举受到了社会的赞扬。1940年，成都市清音职业工会为适应抗战形势的需要，更名为"成都市抗敌后援会"，并吸收四川金钱板、四川花鼓、四川竹琴等曲种的艺人入会，开展宣传慰问、义演募捐，为民族解放事业作出了自己应有的贡献。

二、四川清音艺术特色

(一)唱腔曲牌

四川清音由演员执檀板击节,站立演唱,并有琴师或小乐队伴奏,有时兼作帮腔,伴奏乐器以琵琶为主,和以二胡、高胡等。四川清音的唱腔曲调与本土语言结合,别具四川文化风味,唱腔优美、生动朴实、通俗易懂（图9-3）。

四川清音唱腔结构有曲牌体(含联曲体、单曲体)和板腔体,现有一百四十余支曲牌。

图 9-3 四川省曲艺团表演四川清音

曲牌可分为"大调"和"小调"。"大调"即"勾调""马头调""寄生调""荡调""背工调""越调""反西皮调""滩簧调"(艺人习惯称之为"八大调")。大调曲目,根据唱段需要,可以一个人唱,也可以两个人唱,像《尼姑下山》,由演员装扮成剧中角色,边演边唱。也可以不着戏装清唱,类似于清唱剧。还可以由多人演唱,如清音传统唱段《关王庙》《截江夺斗》等。

小调在四川清音中曲牌最多,分为两类。一种是可以单独演唱的曲牌,如"鲜花调""一匹绸""银纽丝""瓜子仁""青枫叶"等。因为这类曲牌轻快活泼,短小精干,节奏鲜明,能够适应当代青年生活节拍,所以更能和现今的青年观众产生共鸣。例如,《布谷鸟儿咕咕叫》《六月六》《幺店子》《小放风筝》《摘海棠》等曲目。在当今这个快节奏的时代,这些小调曲牌成了清音现代曲目的主要表现手法。

另一种是不能单独演唱的曲牌,如"夺子""半夺子""平板"等。这类曲牌只能夹在大调的曲头和曲尾之间,连串几个或十几个不同的小调曲牌,类似于戏曲音乐中的曲牌使用,《尼姑下山》就是很好的例子。还有的小调是由几个小调曲牌组成的,如程永玲演唱的《幺店子》,是由小调曲牌"瓜子仁""数板""未坪民调""叠断桥""银纽丝尾"组成,唱段分为三段,每段开始的"瓜子仁"曲牌不断变化,层层递进,加快速度把唱段推向高潮,加上演员表演,让观众在视觉和听觉上都能得到满足。

（二）衬腔

四川清音有三种典型的衬腔:一是"哈哈腔",是四川清音最具代表性的唱腔,由四川清音大师李月秋吸收入演唱实践中,声音简短明快、清脆跳跃,对唱段的情绪表达起到烘托渲染的作用;二是"弹舌音",表演者弹动舌尖发出"嘚儿"的声音,有根据唱词场景发出"长嘚儿"或"短嘚儿"声;三是唱腔的"垫字和垫词",如"哎呵""哟呵""嗨哟"等。

三、经典传唱

一起来欣赏四川清音经典曲目,感受轻快活泼、有滋有味儿的四川人民生活场景。

布谷鸟儿咕咕叫

（鲜花调）

布谷鸟儿咕咕叫（哈）,飞出山林往南飘。

这边绕来在那边绕,鼓起眼睛他在到（哇）处（哇）瞧（哇）。

姐姐妹妹多活跃（啊）,早稻秧苗穿绿袍（啊）。

苞谷出土多苗条,两根毛辫在随（呀）风（啊）飘。

瓜藤、茗藤遍坡绕,青青麦田须含苞。

荞子脸红抿嘴在笑,豌豆儿、胡豆笑弯腰。

牛儿耕田田间跑（哇）,精耕细作本领高。

布谷鸟儿一看就双脚跳,啊嗬一声喊糟糕:

今年报信我迟到了,春耕更比往年早!

扫码可聆听,
感受人勤春来早的春耕景象

（右侧页边：193　模块九　曲苑芬芳）

任务三　品鉴悠扬的四川扬琴

一、四川扬琴概述

四川扬琴又称"四川琴书"，流布于四川省汉族地区，因主要采用扬琴为伴奏乐器而得名，是国家级非物质文化遗产。四川扬琴是兼具唱、说、演的曲艺品种，它以生动的戏剧故事、优美的文辞、婉转的音乐、坐地传情的表演方式给观众带来审美享受，也承载着丰富的人文精神和道德风尚，是四川省传统曲艺文化瑰宝。

四川扬琴的艺术形式经历了一个较长的历史演变和发展过程。清代乾隆年间四川已出现以扬琴伴奏的说唱表演，演出时单人自弹自唱，一人多角，以说为主，以唱为辅，唱腔比较简单，说白时还要使用醒木，称作"话鼓扬琴"。嘉庆年间改由多人分行当演唱，用荷叶(一面苏镲)击节伴奏，以渔鼓和檀板击拍，称之为"清唱扬琴"或"荷叶扬琴"；后又以渔鼓代荷叶，俗称"渔鼓扬琴"；道光年间，艺人谢海楼将渔鼓改为盆鼓，是为"大鼓扬琴"。

艺人们在长期的艺术实践中，对扬琴的伴奏乐器、演出形式、曲牌曲调、发音吐字、润腔等不断进行改进和创造，逐渐形成了固定的艺术形式，即由五个演员分为生、旦、净、末、丑行当演唱，行话称之"五方人"，同时每人兼操一种乐器伴奏，表演形式有说有唱，曲目中人物众多时，可一人兼唱多角，演出时一般以坐唱为主，也可站立表演。清嘉庆杨燮所写《竹枝词》谓"清唱扬琴赛出名"，描写了艺人之间演唱扬琴比赛事。清道光年间，成都的扬琴艺人已经有了自己的行会组织"三皇会"，加强扬琴艺人之间的交流与切磋。另外，扬琴的兴盛，还发展了众多的四川扬琴票友组织(琴社)，仅在成都就有陶冶琴社、六合琴社、超弦琴社等，扩大了扬琴艺术的影响。

二、艺术特色

四川扬琴传统曲目题材大多为历史故事和民间传说，与川剧、四川竹琴等艺术形式联系密切，许多曲目名称来自川剧，与竹琴经常互通有无。虽有共同的曲目，但曲调、唱词、内容却有所区别，扬琴更注重唱，以声腔进行抒情和描写，展现剧中人物的心理活动。扬琴曲目分为大本戏和单折戏两类，大本戏以"三国"戏居多，采取分段演出方式，每段唱一小时左右，常演的有《琵琶记》《白蛇传》《清风亭》《玉蜻蜓》《白兔记》等。

四川扬琴的表演方式是坐唱，演员一专多能，既是演唱者，又要兼操乐器进行伴奏，故只能"随意表情"，或点头示意，或面带羞涩、嬉笑怒骂、秋波传情，全在面部。演员不进行角色装扮，在表演中根据剧情所需，也可站立，或振臂高呼，或握拳示怒，但不能离开座位，并需立即坐下。扬琴以"一唱、二白、三丝弦"的艺术规则，以唱为主、坐地传情。唱功表演拖腔长，委婉曲折和连续顿音多，或以剧中角色身份抒发感情，或以第三人称交代事情，以高超的说、唱技巧把故事有层次地表现出来。

在长期的演唱实践中，四川扬琴形成了自己的音乐体系和风格。扬琴唱腔有大调、月调之分。大调又称"反调"，是板腔体，月调又称"正调""小调"，是联曲体；大调是扬琴音乐的主要部分。从传统曲目来看，戏剧性强的一般是用大调演唱，抒情性强的则用月调（图9-4）。

图 9-4 四川扬琴表演

大调在扬琴传统曲目中占据首要地位，大多数曲目都是用大调谱腔，并形成了一套按人物角色来区分的性格化唱腔。由于生角(男)和旦角(女)在音高上有明显的差别，又发展形成了不同旋律的男腔和女腔。月调唱腔抒情性较强，流畅舒展、优美动听，相对大调来说，适宜表现情节单一、人物较少、抒情色彩较浓的曲目。

三、经典传唱

赏析四川扬琴经典唱段，感受委婉细腻的唱腔，体味韵味醇厚的艺术表达。

秋江

唱词大意：

（妙常）从早前，有一位相公临安去，

赶的是河下哪家的船？

（艄公）那相公早已到临安去，

赶的是河下的船。

（妙常）即是能将他送，

烦请送我到临安啊。

（艄公）老汉的船是小小的打鱼船，

从不载人到临安，

老汉不能去的哦，

（妙常）哪一位愿意去，

我予他银两做酒钱。

（艄公）老汉一听有酒干，

说声来嘛，我送姑姑到临安。

扫码聆听，
品味悠扬婉转的扬琴说唱

任务四 品析优美的四川竹琴

一、四川竹琴概述

四川竹琴流布于四川省汉族地区，因主要乐器渔鼓系竹制而得名，既采用竹制的竹筒和简板为主要伴奏乐器，民间又称为"打道筒""唱道筒""打尺乓乓"（图9-5）。

四川竹琴，作为国家级非物质文化遗产曲艺项目，是四川传统曲艺种类之一，属说唱类别。四川竹琴是记录四川地区人民生活生产方式的载体，与四川本土竹文化密切相

图9-5 竹琴的竹筒与简板

关，也是四川地区民族个性、民族审美的显现。这一独特的民间曲艺的发展形成，经历过流派间的交流借鉴。它源于道观音乐，与道情同源，曾在唐代宫廷盛行一时。道情也称道歌、新经韵，源于道教的赞颂歌曲，包括诗赞、词曲和民歌三类，以渔鼓、简板伴奏，故而又名"道情渔鼓"。明末清初，常有火居道士及游方道人在四川各地云游，用"道情"化缘，劝人向善，唱腔用玄门调、南音调。清代嘉庆元年以后，竹琴艺术开始流行，说唱者日渐增多。至清光绪年间始有非道流艺人演唱，从事竹琴演唱的人员逐渐增多，唱腔及演出技艺也有所发展和提高。清末，四川竹琴艺人开始把四川扬琴的唱本、唱腔引用到演唱中，并采用像四川扬琴分行当演唱的表演方式。经历了"宗教道情""文人道情"的蜕变发展，说唱内容和演唱方式发生了根本变化，竹琴艺术应运而生，即"世俗道情"。清光绪年间所修《叙永永宁厅县合志》，收录李生春《丹崖元夜春灯谣》一诗，其中言及春节灯会，有句云"又有一队云车扶，竹琴羌笛声调粗"，这是"竹琴"一名在地方文献资料的早期记载。

清末民初，四川各地相继成立竹琴行业组织，促进了这一民间艺术的发展。四川竹琴演唱流派很多，其中以贾树三为代表的"贾派竹琴"影响最大。贾树三将竹琴演唱的四句腔简化为两句，改"慢七眼板"为"快三眼板"，并将川剧的弹戏、胡琴戏唱腔和四川清音、民歌小调等大胆移植到竹琴音乐中，创造了丰富多变的"彩腔"，很快流传四方。"贾派竹琴"的经典曲目相当丰富，有《三国演义》《包公案》《白蛇传》《风波亭》等几百个唱段，唱词典雅，具有很强的文学性。

二、艺术特点

四川竹琴唱腔委婉，回旋跌宕，通常由曲艺艺人自击简板渔鼓。四川竹琴早期演唱形式为多人分角色坐唱，一般四五人一组同台演唱。后来四川"曲坛三绝"之一的贾树三创造出单人演唱形式。现多为一人演唱且一人多角，通过唱腔、动作表现来演绎不同的人物角色。演唱时不用乐队配合伴奏。演员左臂横抱渔鼓，手握简板击节。右手四指拍击渔鼓、或轮指、

或并指、或弹指等，发出不同的声响，来配合演唱。竹琴表演可坐唱、可站唱、也可走动演唱，根据剧情的需要，在舞台上调度，并使用身段、面部表情来加强对角色的塑造。

在长期发展过程中，四川竹琴音乐由单一的曲调分化演变成中和调、扬琴调等多种风格各异的派别调型。中和调又称"综合调""中河调"，主要流行于川东、川南、川北，它由玄门调、老南音调、南音调发展而来，又在这些曲调的基础上形成几个演唱派别；扬琴调又称"省调"，仅流布于成都及川西地区，其唱腔委婉流畅，有男腔、女腔之分。中和调、扬琴调均属板腔体，有"一字""三法""三板""摇板""大腔"等唱腔和俗称"苦腔""苦平腔"的"垛子""数板"等辅助唱腔。

三、经典传唱

选取《白蛇传》中唱段《水漫金山》，出自《白雪遗音·马头调·雷峰塔》，以一人一琴、亦说亦唱，分饰多角，表演出"水漫金山"的完整故事情节。

水漫金山

唱词大意：

金山寺里法海一见许仙，

面带妖色，不放下山。

怒恼白蛇，忙唤青儿，

带领着虾兵蟹将，这才水漫金山。

扫码聆听，

感受一人分饰多角

任务五　品评明快的四川金钱板

一、金钱板概述

四川金钱板流布于四川汉族地区，是国家级非物质文化遗产曲艺项目。四川金钱板表演使用约三十厘米长的三块竹板为击节乐器，因其中两块板上嵌有小铜钱(艺人称之为花板)而名金钱板。四川金钱板以特有的方式记载着巴蜀大地上的历史文化、民俗风情，是巴蜀历史文化传承的重要载体。金钱板是一种半说半唱、似说似唱的板诵类民间说唱艺术形式，它的唱词通俗易懂、简单质朴，唱腔旋律朗朗上口，表演幽默风趣，所传唱的内容贴近百姓生活，吟诵性极强，是百姓生活中喜闻乐见的艺术形式。

据文献资料记载，金钱板开始形成于清代道光年间。到了清光绪年间，金钱板在四川已经广为流行，在此期间，还出现了以杨永昌、吴云峰、董仲良等为代表的金钱板表演名家，在表演中引入武术姿势，增强艺术效果。杨永昌对金钱板艺术发展有重大贡献，他强调金钱板说唱要讲究行腔优美、吐字清晰，并吸收诸多川剧曲牌融入金钱板唱腔中，他又对伴奏乐器的打法做了规范,推动了金钱板唱腔、打法、表演等多方面改进发展。清宣统年间的《成都通览》上刊印的金钱板图,题名为"打连三",也称"三才板""打连升"。

图 9-6 金钱板

二、艺术特色

金钱板因伴奏乐器而得名,形成发展也经历不断的改进。金钱板初期形制是由两块被称作"玉子板"的金属板组成,后期演变成四块相连的竹板,称为"莲花板";在此基础上,在"刮子板"(竹板一侧制成锯齿状的打板,演奏时可发出弹音)形制上最终定型为三块竹板。民间艺人把这三块竹板称为"三才板"。随着"三才板"的完善、定型以及打板技巧的发展和成熟,艺人们在实践中也不断对金钱板进行改进,如在竹板上雕出空格,嵌上铜钱或金属片,使打板时既有竹板声又有隐隐约约的金属声,这样极大地丰富了板声的声音效果,使之更加悦耳动听。最终发展成熟的形制被称为"金钱板"(图9-6)。

四川金钱板的表演又说又唱,一人单档站立说唱。最初是简单的唱腔唱诵"劝世文",艺人沿街卖唱以求生活。后经历代艺人不断发展改进,成为独立曲种。四川金钱板的唱腔有"老调""狗撵羊""富贵花""红衲袄""满堂红""江头桂"等。根据整体的篇幅长短,金钱板的唱词文本主要分为短篇书与长篇书两种。短篇书以唱为主,唱词既通俗易懂、又典雅流畅。长篇书说、唱并重,说唱交替,被称为"风绞雪"。而以"墨本"为唱词文本的长篇书,由多个唱段构成,有独特的文学价值。表演时既说又唱、要打还要做功,对艺人表演技艺与水平要求极高。

三、经典传唱

《张飞买锅盔》讲述民间流传的三国故事,唱词谐趣幽默,极具韵律感,刻画了三国名将张飞亲切的生活化特点。

张飞买锅盔

唱词大意:

张飞打马彭县过,军屯镇上歇一歇,
买几个锅盔来充饥,卖锅盔的是一个老大伯。
张飞拿着烫手的锅盔,嫌锅盔上面有点点黑。
老人家说:你是有名的黑将军,是你摸过了它才变黑。
张飞听得眼睛鼓,哭笑不得,
辩解自己本来就很黑,不是自己摸了锅盔才变黑。
大伯闻言微微笑:三爷面黑心不黑,对我们百姓最亲切。
还要将锅盔命名为将军锅盔,从此锅盔都烤出点点黑。
张飞听了也高兴,直言:
"能让你生意更兴旺,我受点'冤枉'也值得。"

扫码聆听,
感受金钱板的风趣

品味巴蜀

结　语

　　四川曲艺因鲜明的地方特色、多样的表现形式，形成了具有独特艺术魅力的地方曲艺。巴蜀文化为四川曲艺积淀了丰厚的底蕴，四川曲艺的悲欢言笑也为巴蜀文化增添了丰富的色彩。作为曲种最多、覆盖人群最多的地方曲艺，四川曲艺在近些年也与其他地方曲艺一样，面临着市场萎缩、观众稀少、演员断代、创作乏力等前所未有的挑战。曲艺艺术家们、表演院团等都在探索"保护、传承与创新"相统一的发展道路，在贴近时代、贴近人民、贴近生活的理念下，融合各艺术门类的特色，将传统曲艺艺术与现代舞台技术相结合，创作出一批新的优秀作品，促进巴蜀文化传承发展，助力新时代文化大繁荣、大发展（图9-7）。

图9-7　四川曲艺《丝路》：曲艺艺术与舞台技术深切结合

学以致用（课后作业）

1.关于四川曲艺，你还了解其他曲种吗？

2.四川曲艺非物质文化遗产的传承亟待创新，你有什么想法？

3.根据本模块赏析过的经典曲艺曲目，尝试重新填词，沉浸式体会曲艺说唱魅力。

模块十　巴蜀人文精神

学习目标：

　　知识目标——学习掌握巴蜀代表性历史文化名人所凸显的巴蜀人的性格特征和特立独行的精神特质，分析巴蜀文化与巴蜀历史文化名人相生相伴、相互促进、相互繁荣的共生关系。

　　能力目标——综合前期所学知识，探讨巴蜀自古以来名士才人群星璀璨的因素，以及巴蜀文化精神特质的当代表达、创新发展，分析其转型、转化和时代价值，与传统文化精神、民族文化心理、文化气质品格产生的共情，体会其历久弥新的魅力和源源不断的活力。

　　素质目标——在学习生活中养成善于关注巴蜀历史文化名人的优秀事迹和感人故事的习惯，欣赏和发扬巴蜀文化名人的优秀个人品质、高尚的情怀和操守，发掘巴蜀精神特质在新时代传承和弘扬过程中的实际事例，在学习生活中做到知行合一。

文化聚焦：巴蜀人文精神　探源　当代发展　现代表达

建议学时：1

巴风蜀韵

　　唯物史观告诉我们，人民是历史的创造者，而在清奇秀美的巴山蜀水之中生活的人民，也创造了属于他们的传之不朽的文化。毫无疑问，巴蜀人的文化品格和人格魅力是鲜明而独特的，也是引人倾慕与相交的。

　　而巴蜀历史文化名人正是其中的出世之才和文苑英华，他们的嘉言懿行为这片文化沃土播下了澎湃的生命之种，造就了巴蜀人文蔚为大观之景，吸引了历代名士才人慕名前来仰吊，他们为巴蜀人文宏力所倾倒，受巴蜀人文底蕴熏陶，又为巴蜀人文数千年来的繁荣发展注入了新生活力。因此，巴蜀文化与巴蜀历史文化名人构成了相生相伴、相互促进、相互繁荣的关系，他们的互赞共生也同样推动了中华文化的发展进程。

任务一 探源巴蜀人文精神特质

巴蜀自古以来群星璀璨的因素

在华夏腹地的大巴山和四川盆地这片区域，特定的山川地理环境与族群意识形态相互交融，孕育出了独树一帜的巴蜀先民，他们在常璩的《华阳国志》中有这样的特征：蜀人"多斑采文章""尚滋味、好辛香""君子精敏、小人鬼黠""多悍勇"；巴人"重迟鲁钝，俗素朴，无造次辨丽之气""多憨勇""无蚕桑少文学""有将帅材""质直好义、土风敦厚"。历史跨越了1 700多年，这些特征仍有现实意义。巴蜀先民带着与生俱来的探索精神，勇于开拓创新，敢于改善生存环境，在斗转星移、沧海桑田之中，历经天灾、战祸等浪潮，仍然繁衍不息、逐渐强盛，形成了较高的生产发展水平。他们融贯各方文化，孕育出了前卫先锋、热血悍勇、包容开放、奇瑰磊落的巴蜀人文精神特质，且繁荣千年仍巍然屹立（图10-1）。

图 10-1 汉代巴蜀砖石画像拓片——日神

(一) 地理因素

巴蜀之地何以文脉昌盛，何以人才荟萃？黑格尔认为地理环境、地理位置、气候条件等自然因素和社会制度、宗教信仰、民俗习惯等人文因素的合力是人类文化产生、发展和演变的根本原因，"地方的自然类型和生长在这土地上的人民的类型和性格有着密切的联系"。说明自然地理条件对于一个民族的道德风尚、人文面貌起着决定性作用，巴蜀人民的品性也被打上了深深的环境烙印。

巴蜀人民生活的核心区域所在地与两河流域的美索不达米亚文明、尼罗河流域的古埃及文明以及印度河流域的古印度文明相同，都处于神秘而奇特的北纬30°N线上。这是黑格尔所谓的"人类历史真正的舞台"，北纬30°N度处于亚热带和温带的过渡地带，这里有最利于人类生产和繁衍的生态环境，气候温润、降水量充足、日照率适宜，也必然成为巴蜀人民孕育灿烂文化的最佳地点。

其次，希波克拉底认为人类的人相学可以分为树木茂密和水源充足的山岳型、土地贫瘠的缺水型、草地沼泽型、开阔的排水良好的低地型。不同的水系给不同族群的精神气质带来了不同的天赋影响：在江河源流丰富、高山险峻、盆地宽阔、地貌地形错综复杂的巴蜀地区，无论是东出夔门还是慕名入蜀，无论是江汉之含灵还是山岳之精爽，这些动人心魄的山水胜景都滋养了巴蜀人勇敢和坚韧的性格。而东有巫山、南有大凉山、西边有岷山、北有大巴山，群山环绕、地势险要、道路封闭的地理环境又为巴蜀人文精神特质的延续提供了天然屏障，让巴蜀人文得以细水长流、生生不息。

图 10-2 汉代巴蜀砖石画像拓片——　　图 10-3 汉代巴蜀砖石画像拓片——
　　发达的种植业与渔业　　　　　　　　发达的酿酒业

再者，巴蜀地区处于长江、黄河两大文明之间，东亚与南亚文化交汇处，西南与西北民族融合之地，南方丝绸之路、北方丝绸之路、长江经济带三大经济带交叉之点，是中国内陆地区对内、对外开放的枢纽。自古，就承担了东西方丝绸、布帛、书籍等货物，西北、西南茶叶、食盐等物资的内外循环流通。在这里，来自四面八方的多元文化仿佛汇聚成一个大熔炉，各类文化精髓与巴蜀自身文化相互碰撞融合，奠定了巴蜀人开放包容的精神特质。

（二）物质因素

气候宜人、物产丰富是人文繁盛的坚强保证。肥沃的黑土，蕴藏了巨大的农业生产潜力，水好土肥、农业繁荣，促进了巴蜀人的安居乐业和文明开化，为巴蜀人文的发展提供了重要的物质基础。

《华阳国志》称蜀地"沃野千里，土壤膏腴，果实所生，无谷而饱。女工之业，覆衣天下。名材竹干，器械之饶，不可胜用""地沃土丰，奢侈不期而至也""水旱从人，不知饥馑，时无荒年"，称巴地"土植五谷。牲具六畜。桑、蚕、麻、苎，鱼、盐、铜、铁、丹、漆、茶、蜜、灵龟、巨犀、山鸡、白雉，黄润、鲜粉，皆纳贡之。其果实之珍者，树有荔支蔓有辛蒟，园有芳蒻、香茗，给客橙、葵。其药物之异者，有巴戟天、椒。竹木之贵者，有桃支、灵寿"。有巴诗曰："川崖惟平，其稼多黍。旨酒嘉谷，可以养父。野惟阜丘，彼稷多有。嘉谷旨酒，可以养母。"这让外界纷扰很难撼动巴蜀人自给自足的安全感。靠山吃山靠水吃水，巴蜀之地自古以来物产富饶，而巴蜀人又善于将自然资源转化为财富，林中啃食桑叶的蚕虫、山间流淌的自然盐泉，通过巴蜀人民的巧手慧心，变成了行销大江南北的商品。农业的长足发展促进了工商业的繁盛，世人既有"陇蜀多贾"之说，更在北宋期间出现了世界上最早的纸币——交子。地域经济发达、人文昌盛、风淳俗厚，富足的物质生活和文化生活，造就了巴蜀人"安之逸之，适之豫之"的逸致闲情和绵延才情（图10-2、图10-3）。

（三）心理因素

如果说李冰主导的都江堰水利灌溉工程开创了巴蜀物质富庶之基，那么文翁兴学则留下了巴蜀精神成为中华文明重要高地的文化基因（图10-4）。文翁的先见之明不仅对中国教育史影响深远，还在巴蜀之地开创了崇尚教育学术的传统——"至今巴蜀好文雅，文翁之化也"。

图 10-4　汉代巴蜀砖石画像拓片——
《讲学》

图 10-5　成都文翁石室中学

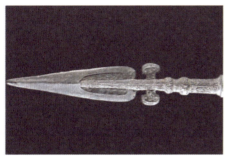

图 10-6　李家坝遗址出土大量战国时
期古代巴人兵器

图 10-7　巴渝古文化研究院非遗展
演——巴渝战舞

（《汉书·文翁传》）文翁此举造福了所有巴蜀官民，直接推动了作为中国学术重要组成部分的蜀学的兴起，使之渐与齐鲁之学齐名，同时推动了"巴汉亦立文学"，而且培养了一批吏才，奠定了尊师重教、富好文雅的深厚社会基础，被无数后人称颂——"文翁儒化成"（杜甫）"文翁治蜀文教敷"（郭沫若）（图10-5）……

　　另一方面，巴蜀历史上始终远离王权中心，受正统礼教束缚较少，形成了巴蜀人不愿随波逐流，思维上独立自由、情感上浪漫奔放、性格上叛逆独行的传统，他们发展了道家"自然无为"的天人思想，成就了笔下优美壮丽的文学作品。而在巴蜀尤其是巴地考古墓葬中发现，男性死者普遍陪葬数量不等的青铜武器，兵器种类、纹样繁多，有独特巴蜀风格的剑、矛、戈、戟、钺等，说明那时已有成规模的武器生产作坊，社会几乎达到全民皆兵、戈茅若林的程度（图10-6）。巴蜀自古以来锐气喜舞的集体秉性，让巴蜀之师成为了著名战役——牧野之战的主力军，创造了"巴师勇锐，歌舞以凌殷人，前徒倒戈"的武王伐纣之歌，涌现了"蔓子之忠烈，范目之果毅"等经典将帅形象（图10-7）。

（四）移民因素

　　自周赧王元年(公元前314年)，秦惠文王"戎伯尚强，乃移秦民万家实之"起，无论是"始皇克定六国，辄徙其豪侠于蜀，资我丰土"，汉末至三国时期移民、六郡流民入巴蜀，还是隋末中原移民避难入巴蜀、宋时"靖康之难"北方移民入巴蜀，还是明朝张献忠乱后湖广奉旨入巴蜀、抗日战争后支持国家建设入巴蜀，历史各时期皆有移民迁徙巴蜀，人数不可胜计。在这些移民中，有王公贵族、有士人集团、有文人、有少数民族、有流民难民、有豪侠……他们或因避战祸、或来建立政权、或为垦荒、或为经商，来到保存生存实力的"后花园"开启新的人生。虽说移民是一种社会行为，但却附加了文化和经济影响。历史上这几次大规模的移民活动，既促进了巴蜀地区"户口于此而繁"，又削弱了宗法宗族势力，改变了巴蜀的社会经济发展状况，也带来了文化的大交流和大交融，巴蜀之地以博大的胸怀、海纳百川的融合之力，不断吸收着外来移民和文化，形成了风俗习惯舛杂、开放包容的多彩人文特色。这种融通开明、奋发敢为的浓厚社会氛围一直指引巴蜀人民，让他们从古至今开创了许多敢为天下先的典范，尤其是近现代以来"引起中华革命先"的四川保路运动、新民主主义革命中的一大批功勋卓著的革命家等。

204

品味巴蜀

任务二　创新巴蜀人文精神的当代表达

一、勤奋坚韧、吃苦耐劳的奋斗精神

巴蜀人战时悍勇，和平时转化为勤奋。他们头脑灵活、吃苦耐劳、适应能力强，无论是服务祖国的大三线建设还是改革开放，勤劳的巴蜀人闯遍祖国大江南北，他们带去的是有助于国家建设发展的能力、观念、各种实用技术。据2020年人口普查资料显示，四川有1 000万人口流出、重庆有350万人口流出，巴蜀人在外省市打拼人数居全国高位。（图10-8）

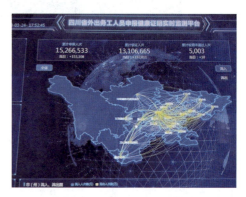

图 10-8　2020 年 3 月，健康申报大数据监测平台的四川外出务工人员大数据"画像"

二、乐观向上、向往光明的生活理念

巴蜀人天生的积极乐观、从容淡定、豪爽洒脱、热爱生活。面对2008年汶川特大地震这样的巨大灾难，巴蜀人展现的是自强不息、感恩奋进；他们生动诙谐的四川、巴渝方言，表达的是幽默、洒脱和豁达；他们沉醉阳光、美食、淡茶的安逸生活，享受的是怡然自得的自然馈赠。

三、时尚前卫、平和包容的广阔胸襟

巴蜀有"酸甜苦麻辣，五味俱全"的饮食文化，有汇聚天下英才乐居创业的广阔胸襟，有前卫时尚的魔幻城市气质。在这里你会看见：意大利歌剧与川剧折子戏隔巷高歌，浪漫优雅的西餐与市井烟火摊比邻而居，热闹的广场舞与翩翩国标同台竞技，咖啡店里的低语与茶

馆中的高谈阔论互不干涉，年轻人身着二次元装扮路过吆三喝四的火锅店，每个人都演绎着各自独特的文化意趣（图10-9、图10-10）。

图 10-9 重庆黄桷坪涂鸦艺术一条街局部景

图 10-10 魔幻书店——都江堰市钟书阁

学以致用（课后作业）

1. 请谈谈你认为造成巴蜀之地自古以来名士才人群星璀璨、个性奇瑰的因素有哪些？请用思维导图或头脑风暴的方式填入下框。

2. 你认为巴蜀文化精神特质的现代特征是什么（以关键词形式填入下图）？分别有哪些有趣的故事（请与组员分享）？

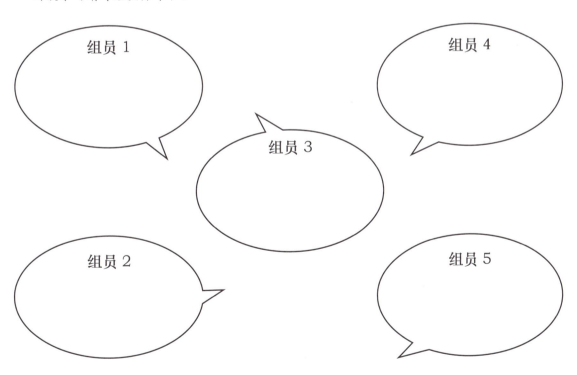

参考文献

[1] 四川省地方志编纂委员会.四川省志·川剧志[M].北京：方志出版社，2016.

[2] 杜建华.川剧精华[M].成都：四川辞书出版社，2009.

[3] 朱丹枫，李兆权.保护与振兴：21世纪川剧发展[M].成都：四川人民出版社，2012.

[4] 郭勇.川剧演出史[M].成都：四川辞书出版社，2018.

[5] 刘翼，萧燕.走近川剧[M].重庆：重庆大学出版社，2016.

[6] 李道英，刘孝严.中国古代文学作品选[M].长春：东北师范大学出版社，2004.

[7] 袁行霈.中国文学史[M].3版.北京：高等教育出版社，2014.

[8] 钱理群，温儒敏，吴福辉.中国现代文学三十年[M].北京：北京大学出版社，1998.

[9] 林军，张瑞涵.巴蜀文化[M].北京：时事出版社，2008.

[10] 吴明贤.试论杜甫的"狂"[J].杜甫研究学刊，1996 (3):8-14, 46.

[11] 刘益国.论杨升庵的散曲[J].四川师范大学学报(社会科学版)，1996, 23(2):105-113.

[12] 刘志荣.四川作家对中国现代文学的贡献[J].西南民族大学学报（人文社会科学版），1991,
12(3):39-44.

[13] 赵西尧，董德志，马宝记，等.三国文化概览[M].郑州：河南大学出版社，1993.

[14] 何兹全.三国史[M].北京：人民出版社，2011.

[15] 吕思勉 著，张耕华 编.吕思勉国史通论[M].北京：中华书局，2021.

[16] 吕思勉.三国史话[M].成都：四川文艺出版社，2021.

[17] 沈伯俊，谭良啸.三国演义辞典[M].成都：巴蜀书社，1989.

[18] 谢辉，罗开玉，李兆成，等.三国圣地武侯祠[M].成都：四川人民出版社，2007.

[19] 成都武侯祠博物馆.全国三国文化遗存调查报告（成都地区）[M].北京：科学出版社，
2016.

[20] 方北辰.一个成都学者的精彩三国[M].成都：成都时代出版社，2015.

[21] 南门太守.三国冷知识[M].北京：华文出版社，2020.

[22] 吴维羲.回到尘封的古蜀国：三星堆解密[M].北京：九州出版社，2018.

[23] 肖东发 主编，袁凤东 编著.巴山风情：巴渝文化特色与形态[M].北京：现代出版社，2015.

[24] 许蓉生.水与成都：成都城市水文化[M].成都：巴蜀书社，2006.

[25] 郑晓云.水文化与水历史探索[M].北京：中国社会科学出版社，2015.

[26] 李如嘉.四川导游基础知识[M].北京：中国旅游出版社，2016.

品
味
巴
蜀